ADDICTIONS 2

Concepts et modèles théoriques

LYDIA FERNANDEZ

ÉDITIONS
PERSPECTIVES

DES OUVRAGES POUR COMPRENDRE,
APPRENDRE, PROGRESSER.

LYDIA FERNANDEZ

TABLE DES MATIÈRES

LYDIA FERNANDEZ

INTRODUCTION

Le domaine d'application du concept d'addiction est large et son utilisation permet de regrouper des troubles pathologiques parfois très différents sur le plan clinique qui débordent du cadre de l'alcoolisme, du tabagisme ou autres toxicomanies.

Le concept d'addiction suscite de nombreuses interrogations tant dans la sphère privée (sommes-nous tous des personnes sujettes aux addictions ?) que sociale (centres de soins pour sujets addictés, DU d'addictologie, campagnes de prévention, associations, publications et ouvrages très/trop nombreux).

Mais d'où émerge ce concept ? Quelle est son histoire ? Quel est son statut ? Quelles sont ses théories ? Celles qui parlent d'une addiction spécifique et celles qui traitent de l'Addiction (en tant que phénomène général), le risque étant d'étendre la théorie d'une addiction à l'ensemble (l'Addiction). Qu'est-ce que l'addiction ? Du côté des définitions, mais aussi dans la vie quotidienne des sujets addictés. Du côté des pouvoirs publics, elles sont paradoxalement identifiées comme de véritables fléaux (problèmes de santé publique liés au tabac, à l'alcool par exemple), mais socialement tolérées.

Que savons-nous aujourd'hui de ces conduites ? L'addiction relève-t-elle de la pathologie ? Ces conduites répondraient-elles à des besoins naturels et profonds des individus de réguler l'humeur et les états psychologiques ?

LE CONCEPT D'ADDICTION

Émergence du concept d'addiction
1.1. Étymologie
1.2. Histoire
2.2. Définitions
2.1. Définitions générales : de l'usage aux pratiques addictives
2.2. Définitions psychologiques et comportementales
3. Champ du concept d'addiction et continuum
4. Statut du concept d'addiction
5. Théories
Bibliographie

1. ÉMERGENCE DU CONCEPT D'ADDICTION

L'extension actuelle du concept d'addiction[1], notamment en tant que trouble, lui confère aujourd'hui une telle polysémie, que l'on est en droit de s'interroger sur ses bases conceptuelles. Dans quelle mesure le concept est-il plus qu'une vague notion, est-il pertinent, a-t-il des limites ? Ces interrogations doivent être menées tant aux points de vue étymologique, historique, épistémologique, théorique que clinique.

1.1. Étymologie

Le terme d'addiction est un vieux vocable français trouvant son étymologie dans le terme latin *addicere*, utilisé par le tribunal romain : « *dire à* » au sens de donner, d'attribuer quelqu'un à quelqu'un d'autre en esclavage, si bien que l'esclave était *ad-dictus*, « *dit à* » tel maître (Gantheret, 1986). En ce sens, l'alcoolique serait celui qui est dit à l'alcool comme le drogué est celui qui est dit à la drogue, le boulimique à l'aliment, le joueur au jeu, le fumeur au tabac.

Le terme est utilisé un peu plus tard pour désigner un attachement ou un dévouement à une activité (Heather, 1998). Selon que le terme est utilisé comme verbe, substantif ou participe passé, on obtient des déclinaisons différentes : *Addico*, comme verbe, signifie *adjuger la personne au débiteur créancier*. *Addiction*, comme substantif, indique *le penchant ou l'attachement d'une personne à quelque chose* (Gaffiot, 1998). *Addicté*, comme adjectif, se réfère à *une personne encline à une pratique ou partisane de conduites bien définies* (Gonzalez-Carrera, Gonzalez-Isea, 1990).

---

[1] L'addiction a (me semble-t-il) été suffisamment opérationnalisée pour mériter d'être un concept.

Dans l'ancienne République romaine, un *« addicté »* était un esclave pour dette. Le sujet addicté apparaît donc comme celui qui volontairement et fatalement est destitué et ramené à une condition inférieure et comme celui qui a perdu son identité et qui a pris une identité mal appropriée parce qu'elle était l'unique moyen de payer sa dette. Par le renoncement à sa véritable identité, le sujet addicté réassure l'équilibre social menacé par sa virtuelle incomplétude (Kalina, Kovadloff, 1978). L'addiction désignait aussi en droit romain ancien, la contrainte par corps de celui, qui ne pouvant s'acquitter de sa dette, était mis à la disposition du plaignant par le juge. Celui qui n'était pas parvenu à gérer convenablement ses propres obligations se voyait condamné à payer, avec son corps et par son comportement, le manque de pertinence de ses systèmes de pensées et d'actions. J. McDougall (1982) insistera sur cette notion d'esclavage dans l'addiction où le sujet lutte inégalement avec une partie de lui-même.

De nos jours, l'accent est mis sur la contrainte due au phénomène compulsif et irrépressible dont l'individu se sent la proie et sur la perte d'une liberté (Rigaud, Jacquet, 1994). Ce concept offre donc une métaphore riche de sens mettant l'accent sur l'existence d'une culpabilité (la dette non payée), l'officialisation de la faute (l'adjudication par le tribunal) et du prix à payer (la contrainte par corps).

1.2. Histoire

L'apparition de ce concept en psychopathologie correspond à une mutation historique qui concerne autant la psychopathologie que la taxinomie psychiatrique. Le terme d'addiction a désigné des phénomènes pour lesquels ont été utilisés les mots de *« dépendance »*[2], *« assuétude »*, *« s'adonner à*[3] *»*, *« être voué à »*, *« se consacrer à »*, *« le goût pour »*, *« la manie de »*, mais aussi *« accoutumance »*, *« contrainte »*, *« habitude »*. Les conduites réunies sous le terme d'addiction ne se limitent pas à la consommation abusive d'un produit, à la pratique abusive d'une activité, mais renvoient à des notions comme *« l'esclavage »*, *« l'aliénation »*, *« l'emprise »*, *« le penchant »* (Pedinielli et al., 1997 a et b ; Jacquet, Rigaud, 2001). Elles suggèrent une idée de *« don de soi »*, de jouissance, d'ardeur, mais aussi de crispation et d'enfermement du sujet autour d'un être ou d'une chose (Pedinielli, 1985). Certains ont souhaité remplacer ce terme par *« assuétude »*, qui a sans doute le tort de mettre l'accent sur l'habitude et sur l'accoutumance au détriment de la notion de *« don de soi »* qui reste présente dans « *addiction* » (Venisse, 1991).

Aux XVIIe et XVIIIe siècles, le terme d'addiction se référait à l'usage de substances psychoactives. En 1810, à Philadelphie, Rush conseille de faciliter le traitement de *« personnes addictées à l'usage excessif de liqueurs ardentes et fermentées »*. À la fin du XVIIIe siècle et au début du XIXe siècle, l'addiction désigne la perte de contrôle de l'usage de la substance (Levine, 1978). Au XIXe siècle, les auteurs utilisent une

---

[2] « Dépendance, habitude, assuétude » : chacun marqué de passivité et d'abandon.
[3] Dimension d'activité.

définition médicale renvoyant à l'usage compulsif de l'alcool ou des opiacés, mais ils utilisent aussi d'autres termes comme : l'ivresse ou l'ivrognerie, l'ébriété ou l'intempérance lors d'intoxication répétée ou chronique, la maladie de l'opium, l'accoutumance à l'opium ; l'accoutumance à la morphine, la morphinomanie, le morphinisme (Terry, Pellens, 1970 ; Berridge, 1999).

En France, vers le milieu du XIXe siècle, un certain nombre de comportements addictifs furent regroupés sous des suffixes :

— *« ismes »* comme alcoolisme (Huss, 1848), morphinisme (Levinstein, 1877), cocaïnisme, évoquant la notion d'intoxication et l'appartenance de ces conduites à un groupe d'idées, à un système ou à une corporation (Gicquel, Corcos, 2003 ; Corcos et al., 2003b).

— *« manies »* qui suggéraient la fixité, la folie, la passion (Valleur, Matysiak, 2002, 2003), *« la démarche volontaire de la recherche d'intoxication »,* mais aussi la mégalomanie, la nymphomanie, la mythomanie, la kleptomanie, la pyromanie, la potomanie, la dipsomanie, la morphinomanie (1848), terme précédant celui de toxicomanie[4] dont l'apparition date de 1905 [du grec *toxikon* : poison pour la flèche des pointes (*toxon*) et *mania* : folie] (Corcos et al., 2003b).

Au XXe siècle, Tatum et Seevers (1931) donnent une définition de l'addiction aux drogues (pour lesquelles il existe une dépendance physique) qu'ils distinguent de l'accoutumance aux drogues (pour lesquelles il n'existe pas de dépendance physique). En 1933, les expressions *« addicté au vin ou aux fortes boissons »* et *« addiction au tabac »* ont été utilisées par Simpson et Weiner. Le terme *« d'addiction aux narcotiques »* apparaît dans les années 1970 (Terry, Pellens, 1970), il concerne l'usage de morphine ou d'héroïne par injection. En 1952, les termes *« d'addiction aux drogues »* et *« d'alcoolisme »* apparaissent dans le DSM-I (APA, 1952), mais pas celui *« d'accoutumance aux drogues ».* En 1957, on les retrouve dans la CIM-7 (WHO, 1957). Entre 1952 et 1964, le comité d'experts de l'O.M.S. sur les drogues offre une définition révisée de l'addiction aux drogues (en 1952) qui inclut un irrésistible désir à continuer à utiliser la drogue, une tolérance et une dépendance psychique et physique et rajoute une définition d'accoutumance aux drogues (en 1957) qui inclut un désir non irrésistible à continuer à utiliser la drogue, une petite tolérance ou pas de tolérance, une dépendance psychique sans dépendance physique (Eddy et al., 1965 ; Edwards et al., 1981). En 1964, les deux termes addiction et accoutumance sont dissociés pour les distinguer, mais la confusion et le mauvais usage des termes obligent le comité à rechercher un terme

---

[4] Une appétence anormale et prolongée manifestée par certains sujets pour des substances toxiques ou des drogues, dont est connu accidentellement ou recherché l'effet analgésique, euphorique ou dynamique. Appétence qui devient rapidement une habitude tyrannique et qui entraîne presque inévitablement l'augmentation progressive des doses. On parle même à cette époque de pouvoir toxicomanogène.

qui s'applique à l'abus de drogues. Il recommande alors le terme de *« dépendance »* à la place *« d'addiction ».* La dépendance était définie comme un état se produisant lors d'une administration répétée, périodique et continue de la drogue. Le terme de dépendance n'est pas utilisé pour désigner un usage compulsif de drogue et la dépendance physique renvoie au syndrome de sevrage. Le terme de dépendance apparaît dans la CIM-8 et le DSM-II en 1968 non pas comme un diagnostic spécifique, mais comme un terme générique couvrant plusieurs diagnostics spécifiques relatifs aux drogues ou aux catégories de drogues utilisées. Dans le DSM-II, la dépendance devient une catégorie indépendante. En 1976, Edwards et al. introduisent le terme de *« syndrome de dépendance à l'alcool »,* qui apparaît dans la CIM-9 en 1977, reste dans la CIM-10 en 1992 et fait partie du DSM-II et du DSM-IV. Le concept de *« syndrome de dépendance »,* qui apparaît dans le DSM-III en 1980 et dans la CIM-10 en 1981 et dans le DSM-IV en 1994, retrace l'évolution de la nosologie des désordres addictifs psychoactifs (Maddux, Desmond, 2000 ; Bucholz, 1999). Dans le DSM-IV, on trouvait un chapitre consacré aux *« troubles liés aux substances »,* avec les catégories diagnostiques d'abus et de dépendance. Dans le DSM-5, ce chapitre a été remplacé par le *chapitre « Troubles liés aux substances et aux addictions »* qui regroupe maintenant des troubles de l'usage de substances et des addictions sans substance, comme le jeu pathologique. Le terme *« dépendance »* a été supprimé du DSM-5, mais il n'a pas été remplacé par le terme *« addiction »* : c'est *« trouble de l'usage de substances »* qui a été retenu. A également été introduit le diagnostic de sevrage au cannabis et à la caféine, qui n'étaient pas présents dans le DSM-IV. D'autres conduites addictives, comme l'addiction au jeu sur Internet sont introduites dans la section 3 des diagnostics à l'étude et ils ont nécessité l'accumulation de données de validité clinique complémentaires avant d'être retenus (Gazel et al., 2014).

Après son émergence au cours des années 1970 dans la psychiatrie nord-américaine pour désigner les conduites de dépendance aux substances psychoactives, le terme d'addiction est employé en France dans les années 1990 pour rendre compte d'un comportement de dépendance désigné en français sous le terme de toxicomanie ou de recherche de la dépendance. Finalement, l'addiction correspond à l'extension du terme servant à désigner les toxicomanies[5] à d'autres comportements que Fénichel (1945) nommait les *« toxicomanies sans drogue ».* Le terme d'addiction était utilisé par Fénichel pour regrouper diverses conduites impulsives pathologiques et signifier l'urgence du besoin de les satisfaire ainsi que l'incapacité finale de toute tentative de le satisfaire. Le terme d'addiction ou de conduite addictive cherche à prendre en compte la diversité de l'évolution de conduites toxicomaniaques (au sens large), qui a vu leur prévalence augmenter de façon considérable au cours des dernières années, et déborde largement le cadre des toxicomanies classiques et de l'alcoolisme (Tachon, 1992).

---

[5] Emploi du terme toxicomanies pour désigner la particularité des comportements étudiés.

Dans ce contexte, après une longue période de séparation des différentes conduites de dépendance, le concept d'addiction opère un regroupement à la fois descriptif, théorique, thérapeutique et institutionnel (unités spécialisées de traitement des addictions).

L'introduction de ce terme a le mérite de promouvoir une approche globale de troubles et de patients trop souvent cloisonnés, au gré des clivages administratifs et thérapeutiques plus ou moins dépassés et centrés, avant tout sur la nature des produits, plutôt que sur la problématique de ceux qui s'y adonnent (Venisse et al., 1991).

2. DÉFINITIONS

L'addiction peut-elle dépasser le stade de la notion et atteindre le rang de concept ? Peut-on proposer une définition scientifique du concept d'addiction ? En science, un concept se définit en rapport avec des modèles et des théories. Ainsi le concept d'addiction est-il déterminé par les différents modèles de l'addiction[6] (Fernandez, Sztulman, 1997, 1998 ; West, 2001 ; Fernandez, Catteeuw, 2002, Vavassori, 2002 pour une revue). Il existe un grand nombre de définitions de l'addiction. J'ai choisi de présenter quelques définitions[7] et au besoin de les critiquer.

2.1. Définitions générales : de l'usage aux pratiques addictives

Reynaud et al. (2000) et Reynaud (2002) individualisent plusieurs types de comportements de consommation de substances psychoactives — et ce, quelle que soit la substance consommée : l'usage (ou usage nocif), l'abus, la dépendance et les pratiques addictives.

Usage

L'usage n'est pas pris en compte dans les classifications internationales puisqu'il ne relève pas de la pathologie (c'est-à-dire nécessitant des soins).

L'usage est une consommation de substances psychoactives qui n'entraîne ni complications pour la santé ni troubles du comportement ayant des conséquences nocives pour les autres.

C'est souvent le cas chez les adolescents ou les jeunes adultes qui expérimentent par curiosité, pour s'amuser ou pour imiter les autres par effet d'entraînement. La plupart du temps, ils semblent s'en tenir là, sans risque d'une éventuelle *« escalade »*. Il s'agit aussi des consommations occasionnelles et modérées qui concernent, par exemple, un nombre important d'usagers d'alcool.

---

[6] qui ne seront pas présentés ici.
[7] Celles sur lesquelles j'ai commencé à travailler jusqu'à présent.

Dans l'usage, Reynaud (2002) regroupe :

– *la non-consommation primaire* (pas d'initialisation) : pourquoi alors parler d'usage si la substance n'est jamais consommée ? ;
– *la consommation occasionnelle/modérée, non régulière ;*
– *la consommation régulière* : si la consommation est régulière[8], doit-on encore parler d'usage ? ;
– *la consommation socialement réglée* : doit-on encore parler d'usage quand la valorisation d'une substance par une société à un moment donné conduit à sa consommation régulière et est susceptible d'entraîner des dommages ? ;
– *la consommation à risque*[9] : le risque est déterminé par : a) les propriétés pharmacologiques du produit, b) les modalités de la consommation (les situations où a lieu la consommation), c) l'organisation de la personnalité du consommateur. S'il y a usage à risque, donc possibilité d'entraîner des dommages, doit-on encore parler d'usage ?

Cette formalisation de l'usage, certes intéressante, est sujette à certaines limites. En effet, la motivation dans l'usage de substances psychoactives peut trouver sa source dans le désir d'expérimenter dans le cadre récréatif, festif (cf. consommation d'expérimentation, par curiosité ; consommation festive, pour s'amuser[10]) ou par imitation (consommation par imitation), mais aussi comme moyen d'automédication, afin de faire diminuer des états d'anxiété ou d'angoisse intense.

Usage nocif/utilisation nocive pour la santé

L'usage nocif est caractérisé par une consommation répétée induisant des dommages dans les domaines somatiques, psychoaffectifs ou sociaux, soit pour le sujet lui-même, soit pour son environnement proche ou à distance, les autres, la société. Le caractère pathologique de cette consommation est défini à la fois par la répétition de la consommation et par la constatation de dommages induits. Les effets nocifs s'expriment au niveau de la santé physique et mentale, du bien-être général, de la qualité des relations conjugales, familiales et sociales, de la situation professionnelle et financière, des relations à l'ordre, à la loi et à la société (Reynaud et al, 2000). L'usage nocif se caractérise par la concrétisation des dommages liés à la prise de risques (Reynaud, 2002).

---

[8] Répétition des consommations avec un argument de fréquence, de perte de contrôle.

[9] La consommation à risque est fortement corrélée à l'apparition de dommages et aux risques d'abus et de dépendance (consommation précoce, cumul des consommations de substances psychotropes, consommation à visée auto-thérapeutique, consommation à visée de « défonce »).

[10] Pour Reynaud (2002), la consommation festive et l'ivresse font partie des usages à risque.

La CIM-10 (Pull, 1994) définit l'usage nocif comme le « *mode de consommation d'une substance psychoactive qui est préjudiciable à la santé. Les complications peuvent être physiques ou psychiques* ». Le diagnostic repose sur des preuves manifestes que l'utilisation d'une ou plusieurs substances entraîne des troubles psychologiques ou physiques. Ce mode de consommation donne souvent lieu à des critiques et a souvent des conséquences négatives. La désapprobation par autrui, ou par l'environnement culturel, les conséquences sociales négatives ne suffisent toutefois pas pour faire le diagnostic. Ce dernier ne se pose pas lorsque le sujet présente un syndrome de dépendance, un trouble spécifique lié à l'utilisation d'alcool ou d'autres substances psychoactives.

L'abus de drogue est considéré par Zinberg (1975) comme une perte de contrôle de la consommation chez l'usager régulier. Le contrôle de l'usage de drogue est le fait d'un individu qui :

— définit et approuve l'usage contrôlé et condamne l'usage compulsif ;
— limite l'usage aux seuls contextes permettant une expérience positive ;
— admet le principe que l'usage doit rester sporadique afin d'éviter la dépendance et de maximiser les effets désirables escomptés de la drogue ;
— sait identifier les effets indésirés potentiels et prendre les précautions nécessaires ;
— aide les pairs à interpréter et à contrôler les moments d'extase.

Cette approche sociologique de l'usage et de son contrôle, éloignée des conceptions psychopathologiques, caractérise des attitudes dominantes chez les simples usagers. Néanmoins, elle semble mettre de côté ou sous-estimer, la force pharmacologique des produits consommés, notamment des opiacés. En effet, la potentialité des produits à entraîner une dépendance physique n'implique pas toujours à long terme, le contrôle du sujet de cette consommation.

Cette perte de contrôle se retrouve dans l'absorption de drogue à très faible potentiel pharmacodépendant, mais avec une dépendance psychique très forte et très rapide telle que la cocaïne ou le crack.

Comme le disent souvent les personnes toxicomanes dépendantes, « *on pense tous que l'on peut contrôler notre consommation au début* », mais selon le pouvoir de dépendance des produits (psychique ou physique) la volonté du sujet sera plus moins vite ébranlée et l'équilibre dans l'usage aussi vite rompu.

Dans ses travaux sur les sujets dépendants physiques situés à différentes étapes de la trajectoire addictive (du débutant au vieux consommateur), Caiata (1996) met en évidence la capacité à maintenir une consommation contrôlée et un style de vie adapté. L'usage contrôlé de la drogue implique un ensemble de stratégies fortes, destinées à donner le change, et qui limitent l'intégration dans un formalisme de surface. Les efforts et la discipline exigés pour le contrôle de la consommation, limitent en fait la socialité et fragilisent l'identité.

Caiata (1996) et Zinberg (1975) reconnaissent le toxicomane, non comme un être passif et sans volonté, mais comme une personne capable de réfléchir, de s'organiser et de suivre des *« stratégies de gestion »* du rapport entre univers de la drogue et univers de la conformité, et du conflit de normes.

Les stratégies recensées par Caiata (1996) sont la gestion :

- **des effets de la drogue sur le corps** (contrôle strict des doses, sécurisation des modes d'absorption, attention à sa santé, périodes d'abstinence imposées pour contrôler l'emprise de la drogue, la tolérance comme le manque) ;
- **de l'argent** (avoir un budget *« drogue »* à partir du salaire d'un travail normal, le renoncement à des loisirs) ;
- **du stigmate** (cacher sa consommation pour préserver l'identité sociale, éviter le plus possible le *« milieu »* de la drogue, consommer en solitaire et dans des contextes très limités, s'approvisionner loin de chez soi, éviter des relations sociales trop nombreuses ou trop intimes – le retrait individualiste) ;
- **du stress et de l'anxiété** dus aux pressions générées par la mise en place des autres stratégies, notamment les pressions causées par l'approvisionnement, le contrôle social, la peur d'être découvert (planifier strictement la consommation, la dépense d'argent, le décours des journées).

Cet ensemble de stratégies, particulièrement contraignantes, demande de sérieuses qualités voire un *« professionnalisme »* dans la gestion de la consommation. Cette dimension dans le contrôle de l'usage, laisse paraître la gestion d'une *« carrière »* chez le toxicomane (Fortané, 2010). Toutefois, il ne faut pas négliger dans la lecture de l'usage et de son contrôle, les différences individuelles tant physiques que psychologiques, qui font que les sujets ne sont pas tous égaux devant la dépendance et/ou l'addiction.

Abus

Il existe une catégorie intermédiaire caractérisée par des préjudices liés à l'usage occasionnel ou répété sans qu'il y ait dépendance. Cette consommation est à l'origine de problèmes de santé ou sociaux, même si les classifications différencient l'abus de la dépendance par l'absence de tolérance au produit, de syndrome de sevrage ou d'un mode compulsif. Ce qui est mis en évidence c'est la consommation impropre de substances psychoactives caractérisée par des conséquences néfastes.

L'existence de cette catégorie signale la possibilité que l'usage d'une substance psychoactive ne conduise pas directement à la dépendance et ainsi que l'abus n'est pas forcément l'antichambre de la dépendance. Des périodes plus ou moins longues d'abus ne conduisent pas obligatoirement vers la dépendance largement soumise aux propriétés pharmacologiques et psychoactives du produit.

Selon le DSM IV (1994), l'abus de substances psychoactives est défini comme un :
Mode d'utilisation inadéquat d'une substance conduisant à une altération du fonctionnement ou à une souffrance cliniquement significative caractérisée par la présence d'au moins une des manifestations suivantes au cours d'une période de 12 mois :
1) utilisation répétée d'une substance conduisant à l'incapacité de remplir des obligations majeures, au travail, à l'école ou à la maison (par exemple : absences répétées ou mauvaises performances au travail du fait de l'utilisation de la substance, absences ; exclusions temporaires ou définitives de l'école ; négligence des enfants ou des tâches ménagères).
2) utilisation répétée d'une substance dans des situations où cela peut être physiquement dangereux (par exemple lors de la conduite d'une voiture ou en faisant fonctionner une machine alors qu'on est sous l'influence d'une substance).
3) Problèmes judiciaires répétés liés à l'utilisation d'une substance (par exemple arrestations pour comportement anormal en rapport avec l'utilisation de la substance).
4) utilisation de la substance malgré des problèmes interpersonnels ou sociaux, persistants ou récurrents, causés ou exacerbés par les effets de la substance (par exemple, disputes avec le conjoint à propos des conséquences de l'intoxication, bagarres).
Les symptômes n'ont jamais atteint, pour cette classe de substance, les critères de la dépendance à une substance.

L'abus de substances psychoactives est caractérisé par une consommation qui donne lieu à des dommages dans les domaines somatiques, psycho-affectifs ou sociaux, mais cette définition ne fait pas référence au caractère licite ou illicite des produits. L'abus de substances psychoactives se manifeste par des épisodes sous différentes formes. Il peut se produire sur des périodes longues sans qu'il y ait obligatoirement une aggravation vers une dépendance. Il peut également apparaître une période d'abus courte, évoluant rapidement vers la dépendance au produit. Cette évolution est en partie tributaire des propriétés de la substance, mais également des processus impliqués dans le fonctionnement addictif chez le sujet.
De manière générale, les définitions de l'abus et de l'usage nocif se distinguent et se complètent à plusieurs niveaux.

Le DSM-IV met en évidence les conséquences sociales négatives de l'abus de substances, à travers l'emploi, la prise de risques, la justice et les conflits interpersonnels.

La CIM-10 va plus loin et prend en compte pour le diagnostic, les dommages sanitaires tant sur le plan physique que psychiatrique. Si l'on reste à un niveau psychopathologique, c'est la dépendance qui reste le type de consommation le plus marqué par cette dimension dans les classifications.

Les notions d'abus et d'usage nocif mettent en évidence la dangerosité et les inconvénients d'un comportement (jeu compulsif par exemple) ou de la prise d'une substance en dehors de la dépendance.

Dépendance (à une substance) (DSM-IV, 1996)

La dépendance comme comportement de consommation est caractérisée dans la nosographie internationale, par son aspect psychopathologique et comportemental en rupture avec le fonctionnement habituel du sujet (Reynaud et al., 2000). Dans la description de la dépendance, les classifications internationales tentent d'adjoindre *dépendance physique* et *dépendance psychique*.

La *dépendance psychique* se définit comme un état mental caractérisé par une impulsion qui requiert l'usage périodique ou continu d'une drogue pour créer un plaisir ou annuler une tension. Elle est décrite comme le besoin de maintenir ou de retrouver les sensations de plaisir, de bien être, de satisfaction, et d'éviter la sensation de malaise psychique lors de l'absence de produit. Elle est considérée comme la manifestation subjective de la dépendance physique qui est le résultat de l'ingestion répétée d'une substance psychoactive. La recherche du produit et la croyance en ses propriétés représentent l'inscription psychique de la dépendance physique (Vavassori, 2002).

La *dépendance physique* se définit comme une exigence de l'organisme nécessitant, pour conserver son équilibre, l'apport régulier d'une substance chimique exogène. Cette dépendance se manifeste à travers les symptômes physiques survenant lors du sevrage et lors de la tolérance. La tolérance est le processus d'adaptation d'un organisme à une substance qui se traduit par l'affaiblissement progressif des effets de celle-ci et entraîne la nécessité d'augmenter la dose pour obtenir les mêmes effets.

Les définitions descriptives les plus communément employées sont données par le DSM IV (1996) et la CIM-10 (1994).

Le DSM-IV (1996) définit la dépendance comme le :

Mode d'utilisation inadapté d'une substance conduisant à une altération du fonctionnement ou une souffrance, cliniquement significative, caractérisée par la présence de trois (ou plus) des manifestations suivantes, à un moment quelconque d'une période continue de 12 mois :
(1) tolérance définie par l'un des troubles suivants :

(a) besoin de quantités notablement plus fortes de la substance pour obtenir une intoxication ou l'effet désiré

(b), effet notablement diminué en cas d'utilisation continue d'une même quantité de substance.

(2) sevrage caractérisé par l'une ou l'autre des manifestations suivantes :

(a) syndrome de sevrage caractéristique de la substance (voir les critères pour chaque substance),

(b) la même substance (ou une substance très proche) est prise pour soulager ou éviter les symptômes de sevrage.

(3) la substance est souvent prise en quantité plus importante ou pendant une période plus prolongée que prévu.

(4) il y a un désir persistant, ou des efforts infructueux, pour diminuer ou contrôler l'utilisation de la substance.

(5) beaucoup de temps est passé à des activités nécessaires pour obtenir la substance (p. ex., consultation de nombreux médecins ou déplacements sur de longues distances), à utiliser le produit (par exemple, fumer sans discontinuer), ou à récupérer de ses effets.

(6) des activités sociales, professionnelles ou de loisirs importantes sont abandonnées ou réduites à cause de l'utilisation de la substance.

(7) l'utilisation de la substance est poursuivie bien que la personne sache avoir un problème psychologique ou physique persistant ou récurrent susceptible d'avoir été causé ou exacerbé par la substance (p. ex., poursuite de la prise de cocaïne bien que la personne admette une dépression liée à la cocaïne, ou poursuite de la prise de boissons alcoolisées bien que le sujet reconnaisse l'aggravation d'un ulcère du fait de la consommation d'alcool).

Les critères de la CIM-10 sont proches de ceux du DSM-IV, les sept critères du DSM-IV sont condensés en cinq dans la CIM-10 qui ajoute un autre item concernant le désir puissant ou compulsif d'utiliser une substance (craving[11]).

La CIM-10 (1994) définit la dépendance comme un syndrome qui doit présenter, en même temps au cours de la dernière année, au moins trois des manifestations suivantes :

— Désir puissant et compulsif d'utiliser une substance psychoactive,

— Difficulté de contrôler l'utilisation de la substance,

— Syndrome de sevrage physiologique quand le sujet diminue ou arrête la consommation d'une substance psychoactive, comme en témoigne la survenue d'un syndrome de sevrage caractéristique de la substance ou de l'utilisation de la même substance pour soulager ou éviter les symptômes de sevrage,

---

[11] recherche compulsive et impulsive de la substance

- Mise en évidence d'une tolérance aux effets de la substance psychoactive : le sujet a besoin d'une quantité plus importante de la substance pour obtenir l'effet désiré,
- Abandon progressif d'autres sources de plaisir et d'intérêt au profit de la substance psychoactive, et augmentation du temps passé à se procurer la substance, la consommer ou récupérer de ses effets,
- Poursuite de la consommation de la substance malgré la survenue de conséquences manifestement nocives (par exemple atteinte hépatique due à des excès alcooliques, épisodes dépressifs après une période de consommation importante ou altération du fonctionnement cognitif liée à la consommation d'une substance). On doit s'efforcer de préciser que le sujet était au courant, de la nature et de la gravité des conséquences nocives.

Ces définitions, même si elles restent descriptives, ont le mérite d'intégrer des données biologiques, comportementales et psychologiques. Elles permettent de dépasser la focalisation sur la nature des produits et de leur potentiel addictogène. Les modèles basés sur la maladie ont du mal à se détacher des symptômes psychobiologiques, mais le DSM-IV et la CIM-10 ont tenté la recentration sur la problématique du sujet qui consomme.
Malgré l'effort d'intégration de différents facteurs comme l'âge, le sexe, la culture, le DSM-IV fondé sur les critères nord-américains est souvent bien loin de nos référents culturels en ce qui concerne la relation à certains produits.

Deux exemples :
- L'alcool reste en France un trait culturel fort, souvent mis en cause dans les consommations primaires en milieu familial.
- Le crack, même s'il est consommé en France, reste minoritaire par rapport à l'héroïne, aux tranquillisants (benzodiazépines) alors que la situation géopolitique des États-Unis fait de la cocaïne et du crack les produits principalement consommés.

Les spécificités de consommation en France ne résultent pas simplement de facteurs culturels, mais également de facteurs géopolitiques.

Le DSM-5

Il redéfinit les troubles liés à la consommation de substances psychoactives ainsi que les critères diagnostiques de certains de ces troubles (APA, 2013). Voici une liste des principaux changements :

Le terme de dépendance (« addiction » en version anglaise) a été remplacé par *« troubles de l'usage d'une substance »*. Les auteurs ont jugé qu'il avait une charge sémantique trop forte et qu'il manquait de précision.

Les catégories abus de substance et dépendance à une substance ont été combinées en une seule catégorie : celle de trouble lié à une substance. Dans le DSM-IV, la distinction entre l'abus de substance et la dépendance à une substance était fondée sur la notion d'abus en tant que phase légère ou précoce et celle de dépendance en tant que manifestation plus sévère. En pratique, cependant, les critères relatifs à l'abus dénotaient parfois une sévérité assez marquée. Les changements apportés par le DSM-5 tiennent compte de cette réalité clinique.

Les sept critères de dépendance à une substance et trois des quatre critères d'abus de substance du DSM-IV ont été combinés en onze critères diagnostiques pour les troubles liés à la consommation d'une substance.

Le critère du DSM-IV relatif aux démêlés récurrents avec la justice a été abandonné, car il était le moins déterminant des onze.

Un nouveau critère — l'envie impérieuse de la substance — a été ajouté.

Les troubles liés à la consommation d'une substance vont de légers à graves, le degré de sévérité étant fonction du nombre de critères diagnostiques.

Chaque substance particulière (autre que la caféine) correspond à une classe distincte de troubles de l'usage d'une substance (p. ex., troubles liés à l'alcool et troubles liés aux stimulants, dont la cocaïne), mais pour la plupart des substances, le diagnostic est établi à partir des mêmes critères.

Le chapitre du DSM-5 intitulé « Troubles liés à une substance et troubles addictifs » a été augmenté du trouble lié à la pratique du jeu d'argent. Ce changement est fondé sur l'expérience : en effet, certains comportements agissent sur le circuit de la récompense du cerveau, produisant des effets semblables à ceux des drogues ; et les symptômes du jeu d'argent pathologique ressemblent, par certains côtés, à ceux liés à la consommation de substances psychoactives.

Critères du DSM-5 pour les troubles liés à la consommation d'une substance psychoactive

Les onze critères pour les troubles liés à la consommation d'une substance sont regroupés en quatre catégories de comportements :
— *réduction du contrôle sur la consommation d'une substance ;*
— *altération du fonctionnement social ;*
— *consommation risquée de la substance ;*
— *critères pharmacologiques (tolérance et sevrage).*

La sévérité des troubles liés à la consommation d'une substance est fonction du nombre de critères symptomatiques présents (sur les 11) :
— trouble léger : défini par la présence de 2 ou 3 symptômes
— trouble moyen : défini par la présence de 4 ou 5 symptômes
— trouble grave : défini par la présence de 6 symptômes ou plus

Liste des 11 critères :
1. Incapacité de remplir des obligations importantes.
2. Usage lorsque physiquement dangereux.

3. Problèmes interpersonnels ou sociaux.
4. Tolérance.
5. Sevrage.
6. Perte de contrôle sur quantité et temps dédié.
7. Désir ou efforts persistants pour diminuer.
8. Beaucoup de temps consacré.
9. Activités réduites au profit de la consommation.
10. Continuer malgré la dépendance physique ou psychique.
11. *« Craving »,* désir impérieux.

Pratiques addictives

Pourquoi parler de *pratiques addictives* (Reynaud et al., 2000) ? Pour ces auteurs, il s'agit d'utiliser une notion visant à défragmenter l'approche des différentes substances psychoactives pour dépasser les conséquences cliniques, sociales et organisationnelles négatives dues aux clivages entre les différentes addictions et à inclure dans les pratiques addictives, la totalité des conduites addictives psychoactives (alcool, tabac, médicaments psychotropes…) pour permettre un abord commun, plus objectif et plus comparatif des troubles liés à l'usage, l'abus ou usage nocif et la dépendance.

Cependant, avec cette notion, Reynaud et al. (2000) ne tiennent pas compte des addictions sans drogues, telles que l'anorexie-boulimie, l'addiction sexuelle, l'addiction au travail, le jeu pathologique ou les achats compulsifs. Elle laisse de côté tout un champ de réflexion sur les addictions du côté de la psychopathologie (sous le prétexte d'un manque de pertinence des soubassements psychopathologiques, du double langage des psychopathologues en proie au dogmatisme) : 1) qui ne pensent qu'en termes de structures (états limites, par exemple) ; 2) qui refusent l'addiction au nom du sujet de l'inconscient) et des sciences sociales (sous le prétexte d'une banalisation de l'addiction ramenée à une simple habitude gênante ou socialement « non correcte ») et des addictions comportementales.

Le potentiel d'addiction est variable selon les sujets et/ou les produits. L'usage ou l'abus simple existent-ils ? Toute expérimentation ne comporte-t-elle pas un risque d'initiation addictive. Les dimensions qui poussent un sujet à utiliser un produit et à renforcer sa consommation sont-elles les mêmes ? Quels éléments neurobiologiques, sociaux… différencient un simple consommateur d'un sujet addicté, les seuils étant variables selon les individus ?

La notion d'*escalade* est sujette à controverse. Newcomb (1995) souligne que la majorité des adolescents qui consomment des toxiques n'évoluent pas forcément vers l'abus ou la dépendance. Alors que Kandel (1992) et Hofler et al. (1999) mettent en évidence les risques de glissement de la consommation occasionnelle à la consommation régulière voire à la dépendance et le passage progressif de la consommation d'alcool et de tabac au cannabis puis à d'autres drogues.

La référence à la notion de *processus* permet de faire intervenir ici les facteurs de risque et de vulnérabilité liés tant au produit qu'à l'individu et aux conditions environnementales qui président à l'offre de consommation. L'addiction est une organisation complexe, tentative de résolution de conflits, transformations par transsubstantiation d'un manque affectif en manque d'un produit, permettant d'éviter des affects incontrôlés non métabolisables en émotions, en sentiments ou en représentations. C'est lorsque l'usage du produit devient une tentative de solution à des conflits externes ou internes que l'addiction commence à s'installer. Le recours à un ou plusieurs produits vient alors refléter la quête d'un effet et/ou d'un produit idéal rarement trouvé. La fréquence de la consommation ou la polyconsommation signe alors l'installation dans l'addiction.

L'addiction

Définitions des dictionnaires

Le *Webster's New International Dictionary* définit l'addiction comme « *l'usage compulsif effréné d'une habitude développée par les drogues* » et le sujet addicté est « *celui qui manifeste un désir intense irrépressible pour une drogue addictive et qui l'utilise par habitude* » (Warburton, 1985). Un sujet addicté est « *une personne accroc par habitude et particulièrement dépendante d'une drogue spécifique* » (Warburton, 1985). La définition du *Webster's New International Dictionary* insiste sur la dimension compulsive de l'addiction, mais ne mentionne pas la notion de dépendance.

Le *Grand Dictionnaire Larousse de la Psychologie* (1992) met l'accent sur le versant psychogène des toxicomanies, de la toxicophilie ou de la recherche de dépendance. Il définit l'addiction comme « *une relation de dépendance aliénante* » c'est-à-dire un état de l'individu dépossédé de lui-même par la soumission de son existence à un ordre de choses auquel il participe, mais qui le domine. L'addiction est « *cette relation contraignante qui se noue entre un individu et un "objet", le caractère spécifique et singulier de cet objet pour cet individu, la qualité du lien qui s'instaure, ainsi que les conduites individuelles qui en procèdent apparaissent comme autant de défis à la raison, provoquant chacun à en élucider les raisons, soit la question étiopathogénique* » (Rigaud, Jacquet, 1994).

Dans le même sens, Venisse et Mammar (1999) dans le *Dictionnaire des drogues, des toxicomanies et des dépendances*, définissent l'addiction comme « *une relation de dépendance plus ou moins aliénante pour l'individu, et plus ou moins acceptée par l'environnement social de ce dernier, à l'égard d'un produit (drogue, tabac, alcool, médicaments), d'une pratique (jeu, sport), ou d'une situation (relation amoureuse). Le terme est surtout employé par les théoriciens ; le public et les cliniciens emploient plus couramment dépendance et toxicomanie* ».

Selon le *Dictionnaire des termes de médecine* (Garnier-Delmare, 1992), *« l'addiction est l'asservissement d'un sujet à l'usage d'une drogue dont il a contracté l'habitude par un emploi plus ou moins répété »*.

Dans le *Manuel alphabétique de psychiatrie clinique et thérapeutique* (Porot, 1996), le terme d'addiction, sans être véritablement défini, renvoie directement à celui de toxicomanie et à ceux associés d'accoutumance, d'assuétude et de dépendance.

De même dans le *Dictionnaire de psychopathologie de l'enfant et de l'adolescent* de Houzel et al. (2000), l'angle de vue porté sur l'addiction, sans proposer de définition précise, est centré sur les différents aspects des conduites de consommation de substances psychoactives.

Ces trois dernières définitions se réfèrent exclusivement à la dimension de dépendance à une substance psychoactive au sens de la pharmacodépendance.

Pour le *Dictionnaire de psychiatrie, dictionnaire de l'Académie de Médecine* (Juillet, 2000), l'addiction constitue *« une dépendance à une substance (alcool, drogue), mais aussi à un comportement ou à une situation (boulimie, jeu pathologique, achats pathologiques, tentatives de suicide répétées, anorexie, conduites sexuelles, kleptomanie, etc.), voire à une relation affective même si sont souvent ressenties une souffrance, une fréquente culpabilité et des tentatives répétées de maîtrise ou d'interruptions »*. Cette définition renvoie à celle figurant dans le *Dictionnaire des drogues, des toxicomanies et des dépendances* de Richard et Senon (2000), développée par Venisse et Mammar (1999).

Un des intérêts pour les auteurs précédents de recourir au mot addiction plutôt qu'à celui de toxicomanie est de relativiser la place des produits dans les dépendances, en faisant une place importante aux *« toxicomanies sans drogue »* ou *« addictions comportementales »*.

Le *Concise Oxford Dictionary* donne **quatre définitions** de l'origine du terme addiction :

La *première définition* se réfère à un processus juridique qui se met en place au moment où de jeunes gens entrent en apprentissage auprès d'un maître-artisan pour apprendre un métier. La décision signifiant cet acte par un tribunal était appelée addiction, car ce processus impliquait un attachement, un dévouement à un maître, non pas dans le sens d'esclavage, mais plutôt dans le sens de transfert de compétences. Une personne plus âgée et plus expérimentée guide la carrière ou la trajectoire professionnelle d'un individu. Cette première définition renvoie par extension à l'attachement à d'autres conduites : *« être attaché ou addicté à son travail, à la nourriture, au tabac, à l'alcool... »* (dimensions physique et psychique).

La *deuxième définition* renvoie à l'état d'addiction par rapport à soi *« à ses propres sentiments et pensées, rêveries et fantasmes »* (dimension psychique/cognitive). Il s'agit d'un investissement excessif (au détriment d'autres activités) dans des pensées, des rêveries intenses à caractère bienheureux, euphorique ou érotique, ces dernières pouvant consister en fantasmes sexuels pervers (cf. les travaux de McDougall, 1996 ; Loonis, 2001 b).

La *troisième définition* se centre sur les raisons pour lesquelles une personne est addictée, présente des dispositions et/ou des penchants pour une ou des addiction(s) (dimensions historique, événementielle et sociale). Il s'agit d'un investissement excessif (vital) dans une addiction à laquelle l'individu est vulnérable à cause d'indices contextuels et environnementaux associés à la drogue (cf. la notion de « *centration* » de Morel, 1997 ou le concept de « *saillance* » [12] chez Brown, 1997 ; Loonis, 2014 a).

La *quatrième définition* implique l'attachement à des pratiques habituelles, à ses propres actions (dimension comportementale). Il s'agit d'un investissement excessif (durée, empiétement sur d'autres activités) dans une activité sportive, dans l'effort physique par exemple. On retrouve ici aussi la dimension du surinvestissement ou de saillance.

Définitions médicales

La littérature scientifique est riche en définitions médicales. Les trois définitions usage, abus ou usage nocif, dépendance (Reynaud et al., 2000 ; Valleur, Matysiak, 2002) sont très proches des définitions médicales de l'addiction.

Cinq types de définitions sont à notre disposition :

— **les définitions faisant de la dépendance physique la caractéristique essentielle de l'addiction** et qui identifient les conséquences de l'usage de la substance ayant servi de prototype à l'addiction, incluant les états de tolérance, de manque et de désir intense pour apaiser les symptômes aversifs. Dans ces définitions, l'addiction caractérisée par une écrasante subordination à la drogue (effets physiologiques) et un usage compulsif de drogues survient pour soulager la détresse du manque (Lindersmith, 1947 ; Jaffe, 1975).

— **les définitions qui commencent à s'intéresser à la dimension psychique de la conduite addictive.** Elles considèrent les critères physiques comme faisant partie des caractéristiques possibles de l'addiction, mais insistent sur les critères psychologiques et/ou comportementaux de la conduite addictive (Maurer, Vogel, 1962 ; Chapman, 1962 ; Rappolt, 1972 ; Wilker, 1980 ; Alexander et al., 1982). Dans ces définitions, l'addiction est un processus pathologique qui affecte la santé physique, mais surtout mentale et émotionnelle, qui perturbe la vie familiale du consommateur, qui altère les relations interpersonnelles et compromet les relations de travail. Les

---

[12] La force du surinvestissement d'une action de gestion hédonique particulière (celle qui correspond à l'activité addictive) par rapport aux autres actions. Le degré de saillance du système d'actions est directement lié au niveau de la sévérité de l'addiction.

caractéristiques essentielles de l'addiction concernent « *la perte de la maîtrise de soi* » (perte de contrôle), l'adaptation comportementale à une substance, l'importance du *« mal »* pour le consommateur et pour la société, et pas seulement la dépendance physique. Il semble, ici, que la distinction dépendance physique et dépendance psychique est posée à des fins de convenance pour décrire des états qui varient d'une situation à une autre et dans des limites particulières.

- **les définitions se préoccupant à la fois de la dépendance physique et de la dépendance psychique**. L'élément commun à toutes les drogues licites ou illicites paraît être la dépendance soit psychique, soit physique, ou les deux à la fois. L'addiction apparaît comme un état d'intoxication produit par la consommation répétée d'une drogue (naturelle ou de synthèse). Ses caractéristiques incluent : un irrésistible désir ou besoin (compulsion) à continuer à prendre la drogue et à se la procurer par n'importe quel moyen ; une tendance à augmenter la dose ; une dépendance psychique (psychologique) et généralement une dépendance physique aux effets de la drogue ; et un effet nuisible pour l'individu et pour la société (O.M.S., 1957).

- **les définitions ne faisant aucune distinction entre la dépendance physique et la dépendance psychique**. Sur cette base, Tapia-Conyer et al. (1994) proposent une définition de l'addiction se référant aux modèles de la dépendance. Le terme est utilisé pour distinguer les personnes addictées se caractérisant par des pertes de contrôle, de celles dépendantes des drogues, mais qui peuvent y recourir sans perte de contrôle, du moins au début. Ils insistent sur le terme de potentiel addictif d'une drogue ou d'un objet-drogue qui se réfère à la propension qu'ont ceux-ci de produire la dépendance chez ceux qui l'utilisent. La nicotine, par exemple, a un fort pouvoir et/ou potentiel addictif. Sur un nombre total de fumeurs, seulement une petite minorité peut utiliser le tabac avec modération.

- **les définitions considérant l'addiction comme une maladie** (Thombs, 1994). L'addiction serait le résultat d'un processus sous-jacent à la maladie et aurait des origines génétiques (vulnérabilités génétiques aux drogues). L'individu addicté est malade et doit être soigné avec un traitement médical approprié (la dépendance physique est subie, le sujet addicté perd le contrôle de sa consommation).

Définitions des classifications psychiatriques contemporaines

Depuis trente ans, le terme *« addiction »* est au cœur des discours et des débats scientifiques. Il est aussi couramment utilisé dans la littérature scientifique anglophone et, de plus en plus, francophone.

Deux camps s'affrontent pour justifier l'utilisation du terme d'addiction ou de dépendance dans la littérature internationale :

- **les partisans de l'utilisation du terme « dépendance » s'intéressent à l'usage compulsif de la substance qui est pour eux une caractéristique de la dépendance** : *« désir puissant et compulsif d'utiliser une substance psychoactive et perte de contrôle de l'usage de la substance »*. Cependant, la nature exacte de l'usage compulsif et de la perte de contrôle fait l'objet de controverses. En effet, la perte de contrôle est une limitation du répertoire comportemental de recherche de drogue et suggère qu'il existe d'autres sources de renforcement (motivation, automédication et/ou soulagement des symptômes aversifs d'abstinence) et/ou activités qui contribuent à la mise en place comportementale de la recherche de drogue (Koob et al., 1998).

- **les partisans de l'utilisation du terme « addiction » mettent l'accent sur le trouble comportemental** : la perte de contrôle au cours de l'utilisation de la substance (caractéristique de la définition de l'addiction à la fin du XVIIIe siècle). Eddy et al. (1965) indiquent que, dans sa définition d'addiction, l'O.M.S. a inclus *« un désir irrésistible aux effets de la drogue »* (*craving*) et *« une expérience subjective de perte de contrôle »*. Ce n'est que bien plus tard que la CIM-10 (1994) et le DSM-IV (1996), dans leur forme révisée, ont inclus ce critère *« perte de contrôle »* dans la définition de la dépendance aujourd'hui abandonnée dans le DSM-5.

Pour Miller et Gold (1991), l'addiction est un terme renvoyant à une dimension comportementale — l'addiction suggère plus clairement un trouble comportemental — alors que la dépendance est un terme renvoyant à une dimension pharmacologique. Ils recommandent d'adopter le terme d'addiction au lieu de dépendance dans le DSM-IV qui était en préparation, mais leur recommandation n'a pas été acceptée malgré de vives discussions pour apporter plus de clarté et de spécificité sur la terminologie addiction *versus* dépendance (Rettig, Yamolinsky, 1995 ; Institute of Medicine, 1996).

Pour Cottler (1993), Rounsaville et al. (1983), l'addiction est définie un comportement de perte de contrôle entraînant des conséquences médicales, psychologiques et sociales néfastes pour l'individu. L'addiction implique une exposition initiale à un stimulus produisant la recherche de comportements permettant de répéter l'expérience. Après un certain nombre de répétitions du comportement-stimulus, l'addiction s'installe. Le caractère et la sévérité de l'addiction peut varier dans le temps et en fonction des de tentatives d'abstinence ou des reprises du contrôle (West, 2001).

Ces arguments, couramment avancés pour justifier l'utilisation du terme addiction au lieu du terme dépendance dans la littérature internationale sont une étape dans le rejet du terme addiction et l'usage de celui de dépendance dans le DSM. N'y a-t-il pas une dimension de connotation populaire du mot addiction qui a entraîné son rejet ? (Peele, 1985).

Les partisans de l'addiction regrettent que de nombreux experts continuent par nostalgie, tradition ou obstination, à utiliser le terme de dépendance à la place de celui d'addiction. Ils continuent à recommander que le terme d'addiction remplace le vieux terme de dépendance dans les prochaines révisions de la CIM-10 et du DSM-IV. Ce qui fut fait dans le DSM-5.

Il faut aussi noter que, par principe, le DSM-IV et la CIM-10 sont descriptifs et athéoriques. Donc, la dimension comportementale est clivée sur les différents objets du comportement (différentes substances, impulsions). Le concept d'addiction implique un effort de modélisation, au moins celle qui, avec Goodman, prévoit un *« processus addictif de base sous-jacent »* à tous les comportements de dépendance. L'addiction va donc désigner un faisceau de processus qui peuvent s'appliquer sur de nombreux comportements en rapport avec de nombreuses sources hédoniques. À partir de là, il faut souligner qu'il apparaît une hiérarchisation conceptuelle (ce que Goodman appelle un concept *« sur-organisateur et transnosographique »*) : le concept d'addiction (c'est pour cela que l'on ne parle plus de notion) regroupe un certain nombre de critères bien précis (opérationnellement définis) et la dépendance devient l'un de ces critères. Ce qui permet d'envisager des addictions avec différents gradients de dépendance.

Le concept d'addiction n'est pas présent dans les classifications actuelles du DSM-IV et de la CIM-10. Cependant, il existe des troubles inscrits dans les classifications contemporaines qui :

— **sont communément identifiés comme addictifs** : la kleptomanie[13], le jeu pathologique (troubles du contrôle des impulsions), l'anorexie et la boulimie (troubles des conduites alimentaires), le tabagisme (*troubles liés à la nicotine* avec la dépendance à la nicotine et les *troubles induits par la nicotine* (sevrage à la nicotine, trouble lié à la nicotine, trouble non spécifié). Ces troubles addictifs sont isolés et ne sont pas classés dans les mêmes rubriques.

— **qui ne sont pas identifiés comme addictifs** : les paraphilies, la pyromanie, la trichotillomanie (troubles du contrôle des impulsions).

La définition de certaines addictions (tentatives de suicide répétées, troubles des impulsions, sexualité compulsive, achats compulsifs, conduites à risque…), bien que l'on sente tout le côté *« addictif »* de ces comportements (contrainte, impossibilité de résister au désir/besoin impulsif et incontrôlable d'accomplir un acte dommageable pour soi ou pour autrui, sensation de tension ou d'excitation croissante avant la réalisation, sentiment de plaisir ou de gratification au moment de l'acte, répétition), rend très difficile leur inscription dans les troubles des impulsions au sens des DSM-IV et CIM 10 (Jacquet, Rigaud, 2000) et leur dénombrement précis.

---

[13] La kleptomanie est quelquefois mentionnée avec les achats pathologiques.

L'absence de dépendance physiologique (Pedinielli et al., 1997 a et b) ou le fait que la dépendance physique passe au second plan après les aspects psychiques (Loonis, 1999 c) peut expliquer cette position, mais plus que les critères sémiologiques, ce sont sans doute des positions psychopathologiques qui président à l'oubli de ces troubles. Les autres classifications syndromiques ou psychopathologiques ne font aucune place aux deux groupes « *troubles du contrôle des impulsions non classés ailleurs* » et « autres troubles des habitudes et des impulsions » parce qu'il existe encore «*une opposition entre un usage descriptif et un usage nosologique étiologique, entre les avancées de certains psychopathologues et la réalité des classifications* » (Pedinielli et al., 1997 a et b), entre une perspective diagnostique et une perspective psychopathologique.

Notons aussi que l'absence d'une unification du concept d'addiction dans la nosographie limite la portée des études épidémiologiques. Les études épidémiologiques confondent parfois l'usage et l'addiction. Il n'y a pas de recouvrement strict entre certaines catégories très inclusives (abus et dépendance à certaines substances par exemple) et l'addiction, ce qui rend les chiffres approximatifs, malgré une connaissance du nombre des sujets s'adonnant à tel ou tel type de comportements.

Avec le DSM et la CIM, un même diagnostic, au sens des descriptions comportementales ordonnées par ces nosographies, peut inclure des conduites qui seraient addictives et d'autres qui ne le sont pas, la critériologie de Goodman permettant de faire ou de ne pas faire la distinction selon les addictions (Le Poulichet, 2000). Cette flexibilité est nécessaire pour pouvoir admettre dans une même catégorie nosographique des troubles semblables sur le plan de la description des comportements, mais hétérogène sur d'autres plans.

Cette approche schématique ne remplace pas un travail de sémiologie critériologique comparée de l'ensemble des entités cliniques. Elle manifeste néanmoins combien sur le plan sémiologique, la notion de troubles du contrôle des impulsions et des différents troubles n'est pas forcément synonyme du concept d'addiction. Le **tableau I** montre en effet qu'à côté de ces formes cliniques qui satisfont exactement à la critériologie de Goodman, existent des entités cliniques qui ne rencontrent pas entièrement les critères de Goodman. Il s'agit de troubles ayant des traits addictifs marquants et pour lesquels l'analogie avec le trouble addictif n'est que partielle ou relève d'un usage métaphorique (Pedinielli, et al., 1997 a et b ; Jacquet, Rigaud, 2000).

Tableau I : Correspondance des critères de l'addiction de Goodman (1990) et ceux du DSM-IV (1996), Troubles liés à l'utilisation d'une substance (dépendance à une substance), Troubles des conduites alimentaires (boulimie), Paraphilies, Troubles des impulsions (Pedinielli et al. a et b, 1997 ; Jacquet, Rigaud, 2001)

Addictions	Selon la critériologie de Goodman
Troubles des conduites alimentaires	
– anorexie	– ?
– boulimie	+
Troubles du contrôle des impulsions	
– trouble du contrôle des impulsions non spécifié	+
– kleptomanie	+
– jeu pathologique	+ (mais discutable)
– pyromanie	±
– trichotillomanie	–
Autres addictions comportementales	
– tabagisme	+
– sexualité compulsive	±
– tentatives de suicide	±(métaphorique)
– achats compulsifs	±(métaphorique)
– conduites à risque	±(selon les cas)
– efforts intensifs	analogie partielle
– addiction au travail	analogie partielle
	analogie partielle

La tendance de ces classifications consiste donc à individualiser un ensemble de comportements et de conséquences, qui doivent suffire à créer une entité, en dehors de considérations sur l'ensemble de la personnalité, l'histoire, les autres troubles et difficultés présentés par le sujet (Valleur, Bucher, 1997).

2.2. Définitions psychologiques et/ou comportementales

Il existe une multitude de définitions renvoyant aux aspects psychologiques, psychosociaux, psychobiologiques et comportementaux du concept d'addiction. Ces définitions sont souvent issues des théories des addictions. Ces nombreuses théories n'ont pas encore toutes fait l'objet de mes travaux et restent à développer et à approfondir. L'état actuel de mon travail sur les définitions (mais également les théories) n'est donc pas exhaustif. J'ai alors choisi de présenter plus particulièrement les définitions suivantes : Peele (1985) et Morel (1997) ; Goodman (1990); Bejerot (1972, 1980) ; Glasser (1976) ; Brown (1997); Loonis (2014 a) ; Marks (1990) ; Orford (1985, 2001), Davies (1992).

Définition de Peele

Jusqu'à présent, l'œuvre de Peele a été présentée dans la littérature française comme *« éclectique et descriptive empruntant au constructivisme social et recourant aux concepts comportementaux et cognitifs »* (Pedinielli et al., 1997 a et b). Je pense comme Loonis (1997) que cette vision est trop limitative de la pensée de Peele. La prise en compte des facteurs sociaux et environnementaux, ainsi que des processus comportementaux et cognitifs permet d'enrichir les définitions et les théories concernant les addictions.

Les travaux de Peele ont montré que tout ne peut se réduire à la seule dialectique addictive *« dysphorie/solution addictive »*. Des facteurs non biologiques (culturels, sociaux, situationnels, développementaux, cognitifs et de personnalité) entrent en jeu pour moduler, changer, transformer le destin d'une addiction (Loonis, Peele, 2000).

La question essentielle que pose Peele est la suivante : l'addiction est-elle réductible strictement au rapport addictif entre un organisme et une substance ? À cette question, il répond non, car de nombreuses études chez l'animal et chez l'homme montrent que les facteurs environnementaux ont une influence sur le comportement addictif, sur l'initialisation du comportement, sur la tendance à la rechute et sur le besoin à consommer une substance (Loonis, 1997 - pour une revue détaillée).

Peele (1985) remet en question l'idée de l'addiction comme substance ou activité pouvant produire une compulsion débordant les capacités de contrôle de l'individu. Pour Peele (1985), l'addiction n'est pas causée par le toxique (facteurs biologiques de l'addiction), mais d'autres facteurs non biologiques qui vont influencer trois déterminants de base de toute addiction : la souffrance psychique, les compétences personnelles et l'environnement. Pour Peele, l'addiction est un ajustement de l'individu à son environnement. Cet ajustement représente un style de coping habituel qui peut changer selon les circonstances de la vie et les données psychologiques. L'addiction est comprise comme un ajustement de l'individu à son environnement en fonction de trois critères : a) le malaise auquel la personne doit trouver une solution ; b) les compétences de la personne pour utiliser la solution addictive ; c) les facilités addictives offertes par l'environnement.

Peele interroge la nature de l'addiction à partir de l'ensemble des études montrant que les phénomènes liés aux addictions (le besoin, la rechute, la tolérance) ont davantage à voir avec les facteurs subjectifs et historiques (sentiments, croyances) qu'avec les propriétés chimiques de la substance. Un ensemble de facteurs déterminent le symptôme de manque (milieu social, attentes liées au contexte, attitudes culturelles, personnalité, image de soi, style de vie, opportunités alternatives à l'addiction). L'addiction n'existe donc qu'à un niveau culturel, social, psychologique et expérientiel. Pour Peele, l'addiction est une caractéristique de la personne et non de l'objet d'addiction. L'addiction, dans ses formes extrêmes, est un investissement pathologique submergeant la personne et son mode de vie. Cependant l'objet d'addiction, n'est pas la drogue ou une source de stimulation, mais l'expérience que fait la personne addictée avec cet objet. Il faut donc prendre en compte les éléments physiques, émotionnels, cognitifs, représentationnels et environnementaux de cette expérience. Peele propose un modèle biopsychosocial des addictions. Pour Peele (1980, 1985), l'addiction correspond à l'attachement d'une personne à une sensation, un objet ou une autre personne, tel qu'il réduit l'appréhension et la capacité à prendre en compte les autres éléments de l'environnement, ou elle-même ; de telle façon que la personne devient de plus en plus dépendante de cette expérience et de cette source unique de gratifications. Cette définition psychosociale est construite à partir de l'étude des addictions aux drogues, à l'alcool, mais aussi à l'addiction interpersonnelle (addiction à l'amour).

Peele reconnaît à l'addiction une fonction : elle procéderait d'un sentiment d'incompétence personnelle et sociale. L'addiction est en rapport avec l'échec du sujet devant une tâche, échec qui met en doute sa capacité de réussir. Le sujet confronté à une tâche angoissante trouverait dans la prise de drogue, d'aliments ou dans un comportement donné, une satisfaction substitutive, prévisible et possédant un *« pouvoir renforçateur »* instantané. Cependant, l'addiction renforce par sa répétition et ses effets propres les sentiments de dévalorisation et d'incompétence, ce qui perpétue la nécessité récurrente. Dans l'addiction, la personne se détourne de tous ses autres centres d'intérêt, avec incapacité de choisir de ne pas réaliser le geste addictif (expérience désagréable). L'addiction apparaît comme satisfaction substitutive et possède un pouvoir renforçateur. Les effets de l'addiction modifient le sentiment d'estime de soi dans un sens négatif et confrontent le sujet à la répétition du comportement pour alléger les effets de cette mésestime. La problématique de S. Peele s'exprime donc en termes de compétence et de renforcement, mais on perçoit quelques références à l'écart entre la réalité et ce qui est attendu ainsi qu'à la question de l'identité. Pour cet auteur, l'addiction est une expérience nécessaire pour satisfaire ses besoins essentiels et maintenir sa subjectivité. Elle est aussi une réponse et une source de gratification et de sécurité. Peele insiste sur les fonctions de l'addiction qui à la fois annulent le sentiment de défaillance et majorent ses sources.

Pour Peele, l'addiction s'inscrit dans un continuum : le comportement du sujet peut être plus ou moins addictif. L'expérience addictive est le fait de personnes : a) présentant certaines caractéristiques transitoires ou constantes et confrontées à une situation difficile ; b) incapables de satisfaire leurs besoins existentiels ; c) avec une absence de valeurs s'opposant à l'addiction (réalisation de soi, accomplissement de ses propres valeurs, conscience critique en matière de santé personnelle) ; d) avec un manque d'efficacité et un sentiment d'incapacité à peser sur l'addiction. Ces personnes ne présentent pas nécessairement une pathologie avérée, ne constituent pas une classe nosologique particulière et ont généralement le plus de mal à faire face :

- à des périodes critiques de l'existence (adolescence, stress, isolement, divorce...) ;
- à des situations déprivatives marquées par une absence d'options positives (zones de conflits armés, groupes sociaux désavantagés, etc.) et de vide ;
- à un faible soutien social (structures familiales et amicales perturbées).

L'expérience addictive vient comme une réponse à un problème posé en créant des sensations prévisibles et étayantes. Elle organise, structure et remplit le temps du sujet. Elle est aussi une source de gratification régulière pour la personne. L'addiction aide le sujet à se sentir accepté par lui-même, à « *effacer* » le sentiment de fragilité de l'estime de soi, car ce gommage de la fragilité de l'estime de soi et cette reconstitution de l'estime de soi sont particulièrement illusoires et transitoires. Elle fournit un sentiment artificiel de la valeur de soi, de pouvoir, de contrôle omnipotent, de sécurité, d'intimité et de réalisation de son être. L'addiction apaise les humeurs négatives (anxiété, dépression), suspend temporairement les sensations déplaisantes et la douleur, devient le centre d'intérêt primordial et attire toute l'attention. Mais elle aggrave le fonctionnement quand survient un événement négatif source de défaillance et que le comportement addictif apparaît comme solution illusoire. Peele considère enfin que l'addiction serait un mal de la socialité (les gens sont de plus en plus introvertis, prisonniers des addictions parce qu'ils sont trop égoïstes, trop centrés sur eux et pas assez sur les autres et le monde externe) d'où l'importance des valeurs et de leur reconstitution pour le traitement. Cet auteur estime, en effet, que certaines valeurs comme le contrôle de soi et la modération, l'estime de soi, l'accomplissement et les compétences, l'évaluation consciente et critique de son environnement ont un rôle protecteur, car un comportement adapté pro-social serait la meilleure voie d'accès aux récompenses de l'existence. De plus, elles mettent l'accent sur les processus de maturation en insistant sur les constructions relatives à la force individuelle et à l'environnement social. À la différence du modèle médical, l'addiction peut être dépassée, car le sujet peut identifier le problème et chercher les solutions qui lui conviennent pour s'améliorer. Il lui suffit d'être à son écoute et de changer d'environnement, c'est-à-dire de côtoyer des personnes sans ce type de problème (Fernandez, Sztulman, 1998).

S. Peele donne une définition très extensive de l'addiction qui est apparemment synonyme de conduite de dépendance, mais qui ne se réduit pas à certains aspects de celles-ci. Le sujet addicté n'est pas qu'un sujet biologique, fruit d'une histoire biologique, mais un sujet social, acteur de sa propre socialisation et qui tout au long de sa vie interagit avec d'autres au sein d'une société. Il est aussi un sujet psychologique en quête de sens et de liberté intérieure, qui pense, se détermine et s'évalue lui-même ; un sujet qui par-delà les contraintes biologiques et les pressions sociales ou psychologiques, peut s'efforcer de donner par lui-même et pour lui-même un sens et une cohérence à sa vie (Karli, 1995).

Une théorie valable de l'addiction doit pouvoir faire la synthèse entre les facteurs pharmacologiques, expérientiels, situationnels et les différentes composantes de la personnalité dans une description souple, mais précise de la motivation addictive. Une telle théorie doit pouvoir rendre compte :

— de pourquoi une drogue est plus addictive dans une société que dans une autre ?

- de pourquoi elle est plus addictive pour un individu à un moment donné et pas à un autre ?
- des conduites compulsives sans drogue ;
- du cycle d'élévation de l'addiction jusqu'à son dysfonctionnement ;
- de l'expérience humaine elle-même.

Définition de Morel

De façon assez proche, Morel (1997) ne conçoit pas l'addiction seulement dans sa dimension physique, mais également dans sa dimension expérientielle. Dans l'addiction, l'individu *« s'attache à une expérience, c'est-à-dire à des contenus affectifs, perceptifs, sociaux et environnementaux qui vont être mémorisés et prendre un sens personnel »*. Pour transformer leur rapport au monde et aux autres (difficultés identitaires, affectives et sexuelles, relationnelles…), les individus vont centrer leur existence plus ou moins durablement sur la prise du produit. La recherche d'équilibre psychosocial passe alors par l'addiction. Cette addiction à une expérience qui s'instaure dans un rapport au monde est appelée *« centration »*. La centration permet de comprendre pourquoi l'addiction devient vitale pour des individus, s'inscrivant précocement comme un déterminant d'identité et d'existence, soulageant des blessures affectives traumatiques et rendant l'interaction au monde plus supportable.

D'un point de vue phénoménologique, le recours au concept de centration semble plus heuristique que le terme d'addiction puisqu'il fait référence de façon large à l'expérience addictive avec le souhait d'intégrer les dimensions biopsychosociales. Mais cet abord par la centration, qui est important pour rendre compte de l'expérience des drogues et des situations addictives ne fournit cependant pas une explication particulière à la compréhension de cette expérience.

Définition opératoire de Goodman

La définition de Goodman (1990, 1998), retenue par bon nombre d'auteurs (Adès, 1994 ; Jeammet, 1995 ; Pedinielli et al., 1997 a et b ; Valleur, Angel, 2000 ; Loonis, 2001, 2015) parce qu'elle offre une facilité d'intégration aux troubles appartenant aux addictions et ne fait pas de distinction entre la dépendance physique et psychique.

Toutefois, il est important de souligner que l'article de Goodman est d'abord un *Commentary*, c'est-à-dire un texte théorique et spéculatif qui n'offre pas d'emblée une définition empiriquement validée. Loonis (2001, 2015, p. 17) a fait une analyse critique de ce texte et a pu montrer son intérêt, moins pour la définition de l'addiction, que pour ses implications théoriques et pratiques.

« Addiction », terme employé d'une manière descriptive, désigne la répétition d'actes susceptibles de provoquer un plaisir, mais marqués par la dépendance à un

objet matériel ou à une situation et consommés « avec avidité ». Goodman décrit l'addiction comme « *un processus dans lequel est réalisé un comportement qui peut avoir pour fonction de procurer du plaisir et de soulager un malaise intérieur, et qui se caractérise par l'échec répété de son contrôle et sa persistance malgré des conséquences négatives significatives* ».

Goodman soulignait en 1990 le décalage entre :

— la prévalence importante des troubles addictifs (alcoolisme et autres substances psychoactives, jeu pathologique et autres troubles à composante addictive) dans la population et la faiblesse de l'implication des psychiatres et des psychologues dans ses problèmes, tant au plan théorique que pratique ;

— le monde scientifique de la psychiatrie/psychologie et le développement aux USA, d'un mouvement culturel majeur, qu'il appelle « *addictionnologie des 12 étapes* » (en référence au programme de traitement des Alcooliques Anonymes déclinés sous toutes les addictions et soutenus par d'anciens addictés).

Pour Goodman, cette situation est un handicap pour comprendre et développer le traitement des addictions. Il propose donc d'intégrer les deux systèmes de pensées (système des psychiatres/psychologues et système culturel) en proposant une définition scientifique de l'addiction suivant deux critères : 1) une signification précise rattachée à un cadre théorique ; 2) une absence de redondance avec d'autres termes. Il présente en termes généraux (sans faire référence à un comportement particulier), en prenant appui sur des critères diagnostiques du DSM-III-R (mais limités à la dépendance aux substances psychoactives et au jeu pathologique), un ensemble de critères de l'addiction :

A - Impossibilité de résister aux impulsions à réaliser ce type de comportement ;

B - Sensation croissante de tension précédant immédiatement le début du comportement ;

C – Plaisir ou soulagement pendant sa durée ;

D – Sensation de perte de contrôle pendant le comportement ;

E - Présence d'au moins cinq des neuf critères suivants :

1- Préoccupation fréquente au sujet du comportement ou de sa préparation ;

2- Intensité et durée du comportement plus importantes que souhaitées à l'origine ;

3- Tentatives répétées pour réduire, contrôler ou abandonner le comportement ;

4- Temps considérable consacré à préparer le comportement, à l'entreprendre ou à se remettre de ses effets ;

5- Survenue fréquente du comportement qui empêche le sujet d'accomplir les obligations professionnelles, scolaires, universitaires, familiales ou sociales ;

6- Activités sociales, professionnelles ou récréatives sacrifiées du fait du comportement ;

7- Perpétuation du comportement bien que le sujet sache qu'il cause ou aggrave un problème persistant ou récurrent d'ordre social, financier, psychologique ou physique ;
8- Tolérance marquée : besoin d'augmenter l'intensité ou la fréquence pour obtenir l'effet désiré ou diminution de l'effet procuré par un comportement de même intensité ;
9- Agitation ou irritabilité en cas d'impossibilité de s'adonner au comportement ;
F - Certains éléments du syndrome ont duré plus d'un mois ou se sont répétés pendant une longue période.

C'est à partir de cet ensemble de critères que Goodman formule la définition de l'addiction formulée plus haut. La plupart des critères du DSM-III-R concernant la dépendance aux substances psychoactives et au jeu pathologique se retrouvent dans la liste de Goodman. La différence porte surtout sur l'introduction du caractère obligatoire des quatre premiers critères (A-D) et de cinq sur neuf des sous-critères de E pour définir l'addiction. Suivant Loonis (2001, 2015), il est intéressant de comparer la définition de Goodman avec le DSM-IV (1996) sur davantage de types de troubles addictifs : troubles liés à l'utilisation d'une substance, troubles des conduites alimentaires, paraphilies, troubles des impulsions (**tableau II**).

Tableau II : Correspondance des critères de l'addiction de Goodman (1990) et ceux du DSM-IV (1996), Troubles liés à l'utilisation d'une substance (dépendance à une substance), Troubles des conduites alimentaires (boulimie), Paraphilies, Troubles des impulsions (Loonis 2001, 2015)[14].

E/3 à 4 ; E/4 à 5 ; E/6 à 6 ; E/7 à 7 ;
E/8 à 1 et E/9 à 2 sauf en ce qui concerne la substitution pour soulager le sevrage.
D de Goodman à A/2 (perte de contrôle) du DSM ;
E/2 à A/1 (absorption supérieure à la normale) ;
E/3 à A (survenue récurrente de crise) + B (comportements compensatoires inappropriés). A de Goodman à A (impulsions) du DSM ;
E/1 à A (fantaisies) ; E/2 à A (intensité) ;
E/3 à A (répétition) ;
E/7 à B (altération du fonctionnement social, professionnel ou dans d'autres domaines importants. À de Goodman à A (impulsions) du DSM ;
B à B (pyromanie) + B kleptomanie) + B (trichotillomanie) ;
C à C (pyromanie) + C kleptomanie) + C (trichotillomanie) ;
E/1 à A/1 (jeu pathologique) ; E/3 à A/3 (jeu pathologique) + A (trichotillomanie) ;
E/6 à A/7-10 (jeu pathologique) ; E/7 à E (trichotillomanie) ;

---

[14] Se référer aux critères du DSM.

E/8 à A/2 (jeu pathologique) ; E/9 à A/4 (jeu pathologique).

Loonis remarque que si la définition du concept d'addiction a eu le succès qu'on lui connaît, les implications pratiques et théoriques du concept ont eu moins de retentissement. Il est intéressant de reprendre ici l'analyse que fait Loonis de ces implications.

Sur le plan des traitements, Goodman doutait de l'efficacité de ceux qui ne prennent pas en compte à la fois la dépendance (renforcement positif du comportement) et la compulsion (renforcement négatif sur la base d'un état interne aversif). Les deux types de processus (renforcements positifs et négatifs) devraient être conjugués dans le traitement de l'inconfort interne (par la pharmacothérapie — traitements de substitution actuels et/ou — la psychothérapie). Il proposait aussi *« d'encourager chez l'individu le développement de moyens plus sains et adaptatifs pour combler les besoins jusque-là satisfaits par l'addiction »* (approches groupales de type 12 étapes, support ou thérapie).

Les avancées majeures en matière de traitement sont suggérées à partir des implications théoriques. Pour Goodman, l'addiction *« représente un ensemble de relations entre un mode de comportement et certains autres processus ou aspects de la personne ».* *« Ce n'est pas le type de comportement, sa fréquence ou son acceptabilité sociale qui détermine s'il est ou non une addiction, mais c'est comment ce mode de comportement est relié et affecte la vie de l'individu, selon les critères diagnostiques spécifiés ».* Goodman va plus loin en indiquant qu'il ne propose *« pas seulement une définition de l'addiction, mais aussi une modification dans la façon dont certains troubles psychiatriques sont conceptuellement organisés ».* Il suggère la création d'une nouvelle catégorie nosographique : les troubles addictifs.

L'hypothèse de Goodman est que *« des modes similaires dans les manifestations comportementales de troubles addictifs variés reflètent des similarités pour certaines variables de la personnalité et/ou biologiques qui peuvent ou non être mesurées par les instruments actuellement disponibles ».* Il ajoute que *« les troubles addictifs pourraient être décrits avec plus de précision, non comme une variété d'addictions, mais comme un processus de base sous-jacent, qui peut s'exprimer dans une ou plusieurs des diverses manifestations comportementales ».* Nous avons là l'amorce d'un modèle général de type intégratif.

Les implications pratiques sont *« qu'il ne faut pas seulement prendre en compte le comportement addictif, mais aussi le processus addictif sous-jacent ».* Goodman suggère trois processus en interaction dans tout traitement efficace :

1) *« améliorer la prise de conscience des sentiments internes, des besoins, des conflits interpersonnels et des croyances » ;*

2) *« améliorer la gestion hédonique en « encourageant le développement de moyens plus sains et adaptatifs de gérer les sentiments, satisfaire les besoins et résoudre les conflits internes » ;*

3) « développer des apprentissages de stratégies de comportementales dans le contrôle de l'abstinence ».

Goodman propose également une approche de l'addiction destinée à actualiser le modèle biopsychosocial de la maladie, en intégrant, tant au niveau pratique que théorique, la psychodynamique, la psychiatrie biologique, la théorie des systèmes familiaux, l'addictionnologie, la psychologie cognitivo-comportementale et la dynamique des groupes (Loonis, 2001, 2015).

Définition de Bejerot

Pour Bejerot (1972, 1980), la définition du concept d'addiction couvre les addictions actives et passives, directes et indirectes, constructives et destructives.

L'addiction est une fixation émotionnelle (sentiment) acquise par apprentissage qui se manifeste par intermittence ou de manière continue dans un comportement intentionnel stéréotypé avec le caractère et la force d'une conduite naturelle. Elle vise un plaisir spécifique (plaisir des sensations, de la distraction, des émotions...) ou l'évitement d'un déplaisir (soulager la souffrance : oublier ses soucis, le stress, l'anxiété...).

L'addiction peut prendre plusieurs formes et se produire à différentes phases :

a) **les addictions actives** concernent les addictions où le comportement addictif est manifeste ;

b) **les addictions passives** concernent les individus qui, par motivations (motivation à l'arrêt et au traitement par crainte de complications sanitaires, psychologiques ou sociales, de sanctions, par le soutien social...), ont renoncé à l'addiction et restent abstinents. L'addiction est dite passive dans la mesure où le sentiment (ou fixation émotionnelle) disparaît complètement après déconditionnement ou reconditionnement.

Pour qu'il y ait addiction, Bejerot considère qu'il faut qu'il y ait stimulations ou recherche de stimulations. Les stimulations vont permettre de décrire des addictions selon la nature du plaisir ou du déplaisir ressenti :

c) **les addictions directes** — celles qui se révèlent à la suite de stimuli exogènes plaisants (jeu, pyromanie, kleptomanie, troubles du comportement alimentaires – boulimie par exemple) ;

d) **les addictions indirectes** — celles qui se révèlent à la suite de stimuli exogènes déplaisants (compulsions, phobies[15], troubles du comportement alimentaires – anorexie par exemple).

---

[15] La phobie est une peur maladive de certains objets, actes, lieux, situations ; elle donne lieu à des luttes contra-phobiques, mesures de protection contre des pensées, des gestes, des verbalisations, des évitements, des dispositions... destinées à contrôler la peur et à

Bejerot considère qu'il est possible de différencier les addictions en fonction de leur caractère pathologique (détérioration de la santé de l'individu, inaptitude ou incapacité à fonctionner socialement) ou non pathologique (pas de détérioration de la santé de l'individu, aptitude à fonctionner socialement). Il distingue :

e) **les addictions destructrices** — celles qui prennent un tour excessif et pathologique (de par leur ampleur dans la vie de l'individu) et qui représentent des solutions extrêmes à des niveaux de souffrance psychique) ;

f) **des addictions constructives** — celles permettant d'enrichir les apprentissages et les compétences et ayant une utilité sociale (obsessions-compulsions créatrices des scientifiques, des écrivains des artistes par exemple ; activité de labeur : travail, études ; activité sportive : sport à sensation, activité physique intense…).

Pour Bejerot, l'addiction est une conduite induite artificiellement lorsque l'adaptation et le fonctionnement social de l'individu sont détériorés (carences sociales par exemple entraînant une perte de l'étayage stimulant que les autres apportent à l'individu). L'addiction est utilisée pour pallier ces insuffisances sociales (sensation d'être, d'exister par l'addiction).

Définition de Glasser

Pour Glasser (1976), les addictions sont des exemples de motivations puissantes destinées à réguler des états psychologiques (émotions négatives : malaise, ennui…) et atteindre des émotions positives (soulagement, détente, réassurance, confiance, plaisir, énergie…).

Il existe deux types d'addictions :

— **les addictions positives** [16] : elles concernent le caractère bénéfique et constructif de certaines activités faisant l'objet d'un investissement au quotidien plus ou moins soutenu sur des périodes plus ou moins importantes. De plus, ces addictions permettent l'accroissement des compétences individuelles, des apprentissages, des savoirs, ce qui peut en retour entraîner un bénéfice collectif. Par exemple, l'entraînement et l'investissement quotidiens, des sportifs (jogging, exercices intensifs), des scientifiques (activités intellectuelles et d'écriture), des ascètes (méditation) permettant d'atteindre de hauts niveaux de formation, d'apporter à la société des bénéfices de leurs travaux, ou activités.

---

apporter un certain soulagement. La forte saillance et la compulsivité des luttes contra-phobiques leur donne un caractère addictif.

[16] cf. addictions constructives de Bejerot.

Le concept d'addiction positive est destiné à contrebalancer une vision trop étroite des addictions uniquement cantonnée au registre de la pathologie. Il renvoie à celui de *« sublimation ».*

— **les addictions négatives** : elles concernent les addictions pathologiques se caractérisant par leur caractère massif, envahissant entraînant des conséquences négatives (substances psychoactives : tabac, alcool, médicaments, psychotropes...).[17]

Définition de Brown

Brown (1997, voir aussi Loonis, 1999) a proposé un modèle de gestion hédonique[18] dans lequel les addictions représentent des stratégies de gestion des niveaux de plaisir/déplaisir pour lesquelles l'expérience subjective et son interprétation par l'individu addicté entrent en jeu pour le développement, la poursuite ou le déclin de l'activité addictive. Les addictions sont des phénomènes motivationnels, liés à des attentes, à des valeurs elles-mêmes déterminées par un apprentissage social de nature cognitive. Ce sont ces facteurs psychologiques qui sont prépondérants dans le parcours addictif, les facteurs physiologiques sans être niés, restant secondaires.

Les addictions sont aussi considérées comme une forme extrême de phénomènes d'auto-gestion motivationnelle ordinaire dans la vie de tous les jours. L'individu gère sa tonalité hédonique en jouant sur ses niveaux d'activation et ses états psychologiques. Cette gestion apprise durant l'enfance peut produire, dans certaines conditions, des besoins secondaires artificiels : les addictions. Dans ce cas, des vulnérabilités personnelles prédisposantes accroissent le *« décalage hédonique »* de l'individu, défini comme la différence entre les niveaux de dysphorie qu'il peut tolérer et ceux qu'il vit habituellement, ce qui entraîne la réduction de l'éventail des activités hédoniques facilement accessibles au profit des activités destinées à réduire ce décalage.

Une addiction correspond à un changement dans la hiérarchie préférentielle du répertoire des activités facilement accessibles : une activité particulière devient saillante par rapport aux autres activités.

---

[17] cf. addictions destructrices de Bejerot.

[18] « Tout ce que fait l'être humain chaque jour et à chaque instant, pour réguler son humeur et plus généralement pour contrôler ses états psychologiques. Toutes les activités humaines, même les plus pragmatiques, entrent dans le cadre de la gestion hédonique, tout en sachant que celle-ci concerne la fonction hédonique des activités qui est appelée action. La gestion hédonique est la troisième étape sur la lignée des comportements animaux, puis humains, qui partent des pulsions exploratoires (destinées au repérage d'une partie de l'environnement (capacités motrices) et nécessitant des capacités mentales de représentation qui se trouvent mobilisées dans les phénomènes addictifs) jusqu'aux addictions, en passant par les recherches de sensation » (Loonis, 1999).

Quatre facteurs entrent en jeu :

1) l'éventail des activités accessibles dans l'environnement ;

2) le support social pour cette activité ;

3) les propriétés inhérentes à cette activité susceptible d'affecter la tonalité hédonique de l'individu (par exemple, par des changements des niveaux d'activation) ;

4) les compétences acquises pour utiliser cette activité dans la manipulation de la tonalité hédonique.

Pour Brown, une addiction n'est jamais inéluctable, elle suit une trajectoire qui débute par une phase de découverte-révélation, puis des rituels, des habitudes et à partir de distorsions cognitives se mettent en place de puissants conditionnements pour prolonger l'addiction. Par la suite, une sortie de l'addiction est toujours possible par la redistribution et la dispersion des activités. Cependant, une vulnérabilité à la rechute persistera à long terme (baisse de la vigilance, période de moindre succès dans la gestion hédonique), qui nécessite un contrôle permanent.

Définition de Loonis

Dans ses travaux qui prolongent le modèle de gestion hédonique de Brown, Loonis (2014 a) définit l'addiction selon quatre critères : A) la cause efficiente de l'addiction ; B) les moyens ; C) la cause finale ; D) les conséquences.

A) La cause efficiente de l'addiction est déterminée par deux sous-critères :

1) *les conditions de risque addictivogène* : a) les causes entraînant une élévation de la souffrance psychique primaire (problèmes familiaux, traumatismes de l'enfance, stress, conditions environnementales, socio-économiques…) ; b) les causes facilitant l'accès aux addictions (présence de la drogue, participation à un groupe de délinquants…) ;

2) *la souffrance psychique primaire* : il s'agit soit d'un simple malaise intérieur (ennui, irritation, sentiment de vide), soit d'une frustration rattachée à des besoins de recherche de sensations (vivre des expériences fortes, stimulantes, stressantes), soit enfin d'une souffrance psychique (anxiété, angoisse, dépression, sentiments de haine, de rage, de frustration intense, faiblesse narcissique – baisse de l'estime de soi et besoins d'étayage).

B) Les moyens sont au nombre de deux :

1) *la modification du niveau d'activation du produit par l'activité addictive* soit comme augmentation de l'activation (excitation), produite par le stress induit par diverses activités et leurs stimulations associées : l'ingestion de substances directement ou indirectement psychotropes, la réception de sensations ou d'informations stimulantes, la participation à des expériences excitantes ; soit comme baisse de l'activation (relaxation), produite par des

substances psychoactives en première ou seconde phase, par des stimulations relaxantes ;

2) la saillance de cette activité addictive sur les autres activités. L'addiction devient la chose la plus importante dans la vie de la personne, elle domine ses pensées (préoccupations et distorsions cognitives), ses sentiments (le désir excessif) et ses comportements (détérioration des comportements socialisés).

C) La cause finale de l'addiction est l'hédonie, qui peut se présenter sous deux aspects :

1) soit comme un *plaisir* (en début de trajectoire addictive) ;

2) soit comme un *soulagement* (en fin de trajectoire addictive lorsque les systèmes hédoniques cérébraux sont saturés et que le niveau de souffrance psychique secondaire à l'addiction est très élevé).

D) Les conséquences de l'addiction sont au nombre de quatre :

1) les conflits internes et externes. Dans le conflit externe, la personne addictée est confrontée aux pressions que son entourage exerce pour qu'elle réduise ou arrête une activité qui est perçue comme trop envahissante ou dangereuse. La personne est aussi confrontée au conflit intérieur entre ses choix continuels pour un plaisir et un soulagement à court terme, qui conduisent à ignorer les conséquences négatives à long terme.

2) la souffrance psychique secondaire. L'addiction pathologique est une fausse solution à la souffrance psychique primaire et elle entraîne une souffrance psychique secondaire qui ne fait qu'accroître davantage les difficultés de l'individu.

3) les conséquences à long terme. Selon le niveau de sévérité et la nature d'une addiction, les conséquences à long terme pourront être positives (passion pour un sport qui se transforme en activité professionnelle et l'organisation d'activités pour des jeunes) ou négatives (atteintes sanitaires, problèmes familiaux, sociaux, judiciaires).

4) les cycles de sorties/rechute à long terme. Ils correspondent à la tendance à des retours répétés vers d'anciens modèles de comportements addictifs. Ces cycles sont visibles dans les addictions psychotropes graves. Ils correspondent à l'expression de phénomènes de sensibilisation cérébrale, une mémoire à long terme qui rend l'individu vulnérable à la rechute à partir d'indices environnementaux associés à l'addiction, dans un contexte d'affaiblissement des défenses.

Loonis (2015) insiste également comme Bejerot sur l'importance des stimulations en jeu dans l'addiction et présente une classification des sources de gestion hédonique en **sept catégories** :

1)   **les stimulations psychoactives**, toutes les substances ayant un effet directement psychotrope, utilisées à des fins addictives.

2)   **les stimulations psychiques endogènes**, à travers romans, films, BD, feuilletons TV, entretiennent, enrichissent et renouvellent notre propre imaginaire. Il s'agit par exemple, les fantasmes érotiques, les rêveries, les luttes contra-phobiques, les obsessions psychiques, les ressassements dépressifs.

2) **les stimulations psychiques exogènes** entretiennent différents niveaux d'activation qui peuvent servir à compenser un malaise intérieur ou contrôler une souffrance psychique : il s'agit par exemple, des distractions (les jeux d'argent, les jeux vidéo, les jeux de rôle, la navigation sur Internet, la télévision, les spectacles à sensations, les confrontations et épreuves sportives, le spectacle du monde et des animaux sauvages), des activités de labeur (travail, études), des activités de communication (téléphone et Internet - groupes de discussion en ligne, chat).

3) **les stimulations somatiques**, pour produire une activation physiologique et psychique et soutenir des états psychologiques positifs. Il s'agit par exemple, de la sexualité (« *sexualité addictive* » basée sur une addiction aux fantaisies sexuelles pour lutter contre la dépression et une faiblesse narcissique, s'exprimant d'abord comme masturbation compulsive, puis avec la déviance progressive des fantaisies, elle peut déboucher sur des passages à l'acte relevant de la perversion) ; des troubles du comportement alimentaires (boulimie, potomanie, alcoolite, grignotage, anorexie mentale, jeûnes excessifs) ; des comportements auto-offensifs (automutilations dans des contextes déficitaires – immaturité, débilité, sénilité) ; des carences sociales et affectives (dépression anaclitique, stéréotypies d'abandon, pseudo-démence sénile avec manifestations compulsives) ; des comportements masochiques liés à l'addiction sexuelle ; des tentatives de suicide répétées ; des comportements ordaliques.

4) **les stimulations comportementales** servent à réguler et à contrôler des états psychologiques de souffrance profonde, marquée par l'anxiété, des angoisses, voire un état dépressif. Le comportement même vide de sens remplit l'espace psychique via les sensations corporelles qu'elle induit : il s'agit par exemple, de l'exercice physique intense (pratique assidue du jogging, entraînements sportifs intensifs, activités physiques épuisantes compensatrices), le sport à sensation (saut en parachute ou à l'élastique, escalade, vol libre, ski hors piste…), les troubles des impulsions (achats compulsifs, kleptomanie, pyromanie, jeu pathologique, trichotillomanie…).

5) **les stimulations sociales**, la régulation des états psychologiques et le soulagement de la souffrance psychique apportés par les addictions interpersonnelles sont basées sur l'étayage stimulant que les autres apportent à l'individu : sensation d'être, d'être aimé, d'exister dans la fusion avec l'autre, à travers l'autre ou dans son prolongement) : il s'agit par exemple, de l'amour anaclitique (amour narcissique, couple replié sur lui-même), de la famille fusionnelle (perte d'autonomisation des membres de la famille par

confusion des générations, des sexes, des rôles, des individus), du groupe (d'amis, de supporters sportifs, religieux…) représentant un étayage de la personne pouvant donner lieu à des modes de vie plus ou moins aliénants à caractère addictif.

6) **les stimulations contextuelles** mettent en jeu des contextes spécifiques comme les prises de risques (cf. comportements ordaliques, certains actes compulsifs, attentats sexuels — exhibition, voyeurisme, attouchements, harcèlement sexuels abusifs, les vols de voiture, les vols à l'étalage, les excès de vitesse), les activités désinhibées (fêtes, carnavals, orgies, échangisme, rave parties, le fait de se donner en spectacle - théâtre, cabaret), les transgressions (violences impulsives, agressions sexuelles, sadisme, harcèlement sexuel actif, viols répétitifs, tortures, actes de barbarie, activités terroristes, meurtres de masse ou en série). À la base des stimulations contextuelles, il existe un substrat fantasmatique inconscient dans lequel les motivations instinctuelles et les interdits moraux sont mis en scène et s'affrontent.

Définition de Marks

Pour I. Marks (1990), les caractéristiques communes aux addictions sont :
a) l'impulsion irrésistible à s'engager dans un comportement néfaste (craving) ;
b) le retour de cette impulsion et d'une tension interne après un délai de temps variable.

Pour Marks, certaines conduites constituent des *« addictions comportementales ou procédurales »* (jeu pathologique, kleptomanie, achats compulsifs).
Par *addiction comportementale*, il faut entendre un ensemble d'activités et de comportements addictifs ne consistant pas à consommer des substances psychoactives (cf. addictions sans drogues). La dépendance physique passe au second plan après les aspects psychiques englobant surtout le *« désir compulsif et incontrôlable »*, le craving (Hantouche, 1997). Sont mis en avant, *« la contrainte, la répétition et le besoin compulsif »* (Baylé et al., 1994).

Le principe de l'addiction comportementale consiste en ce que le comportement fournit à l'individu qui le réalise un ensemble de stimulations (psychomotrices, sensorielles, proprioceptives, intellectuelles, émotionnelles…) qui ont une action cérébrale et psychique par l'intermédiaire de la libération de drogues endogènes. L'addiction comportementale s'inscrit bien dans la ligne de l'activité addictive (marquée par des phénomènes de manque, de tolérance, de perte de contrôle, de saillance, de rechute…). Des stratégies comportementales permettent aux individus de contrôler leurs états psychologiques (Neiss, 1993), mettant en jeu conditionnements et apprentissages (O'Brien et al., 1992).
Ces définitions psychologiques et/ou comportementales permettent de dégager **huit signes de reconnaissance d'une addiction** (Loonis, 2015) :

1) soulager une souffrance ;
2) se donner du plaisir, se détendre (rechercher des stimulations) ;
3) ressentir un manque (dépendance physique) ;
4) ne plus sentir les mêmes effets ou mêmes doses (tolérance) ;
5) avoir besoin de toujours plus (tolérance) ;
6) perdre le contrôle de ce qu'on fait (saillance) ;
7) vivre des conflits externes (pertes financières par exemple) et/ou internes (baisse de l'estime de soi par exemple) ;
8) combattre pour arrêter ou rester abstinent et rechuter.

Définition d'Orford

J. Orford (1985, 2001) définit les addictions comme des appétits excessifs. Les formes de ces appétits excessifs des plus pathologiques ou moins pathologiques (cf. **figure 1**) [selon que l'individu puisse modérer significativement ou pas son addiction] sont caractérisées par un plaisir initial révélateur d'un besoin (dont l'intensité est variable) et d'une détérioration du contrôle personnel.

Pour Orford, il existe un champ d'objets d'addiction ou d'activités excessives particulièrement à risque pour les êtres humains responsables d'un fort attachement à ces activités au point que la personne a des difficultés pour réduire, contrôler ou abandonner le comportement malgré les conséquences négatives sur sa vie.

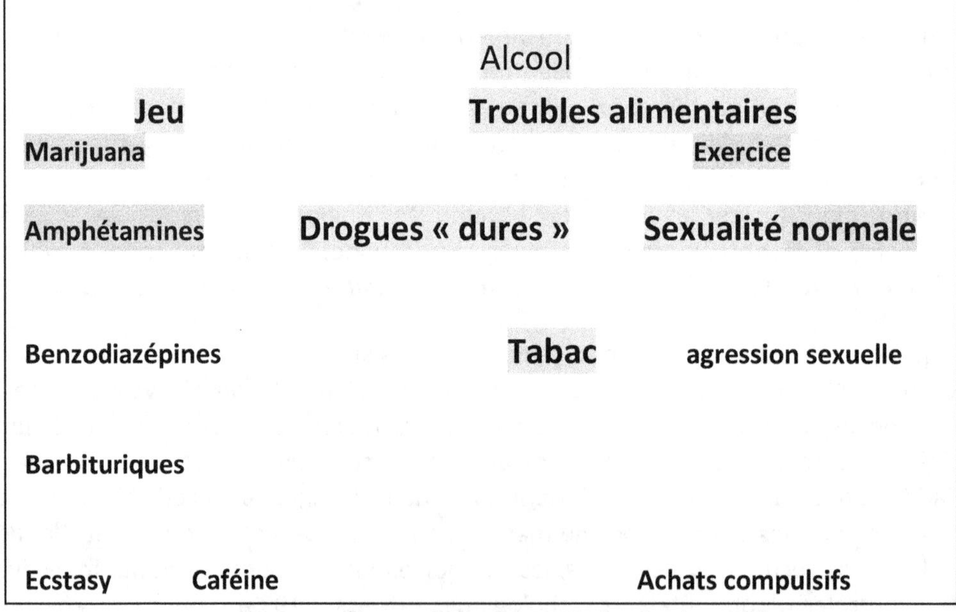

Figure 1 : les appétits excessifs (Orford, 2001).

Dans cette liste de formes d'appétits excessifs très diversifiés, Orford inclut des substances prescrites ou illicites, anciennes ou modernes, naturelles et de synthèse, stimulantes, enivrantes et calmantes. Il se demande comment ces activités procurant du plaisir, de la joie peuvent devenir excessives au point de gâcher la vie d'un individu.

Selon lui, il faut considérer :

– **l'aspect neuropharmacologique** (cf. par exemple, les systèmes dopaminergiques, sérotoninergiques, noradrénergiques, cholinonergiques impliqués dans les addictions).

– **la nature *« appétitive »* de la récompense émotionnelle** (en référence aux contextes sociaux — trop souvent négligés — dans lesquelles les activités appétitives prennent place). Il semble que les changements émotionnels chez les sujets puissent expliquer les renforcements puissants à l'œuvre dans les addictions et l'installation rapide des activités appétitives. Mais pour Orford, il est difficile d'expliquer la nature exacte de ces changements tant les plaisirs associés à ces activités appétitives et les tentatives de sortie de ces activités sont variés et dépendants de la personne, de la dose administrée ou du temps passé à se livrer à l'activité et du contexte environnemental et socio-culturel.

– **le rôle des conditionnements répondants et opérants**. Orford parle de mécanismes d'apprentissage positifs, stimulants (processus primaires) ayant un impact sur le cycle des émotions et les changements émotionnels provoqués par les activités appétitives.

– **le rôle des cycles de régulation émotionnelle acquise** (les expériences positives associées aux activités appétitives décrites en termes d'activations et d'excitations (nouveau cycle d'émotions ou de changements émotionnels) indiquent l'existence de processus secondaires amplifiés (attachements – selon leur intensité) particuliers selon les formes d'addiction) et **de l'effet de violation de l'abstinence** (autre nouveau cycle d'émotions entraînant une activité appétitive excessive).

– **le rôle des schémas cognitifs dans la régulation émotionnelle et face aux conflits**. L'individu présentant un comportement appétitif excessif est face à des conflits générés par cette activité. Les conséquences de ses conflits et/ou dissonances cognitives sont nombreuses et variées :

 a) *démoralisation* : auto-critique, tension, dépression, confusion, panique, auto-attribution d'un mauvais caractère, honte, remords, culpabilité.

 b) *pensée non objective :* indécision, contradictions, justifications, position défensive, traitement de l'information pauvre.

 c) *désocialisation* : garder un comportement secret, blâmer les autres, changer de groupe social, détester ceux qui sont exploités.

 d) *pression au changement* : envisager le changement, confession, résolution, décision, changer, reconnaître qu'il est difficile pour un sujet addicté de changer.

– les processus de changement (dans trois domaines de l'expérience humaine : social, spirituel, moral).

Définition de Davies

Pour Davies (1992), le concept d'addiction renvoyant à un comportement « *spécial* » est un mythe scientifique : il est rattaché aux études de spécialistes et il est chargé de représentations sociales.

Au-delà du mythe, les comportements addictifs :

– sont inscrits sur un continuum de l'addiction mettant en jeu une multitude d'objets de dépendance ;
– ce continuum concerne une multitude de niveaux de sévérité de la dépendance ;
– l'addiction de chaque individu peut varier dynamiquement dans le temps ;
– cette variation de l'addiction dépend d'abord de facteurs environnementaux.

Davies démonte un certain nombre d'arbitraires et de représentations sociales qui fondent les conceptions en matière d'addiction à savoir :
– les statistiques sur les consommations de substances psychoactives sont unimodales et non bimodales, ce qui signifie que les grands consommateurs de substances psychoactives (y compris alcool et tabac) ne forment pas une espèce à part, mais représentent un segment de la population seulement défini par un point arbitrairement placé sur un continuum.
– la définition de la « *sévérité* » de la consommation de substances varie selon un arbitraire social.
L'étude des trajectoires addictives, toujours dans le cadre des consommations de substances, montre que le niveau de sévérité de la consommation peut grandement varier au cours du temps, sans intervention externe.
– l'étude des trajectoires addictives montre encore que l'idée « addicté un jour, addicté toujours » n'est pas confirmée : des retours à une consommation contrôlée sont fréquents et on observe des « *cycles* » de consommation.
– l'idée de l'addicté « malade » et de l'addiction comme *« maladie »* est battue en brèche par le constat que les facteurs externes (environnementaux) surpassent les facteurs internes dans les changements de niveau de consommation (par exemple, on sait que le *look* de « malade » s'estompe grandement lorsque l'héroïnomane passe à la méthadone ou à l'héroïne prescrite, avec un support psychosocial adéquat)[19].

---

[19] Traduction de Loonis, communication personnelle.

1.3.3. Définitions psychopathologiques

Il existe de nombreux travaux concernant les aspects psychopathologiques de l'addiction (cf. Fernandez, Sztulman, 1998 ; Catteeuw, 2000 pour une revue détaillée[20]). Ces travaux concernent une grande variété de comportements qui se regroupent au sein des conduites dites addictives : addictions sexuelle, médicamenteuse, alcoolique, tabagique, à l'autre…

Lorsque nous tentons de faire la somme des addictions auxquelles est assujetti un être humain, nous sommes étonnés de les trouver si nombreuses. Nous constatons que bon nombre d'entre elles concernent notre adaptation au milieu de vie (adaptation naturelle), tandis que d'autres correspondent à nos investissements (régulation psychique).

Loonis (2014 a) fait la distinction entre le pragmatique qui renvoie à tout ce qui concerne l'adaptation au monde (activités humaines) et l'hédonique qui renvoie à tout ce qui concerne l'hédonie, sous ses modalités de gestion, de régulation, à l'aide d'actions qui s'organisent en un système d'actions de gestion hédonique). Certaines sont purement et simplement imposées. Les unes appartiennent au domaine physiologique : nous dépendons de l'air que nous respirons, des aliments que nous mangeons et du climat dans lequel nous vivons. Les autres sont en rapport avec notre vie sociale : la langue et tout autre moyen de communication, l'organisation politique de notre société, les us et les coutumes.

Pour certains auteurs qui se basent sur la nature de l'addiction, des formes normales d'addiction côtoieraient des formes d'addictions pathologiques. Est-il correct raisonner de la sorte, si on considère que l'addiction à la nourriture afin de vivre (sustenter le corps) est *« normale »*, alors que l'addiction pour le tabac est *« pathologique »,* qu'en est-il alors de l'addiction à la nourriture, plus que pour vivre, dans le grignotage ou la boulimie ? Comment se fait-il qu'il existe tout un tas d'activités adaptatives qui peuvent faire l'objet d'une addiction excessive (nourriture, boissons non alcoolisées, sexualité, travail, jeu, etc.) ?

Des auteurs comme Peele, Brown, Loonis, Morel font référence à cette perte de variété des sources hédoniques[21]. La baisse de variété s'accompagne aussi d'une baisse de vicariance[22], de la capacité à substituer une source hédonique par une

---

[20] cf. approches psychanalytiques et psychodynamiques des addictions.

[21] Moyens de stimulation capables de produire un effet hédonique sur l'organisme qui reçoit une stimulation.

[22] Possibilité pour l'individu de substituer telles actions de gestion hédonique importantes par d'autres actions, si les premières sont rendues impossibles. Le niveau de vicariance du système d'actions est inversement lié au niveau de la sévérité de l'addiction.

autre, tout cela étant relié avec l'élévation de la saillance ou centration[23], c'est-à-dire l'envahissement du quotidien par l'activité addictive.

Du point de vue psychopathologique, de nombreux auteurs considèrent que l'addiction introduit une forme particulière d'organisation des processus psychiques. Je présenterai les définitions qui mettent l'accent sur les éléments psychodynamiques communs : Catteeuw (2000) ; Darcourt (1994) ; Jeammet (1990 a et b, 1991 a et b, 1995, 1997, 2002), Pedinielli (1994, 1995) ; Gutton (1983, 1984) ; McDougall (1982, 1989) ; Charles-Nicolas et Valleur (1982) ; Brusset (1984, 1985, 1990 a, 1990 b).

Ces définitions ne se réfèrent pas à une organisation du sujet, mais à une analyse psychodynamique visant à mettre en évidence les processus en jeu dans les comportements addictifs[24].

Définition de Catteeuw

Catteeuw (2000) s'est intéressée aux relations difficiles entre souffrir, penser et agir chez les sujets addictés. Cette difficulté lui a permis d'analyser la particularité de leurs processus de pensée qui sont apparus comme témoignant d'une lutte active contre l'activité psychique elle-même, mais dont l'expression clinique reste cependant variable. De plus, la qualité des processus de pensée apparaît liée à la dynamique des investissements narcissiques et objectaux. Pour Catteeuw (2000), la clinique des addictions met à jour le lien existant entre le vécu de détresse psychique et des stratégies mises en place pour ne pas penser. Si certains sujets addictés revendiquent de se faire plaisir soit sur le mode de l'excitation, soit sur le mode de l'anesthésie (ne rien sentir), d'autres avouent difficilement le besoin d'attaquer le corps *« pour se sentir mieux »* (automutilations) et pouvoir fonctionner. L'activité de pensée est liée à la conception d'un appareil psychique dont le but est le traitement des excitations par l'intermédiaire de l'inhibition, la suspension de la décharge permettant l'investissement d'une activité de liaison et de symbolisation. Les ratées de ce fonctionnement psychique ont été recherchées aux origines du fonctionnement psychique et de l'avènement de la pensée soit en termes de carences, soit en termes de défaillances (Brelet-Foulard, 1999).

Elle retient deux orientations théoriques pouvant rendre compte de la particularité de pensée dans la clinique des addictions : le modèle de l'état de détresse et le modèle du négatif qui lui permettent de définir l'addiction comme une phobie du penser [25] (mode particulier du fonctionnement psychique, marqué par la

---

[23] cf. Morel (1997).

[24] Terme employé pour désigner des comportements présentant un ensemble commun de caractéristiques observables (impulsion/compulsion, excès, répétition, dépendance).

[25] Le terme phobie du penser met l'accent sur le fait que c'est l'activité psychique (d'où le verbe actif « penser ») qui est identifiée comme objet de la phobie (d'où l'emploi de l'article « du »).

convergence entre la particularité des processus de pensée (évitement psychique) et la particularité de la problématique psychopathologique (dysrégulations narcissiques et objectales). Ce terme renvoie à la menace que constitue l'investissement de l'objet sur le sentiment d'intégrité du soi. Cette position phobique pourrait indiquer le recours à une défense primaire lors d'un état de détresse qui perdure conduisant à ce que l'objet externe (source du déplaisir (objet hostile) soit rejeté)[26]. Il y aurait également en plus de la répulsion à investir l'objet, l'existence *« d'une modalité spécifique d'angoisse suscitée chez le sujet par sa production psychique propre »* (Kestemberg, 1986). L'addiction est spécifiée par un évitement de l'activité psychique en lien avec des dysrégulations narcissiques et objectales. Ainsi la phobie du penser autorise une analyse processuelle et dimensionnelle du fonctionnement psychique des sujets addictés en mettant en relation la qualité des processus de pensée et la particularité de la dynamique pulsionnelle. Elle interroge sur les propriétés émergentes de la phobie du penser au sein des modes de fonctionnement psychique variables en termes de fonctionnalités addictives : fonctionnalité défensive (l'addiction s'inscrit au sein d'une organisation marquée par une dynamique conflictuelle très active) ; fonctionnalité trophique (l'addiction a pour fonction d'étayer, de nourrir — par les sensations et les perceptions — une organisation peu conflictualisée) ; fonctionnalité désorganisatrice (l'addiction s'intègre au sein d'une organisation qui dysrégule signalant un dépassement des potentialités adaptatives).

Trois voies sont dégagées par Catteeuw (2000) pour essayer de réaliser la convergence entre des dysrégulations narcissiques et objectales et l'évitement de l'activité psychique :

1) **les particularités du narcissisme** : les défauts d'intériorisation de l'objet impliqueraient une particularité des processus de pensée ainsi que des dysrégulations narcissiques et objectales constituant un terrain favorable à la phobie du penser.

2) **le traumatique** : une effraction du pare-excitation impliquant un court-circuit psychique et un bouleversement de l'équilibre des investissements narcissiques et objectaux.

3) **la réactivation d'un conflit entre l'objet et le sujet impliquant une menace sur le sentiment de continuité de soi** : l'évitement psychique est utilisé en lien avec une problématique conflictuelle.

Ces trois voies semblent soutenues par les résultats issus de la typologie de Cancrini (1994).[27]

---

[26] Freud (1895) emploie le terme de répulsion pour qualifier par la suite la qualité de l'investissement de l'objet.

[27] La question du devenir de l'addiction et des liens avec une typologie psychopathologique d'héroïnomanes a été explorée dans l'étude de cet auteur réalisée auprès de 345 sujets. Quatre types de sujets ont été déterminés : type A : sujets pour lesquels l'addiction est

Définition de Jeammet

Pour Ph. Jeammet (1997, 2002, Corcos, Jeammet, 2003c), les addictions sont « un *des aménagements essentiels de la dépendance* ». « *La réponse comportementale prend une valeur de compromis (...) en tant que comportement destiné, par une action sur le milieu extérieur, à s'assurer à la fois de la réalité d'un contact relationnel, incertain au niveau interne, et de son maintien hors des limites du sujet* ». Ce nouvel équilibre dont le but est de sauvegarder l'identité est *« un mouvement de bascule du dedans au dehors par lequel le sujet fait vivre à l'objet visé par le comportement ce qu'il a pu avoir le sentiment d'avoir subi dans son enfance et de continuer à subir de la part de ses objets internes »*. La pratique addictive permet donc au sujet de retrouver un lien de dépendance qu'il entretenait auparavant avec ses objets d'attachements privilégiés et qui le reliait à ses objets internes et à leurs représentants externes.

Les addictions sont aussi pour Ph. Jeammet (1991 b, 1994, 1995 a et b), une modalité d'achoppement du processus d'adolescence c'est-à-dire une réponse à certaines modalités de la séparation : qu'on parle d'impasse ou de rupture dans le développement (Laufer, 1983), d'avatars dans le processus de séparation ou d'individuation, il s'agit toujours de souligner la permanence d'un lien de dépendance qui ne trouve pas à s'élaborer par des moyens intrapsychiques (Venisse et al., 1993). Il établit une relation entre les troubles de la séparation (la relation à l'objet et la recherche paradoxale d'une dépendance à un objet externe entre l'impossibilité d'une relation à l'objet libidinal) et la tentative de maîtrise d'un objet (produit, élément) externe.

Les conceptions de Ph. Jeammet se fondent sur l'analyse de deux grands axes de développement (les échanges avec l'environnement, ce que l'on appelle la relation objectale et l'autonomie, que Ph. Jeammet (1995) appelle le narcissisme) et des différents moments (la constitution de l'aire d'illusion et de l'aire transitionnelle, les expériences de séparation et d'individuation, la constitution des auto-érotismes, la capacité d'autonomie et de contentions intrapsychiques des conflits, le complexe d'Oedipe, la puberté, l'adolescence...) où le sujet peut se constituer comme indépendant. Les différents échecs de cet accès à la séparation induisent des solutions de compromis (investissement substitutif de la réalité externe, majoration de ses propres sensations, par exemple) : les addictions pour résoudre le conflit entre l'axe objectal et l'axe narcissique entre la pulsion et le narcissisme (Corcos, Jeammet, 2003c). Cette conception développementale fait dépendre les possibilités

---

clairement liée à un événement traumatique ; type B : troubles névrotiques ; type C : troubles borderline et/ou psychotiques ; type D : troubles anti-sociaux primaires. De plus, 126 sujets ont été suivis sur deux ans. Deux critères ont été retenus pour attester de l'évolution : l'arrêt de la consommation et l'existence de satisfaction liée à une réalisation personnelle. Les meilleurs pronostics sont obtenus pour le type A, tandis que le moins bon pronostic est pour le type D. Mais cette étude montre également que le décès d'un des parents, l'absence de soutien familial et social sont des facteurs aggravants.

d'investissement objectal des assises narcissiques et la qualité de celles-ci des premiers investissements maternels. Le développement s'effectue par des mouvements introjectifs structurants qui peuvent désorganiser le sujet, surtout lorsque les assises narcissiques sont défaillantes (échec de la constitution des auto-érotismes). La défaillance de ces assises narcissiques implique que l'introjection de l'objet représente une menace pour le narcissisme du sujet. Celui-ci doit donc recourir à des mécanismes défensifs pour éviter la dépendance à l'objet libidinal. Le pouvoir de l'objet libidinal se nourrit des failles narcissiques et entraîne la mise en place de *« barrages anti-objectaux »* par le sujet. Les addictions auraient donc pour fonction de maîtriser l'objet, c'est-à-dire d'éviter au sujet d'être dépendant de l'autre. Elles viseraient à mettre sous emprise un élément de la réalité extérieure montrant la parenté de l'addiction avec la perversion. Elles ont de ce fait une fonction auto-thérapeutique. Les addictions donnent la priorité aux sensations (alors que les émotions menacent le narcissisme) par lesquelles les sujets s'assurent de la présence concrète des objets qui leur font défaut. La problématique des addictions est donc celle de la sauvegarde de l'identité par le recours à un objet interne *« sous emprise »,* véritable substitut objectal qui possède des fonctions *« anti-introjectives »* pour éviter le processus d'introjection perçu comme particulièrement dangereux du fait des défaillances des assises narcissiques. Chez les addictés, on observe un défaut dans le sentiment de sécurité intérieure : une sensation de vide, une menace de destruction, de confusion de l'objet accompagnent ce sentiment. Les émotions représentent une brèche ouverte dans le Moi par laquelle l'objet peut s'engouffrer avec un risque de perte de l'autonomie et de l'identité pour les sujets. Par contre, la production et le maintien d'une excitation extérieure les assurent de leur différence avec l'environnement, de leurs limites et de leur identité propre. Le sentiment de sécurité interne dépend de l'élaboration de la séparation et la question de l'addiction se situe bien autour de l'articulation conflictuelle entre le narcissisme et les relations d'objet reposant sur la vulnérabilité liée à la dépendance aux objets de la réalité extérieure pour assurer l'équilibre narcissique du sujet. Il existe en effet une relation entre la capacité d'autonomie, la qualité des ressources internes et celles des premières relations objectales. L'addiction comme faillite des ressources internes serait à mettre en relation avec les échecs de constitution d'une autonomie par introjection.

Dans sa théorie se fondant sur le modèle de la perversion, Ph. Jeammet insiste sur les avatars du narcissisme et du processus de l'accès à la séparation par introjection pour rendre compte des addictions. Sa théorie ne se limite pas seulement à une conception défensive des addictions, mais intègre la question des émotions. Elle montre en effet que l'addiction est un processus actif et réactif de productions d'auto-stimulations, des sensations d'emprise et de création d'un objet au statut particulier. L'addiction n'est qu'un compromis d'un trouble des relations entre libido d'objet et libido narcissique permettant l'évitement du conflit, l'apport de sensations et la mise sous emprise d'un néo-objet de substitution.

Ph. Jeammet (1990 a et b, 1991 a et b, 1995, 1997, 2002 ; Corcos, Jeammet, 2003 c) inscrit donc les addictions dans l'axe des pathologies des assises narcissiques et des processus d'introjection conduisant à une impossibilité de relation à l'objet libidinal et une tentative de maîtrise par un objet externe réel doté d'une valeur anti-introjective. Cette conception établit un lien entre la possibilité d'investir l'objet et la qualité des investissements narcissiques, lesquels dépendent en dernier lieu de la qualité des relations à l'objet primaire. Le conflit irréductible entre l'investissement de l'objet et l'investissement narcissique induit une phobie des représentations et du travail psychique de déplacement (Catteeuw, 2000).

Définition de Darcourt

Pour Darcourt (1994), l'addiction, au sens psychopathologique, se caractérise « *par son intensité, l'urgence du besoin de satisfaction et l'impossibilité à s'y soustraire* ».

Pour cet auteur, trois modèles rendent compte de la définition de l'addiction en psychopathologie : le modèle du plaisir, du narcissisme, de l'apaisement des tensions :

— **Le premier modèle est celui du plaisir**. Il s'agit ici d'un plaisir lié à une excitation érotique. C'est l'économie libidinale qui est concernée. Le mécanisme qui entraîne l'addiction est la recherche d'un plaisir érotique qualifié de pervers (dans le cadre de la perversité polymorphe décrite par Freud).

— **Le deuxième modèle est celui du narcissisme**. Les conceptions de Grunberger en France, Kohut et Kernberg aux États-Unis permettent une bonne compréhension de l'économie psychique de l'addiction. Ils lèvent l'ambiguïté par rapport à l'auto-érotisme en séparant la lignée narcissique de la lignée libidinale. Ce n'est pas l'amour de soi qui est en cause, mais l'estime de soi. Les concepts de Soi-grandiose et de Soi-objet de Kohut permettent de comprendre l'économie de la dépendance. Pour ces auteurs, ce qui caractérise le trouble de l'estime de soi dans cette pathologie, « *c'est qu'elle ne peut être moyenne et adaptée et qu'elle ne peut être qu'extrême, soit effondrée, soit grandiose et qu'elle est fragile et instable, d'où les oscillations permanentes entre l'intense dévalorisation et le sentiment de perfection et de toute-puissance* » (Darcourt, 1994). Ce terme « *grandiose* » souligne la fragilité de l'illusion d'omnipotence dans les états d'élation narcissique. Le concept de Soi-objet permet de comprendre la relation du sujet dépendant à son produit. Cet objet archaïque (Soi-objet) dont il a besoin en soi lui est absolument nécessaire.

— **Le troisième modèle est celui de l'apaisement des tensions**. Certains sujets utilisent le toxique parce que c'est le produit apaisant l'angoisse qu'ils ont rencontré. Aucun autre moyen ne semble capable d'apaiser la tension intérieure.

Chez les sujets présentant des manifestations psychopathiques (impulsivité, instabilité, intolérance à la frustration) ou des manifestations limites (instabilité relationnelle, crudité des fantasmes, défaut de mentalisation, carences des mécanismes de défense contre l'angoisse), la tension semble inapaisable, sinon à titre transitoire, par l'utilisation de la drogue chez le toxicomane, d'aliments chez le boulimique, d'alcool chez l'alcoolique et de tabac chez le fumeur.

Ces trois modèles ne peuvent expliquer toute l'économie psychique de l'addiction. Ils indiquent seulement des perspectives de compréhension. Ils ne rendent pas compte de la totalité de l'histoire du sujet. Aucune structure psychique ne se réduit à une organisation aussi pure, plusieurs structures sont intriquées qui rendent compte d'une réalité psychique toujours complexe. Cependant, des modèles clairs permettent à l'analyse psychologique de s'étayer sur des repères rigoureux.

Définition de Pedinielli

Pour Pedinielli, l'addiction en psychopathologie ne se réduit pas à la dépendance biologique à une substance. L'individu addicté n'est pas qu'un sujet biologique, il est aussi un sujet psychologique dont les discours, les comportements, ne s'expliquent pas seulement par l'existence d'une dépendance physiologique au produit. La prise du produit, son utilisation systématique, les particularités de la dépendance répondent aussi à une souffrance psychique que le sujet tente de résoudre et qu'il ne fait que transformer en une autre. Le sujet dépendant n'est donc *« ni le consommateur, ni l'usager, ni la simple victime de la dépendance physique, mais le sujet psychiquement dépendant d'un toxique »* (Pedinielli, 1994). Le toxique fait fonction d'automédication ; il peut *« être employé comme antidépresseur ou bien être à l'origine de modifications thymiques ou de transformations thymiques et/ou corporelles insupportables » (ibidem)*. Dans cette citation, deux causalités se mêlent confusément : le toxique automédication qui soigne la dépression et le toxique qui entraîne un trouble thymique et/ou corporel. Il faudrait ici préciser la fonction primaire de « solution » de l'addiction, puis la souffrance secondaire générée par cette solution et enfin, les tentatives de l'addicté de soulager la souffrance secondaire par cela même qui la provoque — ce que Baumeister appelle une *« spirale de détresse »* (Baumeister et al., 1994).

L'addiction, dans une perspective psychopathologique, doit donc être conçue comme un processus complexe articulant une forme de souffrance psychique spécifique ou non et une solution par la substance ou la présence d'un objet, solution dont les effets constituent le processus addictif.

Pour Pedinielli (1994, 1995), l'étude psychopathologique des rapports complexes entre corps, identité et dépendance doit se dégager du modèle biologique laissant de côté les phénomènes représentatifs et économiques en cause dans l'addiction. Le corps biologique impose par le syndrome de sevrage (apparition de troubles en l'absence du produit) une dépendance caractérisée par le besoin compulsif du produit. Toute addiction ne se rapporte pas à une substance psychoactive (cf. la « *toxicomanie sans drogues* » de Fenichel, 1945) et une étroite dépendance à une substance ne provoque pas forcément une dépendance physique (par exemple, la cocaïne). Le biologique à lui seul ne peut rendre compte de toutes les formes de dépendance à un objet. Pour Pedinielli (1994), le produit existe sous sa forme chimique et en tant qu'objet représentant la psyché du sujet. Et « *la dépendance psychique serait le reflet d'une dépendance biologique produite par les propriétés d'une substance* ». De plus, l'addiction n'est pas seulement la relation à un objet matériel marquée par l'apparition d'un syndrome de sevrage en cas d'absence de celui-ci, mais elle désigne un mode de relation objectale dans laquelle le biologique est peu présent (étayage, anaclitisme). Dans ce contexte, il considère une relative autonomie entre les niveaux biologiques et psychologiques même s'il peut y avoir des effets récursifs entre ces deux niveaux.

La question de l'addiction doit donc être posée en situant bien le fait qu'il existe des sentiments ou des comportements addictifs qui ne sont pas la traduction psychique de phénomènes biologiques. Évoquer la question du corps en psychopathologie, ce n'est pas seulement parler du corps somatique, biologique, c'est aussi parler du corps imaginaire, de l'affect, de la douleur, de l'image du corps et de l'identité... (Pedinielli, 1994).

La plupart des comportements addictifs sont des actes ou des séries d'actes qui témoignent de la rencontre entre un objet et une zone corporelle. Gutton (1984) cite comme exemples, le tabagisme, l'alcoolisme, la sexualité compulsive... Les relations entre addiction, corps, identité et dépendance permettent de montrer que : l'absence d'objet révèle la dépendance physique (le produit protège le sujet contre des manifestations corporelles inélaborables) ; la dépendance psychique correspond au maintien d'un type de relation ; la dépendance implique une défaillance de l'inscription symbolique du corps, de l'identité, l'objet servant de prothèse à l'élaboration corporelle et identitaire.

Pedinielli (1994) formule cinq hypothèses sur la place du corps dans l'addiction (corps qui pour Venisse (1992) stigmatise sa place charnière entre le biologique et le psychologique) :

1) l'addiction pérennise la relation entre un sujet et un objet, c'est-à-dire entre un malaise, un corps et une substance.
Le modèle addictif n'est pas seulement la relation entre le sujet et l'objet d'addiction, mais aussi la rencontre d'une situation de malaise intérieur ressenti et d'une substance. L'angoisse, le sentiment de vide, la perte d'identité contribuent à la découverte d'un objet, à un mode d'administration impliquant le corps et à un ensemble d'effets produisant une transformation de l'état psychique et des sensations physiques.

Les travaux récents sur les recherches de sensations dans certaines pathologies addictives permettent de situer la sensation dans son rapport au corps et dans une certaine capacité à prendre du plaisir. L'amateur de sensations recherche des stimulations hédoniques qui sont censées lui apporter un degré élevé de plaisir et d'activation. *« En deçà des associations entre recherche de sensations et dépendance, avec ou sans substance psychopharmacologique, où l'on peut s'interroger sur la nature du plaisir recherché, et de son devenir, il existe déjà un décalage intrinsèque au concept de recherche de sensations : un manque de réactivité émotionnelle avec des stimuli « normalement hédoniques »,* d'intensité et de nature communes. Un besoin de varier à l'infini les stimulations pour ne pas *« s'éteindre »* (Carton, 1995a).

Dans la rencontre sujet-objet, le corps a sa place dans la mesure où le corps provoque une forme spécifique d'auto-érotisme repérable dans l'acte qui lie l'objet et le sujet : se piquer, manger, boire, fumer… Dans cet auto-érotisme, l'acte et l'effet de l'acte (réduplication dans l'agir de l'opposition entre plaisir préliminaire et plaisir terminal) doivent être pris en compte. Il ne s'agit pas seulement de se protéger, de se soulager, mais de se remplir, de faire *« le plein de vie »*. Car ce dont se plaint l'amateur de sensations, qu'il soit fumeur, sportif, joueur…, c'est justement de ne pas ressentir, de s'ennuyer, de ne pas *« vivre à plein »*. Le phénomène d'addiction apparaît généralement comme l'expression psychique d'un attachement aux effets du produit. Il maintient un lien étroit entre un objet extérieur, un corps (autant pulsionnel que biologique) et une forme de soulagement. L'addiction s'appuie sur une forme particulière d'auto-érotisme se substituant à une activité sexuelle impossible, car supposant un investissement objectal menaçant pour le sujet. La non-intégration de l'auto-érotisme et sa non-élaboration contribuent à fournir à l'addiction un appui non négligeable et à orienter l'interrogation sur la pathologie de l'addiction vers les perturbations du développement œdipien et pré-œdipien et vers le rôle des traumatismes (Pedinielli, 1994).

Pourquoi cette menace de l'investissement objectal ? Car la relation d'objet implique la perte de la maîtrise partielle de la satisfaction, du fait de l'acceptation de l'autonomie de l'objet qui implique la relation (à distinguer de l'étayage anaclitique à l'objet, ou de l'emprise perverse de l'objet, où dans les deux cas, celui-ci perd son autonomie). Cette perte de maîtrise de l'objet investi dans une relation est anxiogène, car elle replace le sujet face à son vide narcissique et de façon concomitante face à sa rage meurtrière envers l'objet défaillant. Les *« relations »* addictives (addiction interpersonnelle, anaclitisme, perversion, psychopathie) permettent au sujet narcissiquement fragilisé, de faire l'économie de son angoisse et de sa rage et lui autorisent l'accès à une jouissance étayante, dont le principe même (l'addictivité qui dépend des limites neurophysiologiques de toute jouissance) entraîne l'obligation d'une éternelle répétition de la satisfaction.

2) *La reconnaissance de l'addiction prend appui sur le ressenti corporel apparaissant lors de l'absence de cet objet.*

La dépendance (ou addiction) se révèle dans l'épreuve réelle ou imaginaire de la séparation et de la perte. Le modèle freudien de l'*Hiflosigkeit* (Freud, 1895, 1926) constitue une représentation des effets de la situation d'absence. Cet état de détresse (*Hiflosigkeit*) désigne la situation d'impuissance du nouveau-né à subvenir à ses propres besoins par une action spécifique à cause d'un débordement d'excitations internes qu'il ne peut maîtriser. Cet état évoque bien la situation extrême de manque. L'absence du produit provoque un ensemble de sensations corporalisées que le sujet ressent comme une effraction du pare-excitation. Mais l'*Hiflosigkeit* révèle aussi le fonctionnement du sujet addicté : le sevrage remplace le manque, le besoin se substitue au désir et l'action spécifique aux avatars de la réalisation du désir (Pedinielli, Bertagne et al., 1987 ; Pedinielli, 1994, 1995). La dépendance s'inaugure dans cette expérience de l'absence qui fait ressentir dans le corps du sujet, le besoin de l'objet. Elle se manifeste comme une incapacité à supporter l'absence de la substance. Le modèle de l'*Hiflosigkeit* révèle encore l'absence de capacité de liaison des tensions qui entraîne l'état de détresse physique et psychique. Pedinielli (1994) rapproche cette situation de l'expérience primaire de satisfaction décrite par Freud. La particularité de cette expérience réside dans la solution donnée à la requête du besoin, dans la mesure où c'est le souvenir de l'expérience de satisfaction acquise précédemment qui va être opérant : « *Dès que le besoin se re-présentera, il y aura grâce à la relation établie, déclenchement d'une impulsion psychique qui investira à nouveau l'image mnésique de cette perception dans la mémoire, et provoquera à nouveau la perception elle-même, c'est-à-dire reconstituera la situation de première satisfaction. Ce mouvement que nous appelons désir, la réapparition de la perception est l'accomplissement du désir, et l'investissement total de la perception depuis l'excitation du besoin est le chemin le plus court vers l'accomplissement du désir* » (Freud, 1900).

La comparaison entre l'*Hiflosigkeit* et l'expérience primaire de satisfaction montre que la différence se situe dans la « *réponse au besoin* » ; l'hallucination dans l'*Hiflosigkeit* est impossible, le sujet est incapable de réinvestir la situation, ce qui suppose la liaison des excitations. L'action spécifique devient le recours essentiel. La dépendance a partie liée avec cette incapacité à lier les tensions et le déni de cette dépendance apparaît comme un moyen pour triompher de l'objet aliénant. Le sujet s'imagine avoir triomphé de l'objet, c'est-à-dire de son aliénation à cet objet. La défaillance de l'élaboration psychique se paie par le recours au plaisir de l'introduction d'un objet, à l'assimilation de ses propriétés et à sa destruction (Freud, 1905a).

Nous trouvons ici ce qui se produit dans certaines addictions, la dialectique de l'incorporation et de l'introjection : incorporation réelle (injection, ingestion, inhalation, introduction, intromission…) et incorporation fantasmatique faute d'introjection symbolique.

Une fois que l'on connaît les mécanismes neurobiologiques qui sous-tendent le manque et ceux qui sous-tendent le désir à long terme sans syndrome de manque, on peut se demander comment ce modèle permet d'expliquer le retour du désir, la motivation irrépressible, à partir de signaux associés à l'addiction passée, sans syndrome de manque et après plusieurs mois-années d'abstinence ?

3) *La substance permet d'éliminer la douleur*

La thèse de l'automédication est évoquée par les problématiques cognitivo-comportementales (Peele, 1985) et par les problématiques analytiques (Rado, 1933 ; Khantzian, 1985 a et b, 1990). L'addiction serait liée à cette capacité de la substance à réduire certains phénomènes déplaisants, voire de limiter l'apparition de phénomène psychotique.

Les travaux de Lohr et Flynn (1992) sur le tabagisme et la schizophrénie montrent la prévalence chez les patients schizophrènes du tabagisme et mettent en évidence l'action des récepteurs nicotiniques et dopaminergiques dans la schizophrénie susceptibles de diminuer les symptômes négatifs schizophréniques. La thèse de l'automédication n'est pas contradictoire avec la thèse de la recherche de sensations qui révèle une dimension hédonique (Carton, 1995a). C'est d'ailleurs ce que précisent bien Goodman (1990) et Loonis (2015), lorsqu'ils parlent des deux buts (cause finale) de l'addiction : soit apporter du plaisir, soit soulager la souffrance. La consommation d'un objet correspondrait à l'élimination de sensations désagréables, mais aussi à la restitution d'un état antérieur plaisant (ce n'est pas ce qui est entendu par « plaisir », la restitution de l'état antérieur appartient au soulagement. Le plaisir lui renvoie à la recherche de sensations et d'expériences, il s'agit d'apporter un plus à la vie). La substance est utilisée pour soigner un dysfonctionnement interne de nature physique.

Ce rapprochement entre somatisation et dépendance et/ou addiction met en évidence trois particularités :

- la difficulté d'élaboration des affects (ressentir, nommer, exprimer des émotions : alexithymie) ;

- la limitation des productions imaginaires (rêves, fantasmes, rêveries, fantaisies) ;

- et la défaillance d'introjection (entraînant la faillite des objets internes et le maintien d'une dépendance aux objets externes substitutifs).

Chez certains sujets, la prise d'une substance vient en quelque sorte éviter l'irruption de l'affect, de certaines émotions (cf. travaux sur l'alexithymie — incapacité à verbaliser les émotions et les sentiments — Corcos, Speranza, 2003). Cet affect exclu de la scène psychique ne réapparaît pas dans la sphère corporelle sous la forme de la somatisation parce que le corps, en tant qu'organe récepteur, est modifié par la prise du produit afin de se protéger contre un éventuel éprouvé psychique. L'addiction se constituerait dans le rôle joué par la substance dans l'extinction de ce qui perturbe l'économie du sujet, mais aussi l'augmentation paradoxale de ces affects. Elle découlerait de la répudiation de l'affect et de l'intolérance à la souffrance corporelle due aux impasses de l'élaboration psychique. Elle répondrait à la propriété de l'objet à restituer une fonction d'intégration et d'évitement de l'effraction de l'affect.

4) L'absence d'élaboration psychique est en relation avec les premiers investissements corporels et les procédures d'individuation.

Les difficultés d'élaboration des affects témoignent d'une absence d'élaboration du corps : difficultés de la représentation de l'espace du corps, émergence d'un corps pulsionnel, troubles de l'image du corps... Les comportements d'addiction renvoient aux relations précoces mère-enfant et mettent en scène des particularités de l'investissement corporel et de l'élaboration du corps pulsionnel. Le défaut d'élaboration du corps pulsionnel, notamment pour ce qui concerne les auto-érotismes, a été signalé par Freud (1905a), Gutton (1983) et Jeammet (1991 a et b), il en va de même pour l'investissement du corps propre, c'est-à-dire des investissements narcissiques.

De nombreux auteurs ont mentionné le rôle des traumatismes précoces (troubles dans les relations mère-enfant) et dans les difficultés d'investissement du corps propre (Corman, 1993 ; Stern, 1989 ; Marcelli, 1997). Les conduites de dépendance révèlent ainsi un trouble de l'investissement corporel en relation avec l'échec du processus de séparation-individuation (Jeammet, 1991b). Les conduites addictives introduisent l'apparition d'une économie parallèle dans laquelle tout se joue au niveau du corps en termes de besoins, d'actions spécifiques, d'évitement de la représentation et de l'affect, l'absence d'intégration liée au corps libidinal.

5) Le corps impliqué dans les ruptures d'une addiction insupportable.

L'addiction matérielle, physique, psychique, à l'objet que le sujet perçoit, lui semble souvent intolérable. De par son besoin irrépressible, l'addiction est perçue comme un obstacle à sa liberté et lui révèle son aliénation. Cet insupportable, le corps l'exprime par le désagrément et la souffrance. Un certain nombre de comportements mettant en jeu le corps de manière destructrice semblent avoir pour fonction de rompre l'addiction dans ce qu'elle a de plus douloureux. Rompre l'addiction se manifeste au niveau de son représentant corporel.

Certaines overdoses, certaines tentatives de suicide, certaines conduites à risque semblent posséder cette fonction de rupture comme l'a montré Charles-Nicolas (1985). Les conduites addictives renvoient à des comportements autodestructeurs : l'effet réel à terme de l'alcoolisme, du tabagisme, de la toxicomanie, de l'utilisation de laxatifs et de diurétiques chez les boulimiques est nettement autodestructeur, même si on observe un déni de ce risque (le risque d'autodestruction est reconnu, mais il est en même temps nié en actes). Ces comportements autodestructeurs procédant d'une utilisation et d'une mise en péril du corps auxquels fait référence Charles-Nicolas (1981 a et b, 1982, 1985, 1989) sont appelés *« comportements ordaliques »*.

« La dépendance, au sens psychique du terme, naît de la réminiscence de l'expérience originaire qui lie la jouissance au corps ». Dans les addictions, *« le corps se réduit le plus souvent au somatique : l'addiction aboutit à une authentique désexualisation de ce corps, au point que rien ne semble plus se jouer sur la scène psychique et que le corps ne paraît exister qu'en fonction de quelques sensations dont l'importance, la force, viennent empêcher l'expression d'affects ou de représentations. L'addicté substitue à l'érogénéité un système plus économique ne laissant place qu'à une seule logique : tension-produit (action-spécifique) — réduction de tension-absence du produit-tension... »* (Lesourne, 1984). Ce faisant, toutes les autres manifestations corporelles et psychiques sont annulées. L'addiction réalise un évitement de la reconnaissance du désir de l'Autre qui implique une soumission et une dépendance intolérables parce qu'elle le menace d'engloutissement — le sujet s'engage dans un fonctionnement corporel au plus près du biologique, fait de clivage, de déni et de réduplication. Faute d'accéder à une reconnaissance, la dépendance réapparaît dans le réel et dans le réel biologique. La dépendance psychique, quant à elle, apparaît comme une tentative de maintien de cette relation dont le propre est d'unifier l'identité, le corps (Pedinielli, Bertagne et al., 1987 ; Pedinielli, 1994, 1995).

Définition de McDougall

J. McDougall (1989, 2001) préfère le terme d'addiction à celui de toxicomanie, car le concept d'addiction :
– centre l'approche sur la conduite d'addiction et ses ressorts dynamiques et économiques (et non sur les objets choisis[28]) ;
– n'implique pas le désir de s'intoxiquer, de se faire du mal. L'objet d'addiction est ambigu, mais il est au départ vécu comme un bon objet recelant ce qui est bon (plaisir) contre le déplaisir, la souffrance psychique.

Pour cet auteur, les addictions représentent des mécanismes de défense massifs contre la douleur psychique visant à obscurcir, à écarter les expériences psychiques irrépressibles, insupportables qui, faute de ces défenses, pourrait susciter la

---

[28] Ceci n'exclut pas l'intérêt des choix faits en fonction des problèmes se référant à des étapes du développement libidinal comportant des failles dans l'intégration d'objets bienfaisants (McDougall, 2000).

confusion. Il s'agit d'une tentative d'auto-guérison vis-à-vis d'états menaçants, le sujet se sentant persuadé que la parade est assurée par l'illusion de contrôle omnipotent sur l'objet d'addiction choisi, qui est censé ne jamais faire défaut. Les objets d'addiction peuvent être des substances psychoactives (opiacés, médicaments, alcool, tabac...), mais aussi des aliments (boulimie), le sexe (en tant qu'objet addictif). Les conduites d'addiction peuvent être employées quand les capacités habituelles de défense sont dépassées par un événement intérieur ou extérieur. La pathologie s'annonce à partir du moment où cette solution est pour le sujet unique, exclusive et contraignante (l'individu est enchaîné à son objet d'addiction).

McDougall (1989) place l'économie de l'affect au centre de la problématique addictive. À partir de ces observations cliniques, elle introduit le concept de désaffectation (agissant comme un processus défensif auquel le sujet se cramponne comme à un signe de survie psychique) et le concept de resomatisation jouant au détriment du travail de représentation. Le préfixe « *dés* » de désaffectation indique la séparation, la perte (de la capacité de rester en contact avec la réalité psychique). Il s'agit d'un processus inconscient. Le sujet est incapable de reconnaître son expérience émotionnelle et de réfléchir sur elle. Il ne peut pas penser les expériences à l'origine d'une émotion intense, les situations aptes à mobiliser des représentations chargées d'émotion, les événements aptes à faire surgir de tels affects. Ceux-ci ne peuvent être distingués entre eux, nommés, élaborés. Ce processus frappe les affects générateurs de souffrance, mais aussi de plaisirs vécus comme interdits ou dangereux capables de submerger le sujet, d'où la sensation de besoin présent de l'objet d'addiction jouant le rôle d'écran protecteur. McDougall (1982) ne se situe donc pas dans l'optique des carences, mais dans l'optique de la particularité des mécanismes de défense. Elle indique que pour les sujets addictés, il ne s'agirait pas tant d'une incapacité à exprimer ou à reconnaître leurs émotions, mais plutôt d'une incapacité à contenir les affects vécus comme dangereux, aboutissant à une dispersion des expériences émotionnelles sous forme de dispersion relative aussi bien aux affects de déplaisir que de plaisir.

La resomatisation des affects consiste dans le fait qu'un affect psychique est transformé, traduit en besoin somatique. À la place des représentations, des fantasmes des affects se sont des sensations corporelles qui opèrent pour faire face à un danger méconnu (par exemple, des confusions zonales fournissent, dans les comportements addictifs quotidiens — trop manger, trop boire... — des moyens de décharge permettant d'éviter des affects douloureux et des idées troublantes (McDougall, 1982). Pour McDougall (1989), l'addiction est une tentative psychosomatique pour venir à bout de la douleur mentale par le recours à des substances extérieures qui tranquillisent l'esprit et abolissent provisoirement le conflit psychique[29].

Le théâtre du transitionnel est également au centre de la problématique addictive pour J. McDougall (1989) comme celle des sujets dits psychosomatiques ou ayant recours à des néosexualités. Pour McDougall, il existe une défaillance dans l'espace transitionnel impliquant un échec des processus d'intériorisation de l'objet. Elle différencie l'objet transitionnel de l'objet transitoire des sujets addictés, objet réel qui est perpétuellement à retrouver à l'extérieur du fait d'un défaut d'intériorisation de l'objet primaire. La trouvaille addictive ou *« acte-symptôme »* tente de resituer un objet transitoire réel et de surmonter la douleur psychique par un court-circuit de l'activité psychique. Ce court-circuit permet de rejeter (forclusion) des représentations et des affects inélaborables. L'addiction apparaît dans son rôle défensif et restitutif d'un processus transitionnel défaillant. Cette hypothèse s'inscrit clairement dans l'axe des pathologies du narcissisme. Cependant, l'absence de référence à l'organisation ne permet pas de déterminer si cet échec des processus d'introjection est le résultat d'une psychogenèse ou bien d'une difficulté rencontrée par un sujet à un moment donné (Catteeuw, 2000 ; Pedinielli et al., 1997 a et b).

Définition de Gutton

Toujours dans l'axe des défaillances liées aux relations d'objet primaire, l'hypothèse de Gutton (1983, 1984) renvoie à l'échec des processus d'introjection de l'objet entraînant une carence des objets internes et la mise en acte d'un fantasme d'incorporation. L'addiction comme acting-out permet de mettre en relation la vacuité interne (soit un sentiment d'ennui, une absence de représentation liée à la carence des objets internes, une honte et un remords) avec la consommation avide d'un objet externe, autorisant au final la reprise de la fantasmatisation œdipienne. Dans les addictions telles que la boulimie, l'anorexie, l'alcoolisme et certaines pharmacodépendances, il est retrouvé des caractéristiques communes qui sont l'avidité, l'aspiration impétueuse et la consommation effrénée. Les addictions relèvent aussi des actes d'incorporations olfactives (sniffing), respiratoires (tabagisme) et cutanées (pathomimie).

La particularité de ces comportements (acting-out directs sans remémoration et sans perlaboration) réside dans l'existence d'auto-érotismes mettant en jeu une zone corporelle et un objet extérieur, une forme de complémentarité est présente, une dualité est en mouvement qui aboutit à une scène inspirée de la position perverse. Cette hypothèse souligne les possibilités d'inducteur fantasmatique du

---

[29] Terme venant signifier l'opposition entre corps physiologique (du réel et des besoins) et corps érotique (objet de désir issu de la subversion libidinale) en référence aux travaux de Dejours (1989).

comportement et permet d'entrevoir les effets récursifs entre comportement et fonctionnement psychique, autrement que dans une logique économique. Ainsi la solution addictive apparaît comme une solution comportementale et psychique visant à rétablir un équilibre économique, mais aussi à construire le moi.

L'hypothèse de Gutton s'inscrit dans les pathologies du narcissisme, dans le recours à la projection sur le corps et l'introjection. C'est cette place centrale de l'agir et du corps qui conduit à considérer les conduites addictives comme des pratiques d'incorporation (Venisse et al., 1993).

Définition de Charles-Nicolas et de Valleur

La dimension identifiante de l'acte addictif, à valeur d'auto-engendrement a fait l'objet d'une conceptualisation par Charles-Nicolas et Valleur (1982) sous le terme de conduites ordaliques ou ordalie. Pedinielli et al. (1997 a et b) distinguent deux types d'addiction : celle où l'objet de l'addiction est la conduite ordalique et celle où l'ordalie est une tentative de rupture de l'addiction.

L'ordalie désigne des pratiques judiciaires anciennes consistant à soumettre un sujet à une épreuve particulièrement difficile (être jetés à l'eau pour des enfants dont la paternité était mise en doute, marcher sur des braises, plonger sa main dans un liquide brûlant, mettant en jeu l'intervention de la puissance divine). Si le sujet dominait l'épreuve, il était considéré comme innocent du crime qui lui était imputé. Dieu lui ayant permis de triompher d'une épreuve qui ne lui laissait aucune chance de survie. L'ordalie est donc un phénomène associant différents éléments particulièrement intéressants sur le plan psychopathologique : l'incertitude quant à la filiation (identité ou à la faute commise, la volonté de Dieu (omnipotence divine), l'épreuve réelle impliquant la mort (sanction irréductible et aussi substitut de la castration), le triomphe. Dans l'ordalie, il n'y a aucun hasard puisque c'est la volonté de Dieu qui importe et non les capacités du sujet ou des lois du hasard. (Pedinielli et al., 1997 a et b).

Pour Charles-Nicolas et Valleur, les conduites ordaliques, les comportements de prises de risque et de confrontation à la mort, expérimentés dans certaines addictions ne signifient pas paradoxalement l'autodestruction, mais une régénération par la confrontation à la mort et une tentative de restitution du Moi par l'affrontement dans le réel à la castration et à la filiation (cf. métaphore de l'ordalie renvoyant un jugement de Dieu). La conduite ordalique a une fonction défensive contre les pulsions destructrices et autodestructrices. Le risque est la mort du sujet pour préserver le Moi.

Elle a **trois sources** :
1) la compulsion de répétition inhérente à la déliaison et au jeu de la pulsion de mort,
2) la jouissance mégalomaniaque,

3) l'échec de la fonction identifiante de la conduite.

Elle entretient des **relations avec** :
1) l'identité corporelle (se donner des limites, se constituer un corps libidinal unifié),
2) les idéaux du Moi (expérience de toute-puissance),
3) l'identité symbolique (identification primordiale par inscription dans une filiation),
4) l'Oedipe (confrontation à la castration inassumée).

Les addictions ne sont pas systématiquement interprétables en termes d'ordalie. Les conduites ordaliques décrites par ces auteurs (certaines toxicomanies, certaines tentatives de suicide, certaines passions du jeu, les conduites de risque et certaines prises de risques : sports violents cascades dans lesquels le hasard et le risque sont maîtrisés) diffèrent de l'ordalie par leur statut. D'une part, elles renvoient à une répétition de comportements à risque comme dans certaines addictions. Insensiblement, A. Charles-Nicolas (1981 a et b, 1982, 1983, 1985, 1989) est passé de l'addiction, quête du plaisir (recherche de l'euphorie, d'une vitalité intérieure, de l'hallucination, de l'inconscience) à l'addiction comme un jeu avec la mort. Il situe la conduite ordalique comme une quête de régénération (teintée de passion) à travers un risque de mort. Mettre son corps en danger pour un tel sujet satisfait le besoin d'éprouver la mort pour vivre. Le paradoxe de ces conduites ordaliques, c'est qu'elles ont pour but la vie, alors qu'elles sont minées par l'autodestruction réelle (Charles-Nicolas, 1989). D'autre part, elles s'adressent *« à certains comportements de rupture de la dépendance et de la mise à l'épreuve de l'identité trouvant place dans d'autres addictions comme la toxicomanie, la boulimie, l'alcoolisme qui ne sont pas tournées primairement vers la recherche et la jouissance du risque »*. L'ordalie *« serait alors une rupture de l'addiction et un moyen plus radical d'assurer l'identité »* (Pedinielli et al., 1997 a et b). En raison de leur sentiment d'inefficacité, d'impuissance face à la vie de dépendance, en raison de leur difficulté à trouver une identité, les toxicomanes vont chercher à amortir l'agression d'autrui et à colmater une blessure narcissique à travers des actes singuliers marquant leur différence et leur conférant le sentiment d'exister (Charles-Nicolas, 1985).

Définition de Brusset

Les travaux de Brusset (1984, 1985, 1990 a, 1990 b) s'intéressent aux liens entre boulimie, addiction et anorexie. Ils ont l'avantage de susciter des hypothèses sur les voies de passages entre des registres différents que sont les comportements, le biologique et le psychique. Les interrogations qu'ils posent intéressent l'addiction puisque celle-ci implique des modifications biologiques et comportementales ayant des effets psychiques. Pour Brusset (1990 b), le concept d'addiction est un concept opératoire considérant la différenciation entre dépendance physiologique et dépendance psychologique et les effets récursifs entre ces deux types de dépendance.

> Pour illustrer les effets récursifs entre comportement addictif et modes de fonctionnements psychiques, Brusset rapporte le cas d'une jeune femme pour laquelle un même comportement addictif (déambulation addictive ou marche forcée) a pu remplir des fonctions variables au fur et à mesure du travail psychothérapique. La déambulation addictive était au début associée à un besoin irrépressible et vital remplissant une fonction antidépressive et d'évitement psychique pour devenir par la suite un rite conjuratoire obsessionnel et déboucher sur une phobie d'impulsion. On comprend alors avec cet exemple, que pour un même sujet, l'addiction ou conduite addictive peut prendre des fonctions variables (à considérer comme non définitivement fixées) durant le parcours addictif et permettre une évolution de la fonction addictive. Ainsi l'agir addictif n'est pas uniquement une décharge des tensions d'excitations puisqu'il existe des effets récursifs entre le comportement addictif et le fonctionnement psychique.

Les relations entre les modifications biologiques, les réponses comportementales et le fonctionnement psychique dans les addictions rejoignent les préoccupations de l'approche psychosomatique. Brusset (1990 b) signale bien d'ailleurs que les addictions sont des tentatives d'intégration paradoxale des registres clivés corps/pensée. Cette incursion dans le champ psychosomatique apparaît plus ou moins explicitement dans les propositions métapsychologiques de Jeammet (1990) et de Brusset (1990a) sur la boulimie.

L'enjeu de ces diverses définitions psychopathologiques[30] est de pouvoir rendre compte d'un certain nombre de phénomènes invariants de l'addiction (Pedinielli et al., 1997 a et b) :
— l'initiation, la répétition, la dépendance ;
— une solution a-spécifique, mais unique à tous les problèmes ;
— le recours prévalent à l'agir ;
— la production de sensations corporelles au détriment des émotions ;
— le présence de la mort

C'est la configuration prise par l'ensemble de ces phénomènes (qui isolément sont a-spécifiques) qui justifie la spécificité psychopathologique de l'addiction. À l'origine de ces phénomènes, il y aurait un mode particulier d'équilibre entre les investissements narcissiques et objectaux ainsi qu'une défaillance des processus d'introjection (...). Si on considère qu'aucune des structures de personnalité ne constitue des conditions nécessaires pour les addictions, en même temps l'aire

---

[30] Se référer aussi à l'approche psychanalytique et psychodynamique des addictions.

narcissique[31] offre un ensemble de conditions du fonctionnement psychique des addictions et de leurs prévalences.

Les dysrégulations narcissiques et objectales renvoient à la difficulté de négocier le conflit entre le sujet et l'objet, entre le maintien du sentiment de continuité interne (investissement narcissique) et la logique du changement (appel à l'investissement de l'objet).

La variabilité des organisations de la personnalité chez les sujets addictés implique que ces dysrégulations narcissiques et objectales peuvent renvoyer en dernière analyse aux problématiques :

— **identitaire** : difficultés identitaires, c'est-à-dire difficultés à se représenter comme différencié de l'objet ;

— **de perte d'objet** : la prévalence des fonctionnements limites et la description d'un aménagement commun aux addictions relatives à ce fonctionnement ; l'addiction comme un avatar des processus séparation-individuation réactivés à l'adolescence (Gutton, 1983, 1984 ; Jeammet, 1990 a et b, 1994 ; Venisse, 1993) ; l'importance des manifestations dépressives chez les sujets addictés ;

— **et œdipienne** : l'examen de cette problématique est nécessaire pour deux raisons :

  • quel que soit son mode d'organisation, chaque sujet doit trouver sa position subjective en lien avec cette problématique (se situer comme différencié sexuellement et inscrit dans la différence des générations) ;

  • le recours à un comportement à la place d'un symptôme témoigne d'une insuffisance du refoulement secondaire.

Chez les sujets addictés, les dysrégulations narcissiques et objectales en lien avec la problématique œdipienne signalent donc que la fantasmatisation œdipienne est trop excitante et insuffisamment élaborée. Le refoulement secondaire s'avère soit insuffisant, soit défaillant (Freud, 1920, 1925, 1928 ; Sawitt, 1963 ; Brusset, 1990a ; Rosenberg, 1991 ; Catteeuw, 2000).

De plus, l'existence d'un comportement en lieu et place d'un travail d'élaboration a conduit de nombreux auteurs à signaler :

— des carences de la mentalisation et de la fantasmatisation (Bergeret, 1981, 1991) ;

— un court-circuit psychique (McDougall, 1989) ;

— une phobie des représentations et du travail de déplacement (Jeammet, 1995).

De cet examen général des définitions, il faut retenir que le concept d'addiction :

— **comporte des connotations théoriques différentes qui se veulent complémentaires jusqu'à tendre confusément à faire du concept une**

---

[31] cf. travaux concernant les addictions et le narcissisme.

sorte d'amalgame. Ainsi, le concept d'addiction apparaît aujourd'hui comme une nébuleuse de sens rattachée à plusieurs noyaux de modélisation (Loonis, 1998). Aux côtés des définitions et des approches psychanalytiques ou psychopathologiques, on peut voir d'autres définitions ou approches hédoniques, sociologiques, neurobiologiques, psychologiques ou cognitivo-comportementales. Ces définitions et approches non psychodynamiques soutiennent l'utilisation actuelle du concept d'addiction et opèrent à partir d'une méthode descriptive un nouveau regroupement transnosographique qui ne cesse d'élargir le spectre addictif[32] aux substances psychoactives (alcool, tabac, drogues et autres pharmacodépendances), mais aussi aux troubles du comportement alimentaires (boulimie, anorexie), aux addictions comportementales (jeu pathologique, kleptomanie, achats compulsifs, tentatives de suicide répétées, conduites à risque…). Elles rejoignent ainsi le champ psychopathologique déjà vaste qui s'étend enfin aux sexualités et au travail addictifs. On peut alors voir comment le concept d'addiction se prête à la réification de différentes manières de vivre, de souffrir et de ne pas souffrir des temps modernes (Zarifian, 1994). Du côté des paradigmes non psychodynamiques, la clinique des addictions et la neurobiologie par exemple offrent deux ensembles de données qui viennent soutenir l'idée d'un concept d'addiction comme catégorie sur-organisatrice (Loonis, 1997). Dans la clinique, au-delà des différences de surface (par exemple, le fait que le manque ou la tolérance n'apparaissent pas partout, le fait qu'il puisse y avoir un manque physiologique et/ou psychique, le fait que la répétition soit pluri-quotidienne ou inscrite sur des délais de plusieurs mois) émerge une souffrance psychique intrinsèque ou absolue[33] et d'une lutte contre cette souffrance (Loonis, 1997). Du côté de la neurobiologie, les deux ensembles de données concernent les implications des systèmes et des transmetteurs dans les addictions directement ou indirectement psychotropes qui conduit à voir dans l'addiction non plus une métaphore des apparences, ni une conduite spécifique, une structure ou une pathologie, mais un principe de fonctionnement au fondement de l'existence humaine qui peut s'appliquer sur toutes nos activités, sur toutes nos structures psychiques et apparaître d'une extrémité à l'autre du continuum entre le normal (des addictions les communes) et le pathologique (aux addictions les plus envahissantes). Car nous ne sommes pas tous au même niveau, car nous sommes différents face aux addictions.

---

[32] Définitions omnibus (selon certains auteurs) cherchant à ramasser sur leur passage toutes les caractéristiques cliniques qui peuvent rejoindre, de près ou de loin, une entité nosographique.

[33] Souffrance psychique de fond, d'origine cérébrale, immotivée ayant un caractère intrinsèque, rattachée à la condition humaine.

Cette différence se pose à la fois en termes de niveau de fonctionnement physiologique (par exemple, le chercheur ou *« l'éviteur »* de sensation de Zuckerman) et de destin du narcissisme selon l'histoire du sujet. Une histoire qui se poursuit au-delà de l'enfance et de l'adolescence, sur ce qui est actuellement reconnu comme trajectoire de l'addiction, avec ses étapes typiques (la rencontre, la lune de miel, les luttes, rémissions, rechutes…). Aussi, la prévention et le soin de l'addiction pourraient trouver à s'enrichir en essayant de prendre en compte la dynamique diachronique de tous ces paramètres. Il s'agit ici d'opérer un changement de paradigme via un modèle général qui verra l'intégration des modèles spécifiques antérieurs et partiels qui deviendront des pans du modèle général apportant des regards différents, mais d'un même objet, celui d'une approche générale de l'addiction, qu'il conviendra de retrouver dans chaque modèle partiel d'une addiction spécifique, afin de comprendre les fondements plus profonds de telle ou telle addiction (Loonis, 1997).

— **se trouve (pour certains psychanalystes) affaibli par un usage commun qui généralise et comportementalise le concept**. Il s'agit alors de repenser les conditions de sa pertinence dans le champ psychopathologique pour qu'une nouvelle approche tenant compte de la particularité/spécificité des comportements addictifs (apparition dans n'importe quelles structures ; association de traits, défenses, aménagements appartenant à des registres nosographiques et psychopathologiques différents) soit susceptible de recentrer la réflexion autour du paradigme de l'addiction trop souvent critiqué pour son caractère métaphorique. Il s'agit de maintenir ce que Catteeuw (2000) nomme la *« double référence »* : a) au niveau transnosographique avec pour objectif la détermination de ce qui au point de vue psychopathologique est spécifique des addictions. b) à l'organisation de la personnalité dans la mesure où un modèle des addictions doit aussi rendre compte de la prévalence des cas limites. La reconnaissance des dysrégulations narcissiques et objectales comme processus communs implique de s'interroger sur la place du narcissisme dans tous les types de fonctionnements (névrotique, narcissique, limite, psychotique). Ainsi éluder la question des liens entre la particularité des processus liés aux comportements addictifs et les organisations de la personnalité pourrait conduire à un regroupement des addictions au sein de la vaste entité des états limites et donc à l'inutilité du concept même d'addiction. L'élaboration d'un modèle en psychologie doit permettre d'expliquer à la fois ce qui est commun (général) et ce qui est particulier (spécifique).

Cette double exigence paradoxale a des répercussions sur la façon de concevoir ce que peut être l'organisation de la personnalité. En effet, l'étude des addictions invite à l'analyse entre des niveaux a priori différents : les comportements addictifs, les processus addictifs sous-jacents et le mode d'organisation de la personnalité. Cette perspective s'avère être encore marquée par la complexité ouvrant le champ à l'analyse des continuités/discontinuités entre les comportements et les fonctionnements psychiques.

Cette section sur les multiples définitions de l'addiction est encore trop sommaire pour qu'on puisse en percevoir la portée par rapport à l'ensemble des travaux de la littérature. Cependant, cette présentation est une première tentative pour rassembler des connaissances sur le concept d'addiction, d'entreprendre une revalorisation de certains aspects du sens commun et de créer un espace pour la pensée théorique empirique. Nous sommes actuellement confrontée au problème de *la difficulté de communication inhérente aux définitions et/ou aux redéfinitions du concept d'addiction* : il est difficile de modifier d'un seul coup les définitions du concept d'addiction sans se référer à la variété des positions, des champs et des théories et/ou modèles de l'addiction. Avec les deux positionnements présentés ci-dessus, nous sommes confrontés à deux manières différentes de concevoir le concept d'addiction (le général phagocytant le spécifique et le général et le spécifique coexistant). Il faut cependant prendre le risque d'exposer des idées qui tendent soit vers une plus grande incohérence, soit vers une plus grande cohérence. Les contradictions mises en évidence seront alors autant de nouveaux problèmes à résoudre.

3. CHAMP DU CONCEPT D'ADDICTION ET CONTINUUM

Le concept d'addiction désigne :

— **un champ** (Pedinielli et al., 1987 ; Rigaud, Jacquet, 1994) :

Il s'agit de conduites humaines dites pathologiques appelant à privilégier l'approche psychologique et plus particulièrement celui des conduites caractérisées par des actes répétés dans lesquels prédomine la dépendance à une situation ou à un objet matériel, qui est recherché et consommé avec « *avidité* » (Pedinielli et al., 1987).

Le concept d'addiction peut être étendu à d'autres comportements et vise à constituer une classe générique de phénomènes pathologiques englobant plusieurs types d'addictions autres que l'alcool, l'alcoolisme ou les toxicomanies. La boulimie, le jeu (*gambling*), certaines formes de sexualité, les tentatives de suicide, le tabagisme, les pharmacodépendances constituent les premières conduites à propos desquelles le terme de « conduite addictive » a pu être justement employé

(Pedinielli, 1985, Pedinielli, 1991, Pedinielli et al., 1997 a et b, Pedinielli et al., 2002 a et b).

La constitution de ce champ ne s'opère pas sans poser d'importants problèmes théoriques et méthodologiques :

— **le premier problème posé par l'addiction concerne l'intérêt d'inclure de nouveaux objets dans son champ d'application** : si l'on suppose une forme particulière de processus dans les comportements addictifs, le fait de considérer une conduite (le jeu, par exemple) comme une addiction doit alors entraîner un renversement de problématique. Sur le plan conceptuel, le concept d'addiction n'a donc de pertinence qu'en raison de la possibilité de rapprocher, voire d'unifier des pathologies qui paraissent, à première vue, dissemblables, mais qui possèdent des caractéristiques communes pour justifier ce rapprochement (Jeammet, 2002).

L'intégration de certaines automutilations ou des tentatives de suicide itératives dans la même classe que le jeu ou la boulimie constitue un « *retournement* » de perspective particulièrement fécond auquel le concept d'ordalie donne toute sa pertinence. Toute tentative d'établir une problématique commune peut alors constituer une démarche cohérente et stimulante.

— **le second problème a trait aux élaborations théoriques qui donnent au concept son intérêt clinique**. On peut estimer que, dans l'analyse des conduites, trois approches théoriques sont particulièrement enrichissantes :

• **la première approche** vise à constituer, à partir de l'observation clinique, une conduite en paradigme ou en système d'interprétation en procédant par analogie, puis en donnant aux mécanismes de la première entité une fonction d'équation générique qui fait apparaître, parfois de manière contradictoire, des hypothèses explicatives concernant les autres conduites.

Autrement dit, elle consiste à produire un modèle du comportement en cause en lui donnant une radicale spécificité, c'est ce qu'a fait Olievenstein[34] (1982, 1987 a et b) sur la toxicomanie.

• **la seconde approche**, consiste tout en maintenant les différences et spécificités des deux conduites, à en montrer le substrat fantasmatique commun.

---

[34] C. Olievenstein revendique une spécificité de la toxicomanie et de son approche, qu'il qualifie de « clinique de l'intensité ». Le toxicomane présente, à ses yeux, une part malade et une part non malade, puisque chez lui, le stade du miroir est réellement brisé. Chez les sujets dépendants, on assiste à une perturbation du premier moment de la formation du moi, qui se définit par une identification à l'image d'autrui. Le recours à l'addiction constituerait par la suite une tentative « magique » pour pallier le défaut de représentation intériorisée d'une mère adéquate (carences de l'intériorisation).

Brusset (1984) montre par exemple, sans ramener pour autant l'anorexie à la boulimie, comment le « *fantasme boulimique* » et le « *fantasme toxicomaniaque* » sont au cœur de la problématique de l'anorexie. Les parentés et les différences servent de guides au clinicien. Cependant, il faut interroger la valeur réelle de ces représentations fantasmatiques : sont-elles l'émergence d'un substrat psychique profond qui lie ces conduites, ou bien sont-elles l'expression d'une donnée culturelle ? Tout en retenant que s'il s'agit d'un simple élément culturel, sa construction peut avoir pour base un substrat psychique commun.

- **la troisième approche** consiste à regrouper différents comportements autour d'un phénomène commun par la mise en évidence d'une problématique et/ou d'une économie commune donc à privilégier un « axe » supposé pertinent, puis à organiser autour d'une organisation pathologique constituée par certains processus précis, voire une étio-pathogénie unique, un ensemble de conduites cliniquement différentes (Pedinielli, 1985 ; Pedinielli et al., 1987).

Les concepts d'ordalie de Charles-Nicolas, d'addiction sexuelle de McDougall, de pratiques de l'incorporation de Gutton répondent à cette dernière attitude dont la particularité est de dégager dans la clinique des conduites, certaines formes d'organisations non figées, qui respectent la spécificité des comportements concrets et permettent d'analyser, à travers ces disparités, un phénomène particulier (l'addiction, par exemple). Cette dernière attitude a conduit certains auteurs à étendre le concept d'addiction à d'autres comportements cliniquement éloignés.

- **un continuum** : le concept d'addiction ne paraît pas avoir de limites précises au sens où tout semble pouvoir se transformer en une addiction qu'il s'agisse d'une substance ingérée ou d'une activité à caractère compulsif. Il semble également que le facteur de gravité des addictions n'est pas clairement tranché et qu'une addiction peut être ou non pathologique selon son intensité (continuum addictif) ou en fonction des critères de tolérance personnelle, familiale ou sociale pouvant amoindrir et/ou aggraver une addiction. Cette double imprécision sur le plan de la nature, du type et de la gravité peut se traduire par deux continuums, celui des types d'addiction et celui de la sévérité des addictions.

Pour Loonis (1997), il existe un continuum (axe horizontal) qui part des addictions de la vie quotidienne (les plus communes) pour aller à l'autre extrême jusqu'aux addictions pathologiques (les plus envahissantes et caractérisées par la compulsion) sur lequel chaque addiction possède un degré de gravité entre addiction de la vie quotidienne [35] et addiction pathologique [36]. Aux deux extrémités de cet axe

---

[35] Contrôle possible ; peu ou pas de vulnérabilité à la rechute, peu ou pas de conséquences

horizontal sont placées les deux versions théoriques d'un modèle unique pour lequel l'individu se trouve quelque part sur le continuum, à une place qui n'est pas statique et définitivement figée, mais qui peut évoluer, dans une certaine mesure en fonction des changements parmi les variables concernées : degré de dysphorie antécédente[37] ; personnalité et environnement qui ont une force d'action relative au degré de cette souffrance psychique dont la force variera en fonction des données historiques et actuelles (histoire émotionnelle, relationnelle par exemple). Les modèles psychodynamiques peuvent permettre de comprendre les aléas de la genèse de cette souffrance. Les événements ou parcours de vie et le contexte actuel peuvent au travers du stress subi par l'individu amplifier ou calmer cette souffrance. Des périodes difficiles de l'existence peuvent s'exacerber et le recours à une addiction est possible.

L'addiction pour Loonis (1997) doit être située en deçà de toute structure, comme un socle fondateur sur lequel sont posées les structures et organisations. L'addiction en tant que principe traverse de part en part les lignées classiques névrose, état limite, psychose. Pour chacune de ces trois lignées, la souffrance psychique et les modalités de luttes sont présentes, mais prennent une coloration particulière selon chaque lignée. La même souffrance psychique sera vécue différemment selon que l'on est névrosé, état limite ou psychotique et les procédés de lutte prendront des formes et une ampleur particulières selon notre place dans l'une ou l'autre lignée. De plus, la notion d'aménagement complique le tableau en disant que le continuum entre addiction de la vie quotidienne et addiction pathologique doit être appliqué à chaque lignée et ce qui paraît une addiction pathologique pour telle lignée n'est qu'un aménagement en addiction de la vie quotidienne pour une autre lignée.

Pour Henri Sztulman (2010), les structures psychiques humaines s'inscrivent dans un *continuum*, entre le normal, les troubles névrotiques, les troubles limites, les troubles psychotiques et les inclassables troubles pervers. Il fait l'hypothèse que chaque individu peut évoluer, au cours de son développement et des événements de sa vie, entre ces différentes catégories. Se déplacer de gauche à droite au long de ce *continuum* correspond à une régression vers l'archaïque, parcourir le chemin inverse permet d'éprouver moins de douleur et plus de liberté et de retrouver un Moi plus fort, plus stable, plus structuré. Chacun de nous occupe une position, d'ailleurs mobile, sur ce *continuum*, habituellement sous une forme compensée, soit sans manifestation clinique ; mais personne n'est à l'abri d'une crise qui

---

négatives.

[36] Perte de contrôle ; vulnérabilité à la rechute ; conséquences négatives graves.

[37] Souffrance psychique pouvant prendre la forme d'un ennui, d'une anxiété, d'une dépression. Elle est différente de la *dysphorie conséquente*, souffrance secondaire à l'activation secondaire constituée des limites du soulagement, du manque, de la tolérance et de la pression de la sensibilisation comportementale, qui provoque la perte de contrôle.

provoquerait la décompensation (manifestation de symptômes et de dysfonctionnements divers) de manière provisoire ou plus durable.

4. STATUT CLINIQUE ET ÉPISTÉMOLOGIQUE DU CONCEPT D'ADDICTION

L'approche du phénomène addictif ne va pas sans incertitudes méthodologiques, cliniques et épistémologiques (Pedinielli, 1991 ; Pedinielli et al., 1997 a et b), je me contenterai d'en exposer quelques-unes.

Le concept d'addiction est utilisé par certains (McDougall, 1978, 1982 ; Pedinielli et al., 1997 a et b) dans une épistémè psychopathologique qui se fonde sur l'écoute des discours.

Il pose le problème méthodologique et épistémologique *de l'interférence des constructions théoriques psychopathologiques avec les actes et le discours du sujet.*

D'une part, les nombreuses difficultés auxquelles se heurtent les constructions théoriques — en psychopathologie analytique ou extra-analytique — se redoublent du fait que le sujet « *abstinent* » et que le sujet « *en phase de consommation* » n'ont pas le même discours, et qu'ils ne situent pas leur interlocuteur à la même place. D'autre part, si toute élaboration sur le sujet passe — en grande partie — par l'analyse de son discours, les reconstructions théoriques interfèrent avec les faits et/ou les actes du sujet. Par exemple, le comportement autodestructeur n'a de sens que par rapport à l'après-coup que représente le discours, l'interprétation du geste n'est qu'une reconstruction permettant un modèle *a posteriori* (Pedinielli, 1995). La reconstruction de l'objet « *addiction* » [38] implique une démarche tenant compte de ce que Rigaud et Jacquet (1994) nomment « *la positivité de l'objet* » : l'objet saisi par l'individu qui s'adonne à sa conduite addictive est bien un objet de la réalité (pas seulement une chose, un être ou un produit), un objet « *d'addiction* »[39] saisi dans un certain rapport au corps propre, au discours et à autrui à partir de ce qui est entendu du discours et sur les représentations du sujet, à tel point que les modèles analogiques tirés d'autres pathologies comme la perversion et les états limites servent de discours de vérité aux manques de la clinique.

Le concept d'addiction pose aussi le problème épistémologique *du savoir et de la pratique cliniques. « S'il n'existe pas de clinique sans présupposés »,* il faut alors admettre que la pratique clinique est guidée par :

— la position subjective qui inaugure l'addiction, après la rencontre avec le produit et lorsque le sujet découvre qu'il ne peut pas rompre avec l'addiction ;

---

[38] l'objet scientifique « addiction ».
[39] Ce qui est utilisé pour s'addicter (drogue, stimulations).

— un savoir tributaire des positions subjectives des cliniciens par rapport aux figures cliniques des addictions ;

— l'histoire de l'addiction, la rétrospective tentée par des sujets qui ont pu prendre quelque distance et restituer par leurs discours des processus ou invariants qui constituent le cœur de l'addiction (initiation à l'origine du comportement, production de sensations corporelles au détriment de l'expression des affects, utilisation de l'addiction comme solution unique à tous les problèmes, recours prévalent à l'acte associé à une absence d'élaboration, présence directe ou indirecte de la mort) ;

— des discours hétérogènes entre eux (le juridique, le biomédical, le psychologique et/ou psychopathologique, l'éducatif, le religieux…), chacun de ses discours ayant pour visée d'ordonner à l'égard de ces figures cliniques des addictions (et différemment selon la figure) une attitude qui veut y répondre ou « *la traiter* » avec toute l'équivoque de ce terme (Adès, 1994) ;

— des modifications des pathologies rencontrées (mises en évidence par l'analyse de situations cliniques précises, des expériences singulières de patients souffrant d'une ou de plusieurs formes d'addictions et explicitées par les constructions théoriques) et des paradigmes psychopathologiques de l'addiction dans lesquels se reconnaît le clinicien (analyse des formations psychiques, compréhension de certaines positions transférentielles révélant une forme particulière d'identification).

Plus encore, le concept d'addiction pose le problème épistémologique *de la définition du pathologique et de la légitimité d'une classification, d'une théorie psychopathologique et d'une intervention curative ou préventive.*

Le premier problème posé par les addictions concerne l'impossibilité d'intégrer dans les addictions tous les comportements définis par un trouble du contrôle des impulsions. Or, il faut bien reconnaître que nous avons tendance actuellement à inclure systématiquement dans ce registre les personnes s'adonnant à ces comportements (cf. définitions des classifications internationales).

Le second problème concerne les comportements addictifs impliquant un dysfonctionnement de la sphère sociale et familiale (**famille** : habitudes de fonctionnement familiales, habitudes de consommation familiales, événements de vie familiaux, troubles mentaux familiaux, carences socio-éducatives, relations conflictuelles ; **pairs et groupe social** : initiation ou accentuation de la consommation, consommation en groupe/pairs consommateurs réguliers, marginalisation sociale/familiale, consommation en fonction du groupe social, par âge et par sexe… ; **statut social du produit**) plus qu'une pathologie (comorbidités psychiatriques, troubles du comportement par exemple).

Ce qui constitue la pathologie c'est la souffrance psychique[40] du sujet et non le comportement inhabituel et déviant du sujet.

Cette position amène à s'interroger sur :

– le caractère pathologique du comportement addictif : le comportement addictif à partir du moment où il est dommageable pour le sujet (conséquences négatives : toxicité, dangerosité, dépendance physique/psychologique, complications sanitaires) doit-il être considéré comme pathologique ?

– le paradoxe d'une société qui considère comme pathologiques des comportements qu'elle cautionne : la société ne pousse-t-elle pas à la consommation, au jeu, à l'utilisation de substances psychoactives ?

– le caractère pathologique de certaines formes d'addiction comme les achats excessifs, la sexualité, le jeu… : ces formes d'addiction peuvent-elles être considérées comme pathologiques ? La contrainte interne, la dépendance, la souffrance du sujet ne sont-elles pas les caractéristiques essentielles de ces pathologies addictives ?

Le troisième problème concerne :

– le mode de raisonnement adopté à propos de l'addiction qui s'oppose radicalement dans sa référence à la clinique, à celui qui, en psychopathologie, accorde une primauté à la notion de structure, voire d'organisation qui paraissait insatisfaisante ou momentanément mal appropriée à cause du risque de réduction des phénomènes cliniques. *« L'addiction, en tant que modèle psychopathologique, se situe soit hors des structures classiques, soit en position de définir l'équivalent d'une structure exclusive des autres, soit encore, mais de manière ambiguë, comme représentant d'une structure particulière (états limites ou pathologie narcissique généralement). En d'autres termes, si le modèle de l'addiction est à produire ou à construire, il doit être situé par*

---

[40] Par souffrance psychique, on peut entendre :

– altération du rapport à autrui :

Incommunicabilité de la souffrance due à l'idée que le sujet ne peut être compris de quiconque ;

Difficulté à partager la souffrance avec autrui, car la souffrance non partagée renvoie à l'individu lui-même ;

Sentiment d'hostilité envers autrui, car l'autre ne peut rien pour le sujet et il est peut-être considéré comme un ennemi ;

– Diminution de la puissance d'agir :

Impuissance à dire : ne pas trouver les mots pour exprimer sa souffrance, ses sentiments ou états émotionnels (cf. alexithymie, cf. échelle T.A.S.-20) ;

Impuissance à faire : à se constituer une identité structurante ;

Impuissance à se raconter, à ordonner son histoire, à la relier à d'autres histoires ;

Impuissance à s'auto-estimer (cf. fragilité de l'estime de soi).[41] Théories de l'**Addiction** : celles qui traitent de l'Addiction en tant que phénomène général. Théories de l'**addiction** : celles qui parlent d'une addiction spécifique.

rapport aux autres organisations qui, se fondant sur une théorie du sujet, sont plus à même de répondre d'une psychopathologie de l'acte, de la dépendance ou de la répétition, qu'un modèle visant à expliquer l'intersection des comportements addictifs concrets » (Pedinielli, 1991). Il ne faut cependant pas oublier le caractère transnosographique des addictions, de sorte que le problème du rapport addiction et structure disparaît : chaque structure a sa souffrance psychique et ses solutions addictives à la souffrance psychique.

— la difficulté de construction d'un modèle qui réside dans la compatibilité entre l'expérience clinique et les paradigmes généraux de référence (ou théories).

— le modèle de l'addiction qui se heurte aussi à d'autres modèles plus spécifiques des comportements composant le groupe des addictions et constituant de solides ensembles d'interprétations suit d'assez près l'expérience clinique auprès de patients addictés. Il y a bien un ensemble de théories clairement définies de la toxicomanie, de la boulimie, voire de l'anorexie qui devrait trouver une place spécifique à l'intérieur des addictions. Pourtant, l'on est en droit de se demander ce qu'une théorie de l'addiction pourrait apporter de plus aux analyses de l'alcoolisme, de la toxicomanie, de la boulimie, de l'anorexie ou du tabagisme. Ne risquerait-elle pas de les déposséder de leur spécificité ? Ces tentatives d'édification d'un modèle général ne se heurteraient-elles pas aux différences entre chacune des conduites considérées ?

Les incertitudes méthodologiques, cliniques et épistémologiques mettent l'accent :

• Sur deux groupes d'addiction :

– celles aux comportements répétés, impulsifs, entraînant une dépendance : par exemple, les addictions aux substances psychoactives, la boulimie, le jeu pathologique ;
– celles où le terme addiction a un usage métaphorique : *« suicide addictif »*, *« sexualité addictive »*, *« achats addictifs »*,…

• Sur la pertinence descriptive du concept d'addiction : la pertinence descriptive est pauvre.

Elle sert seulement à rapprocher des conduites déjà reconnues par ailleurs, mais jugées comme séparées, voire d'essences différentes et à opérer un regroupement de différents troubles dispersés par le DSM-IV et la CIM-10. Ce qui définit la pertinence d'un regroupement de comportements, c'est soit la fréquence de leur coprésence (effectivement, les co-addictions, les poly-addictions), soit la détermination de leur association par un même processus pathologique qui se manifeste sous des formes concrètes différentes (effectivement, les substitutions, par exemple, passage du tabagisme à la boulimie, du jeu addictif à la sexualité addictive ou l'inverse) montrent un même processus à l'œuvre sous plusieurs comportements). Or, prise dans un sens purement descriptif, le concept d'addiction ne saurait répondre à l'une ou l'autre de ces exigences. Ce raisonnement qui ne considère que l'aspect descriptif de l'addiction oublie les modèles de l'addiction et ne peut donc répondre aux exigences modélisatrices. L'addiction renvoie pourtant bien à des modèles et des processus qui permettent d'expliquer par exemple les poly-addictions et les substitutions). Elle pourrait même donner lieu à des « *théories-reflets* » (nommer en termes théoriques des phénomènes concrets sur la base de cette ressemblance entre le comportement et le concept). Par exemple, la théorie de l'addiction à la nicotine et la théorie du jeu pathologique comme addiction, en quoi sont-elles une théorie-reflet l'une de l'autre ? Elles abordent une problématique à double faces, souvent étroitement intriquées : un versant processuel (descriptions et approches selon les théories ou modèles de référence) et un versant symptomatique (histoire individuelle et structure psychique du sujet).

- Sur la recherche d'un modèle de l'addiction qui aurait pour particularité de fournir un modèle d'interprétation du comportement et d'en situer les mécanismes (cf. la double référence, Catteeuw, 2000).

En référence à Pedinielli et al. (1997 a et b, Pedinielli, Bonnet, 2012), nous retiendrons les points suivants :

- Les addictions sont une réalité clinique, mais la définition et l'usage du concept d'addiction pose des problèmes de légitimation théorique selon l'évolution historique du concept et selon le champ dans lequel on se situe.
- Il existe une double conceptualisation des « addictions » et des usages qui ne se recouvrent pas exactement.

« Le premier usage est descriptif et correspond à la production de critères (de type Goodman, par exemple) permettant d'inclure les comportements concrets dans la catégorie. Si on suit les définitions actuelles, on ne peut faire rentrer tous les comportements de *"Troubles du contrôle des impulsions"* dans les addictions qui supposent impérativement l'existence d'une dépendance psychologique. Mais on ne manque pas de noter que si tous les troubles classés addictifs ont quelque chose en commun, ils ont aussi de grandes différences comme les sujets qui les présentent. La question est alors de savoir à quels niveaux se situent les communautés, les incompatibilités (…) et si elles ont quelque pertinence dans les champs théorique, thérapeutique et social.

Le second usage est interprétatif, voire explicatif et propose des constructions psychopathologiques (modèles ou théories de l'Addiction[41]) qui

---

[41] Théories de l'**A**ddiction : celles qui traitent de l'Addiction en tant que phénomène général. Théories de l'**a**ddiction : celles qui parlent d'une addiction spécifique.

tentent de rendre compte de la genèse du trouble, de sa fonction, de son sens et de ses conséquences. Or tout modèle finit par se détacher de l'objet qu'il est censé expliquer et peut soit s'amplifier pour élargir son assise, soit ne plus s'intéresser qu'à une faible partie de son objet. C'est le cas de certaines constructions sur l'Addiction qui s'étendent à l'ensemble des conceptions issues d'une seule addiction ou qui finissent par prescrire, à partir de critères psychopathologiques spéculatifs, ce que sont les addictions, voire de formuler implicitement des critères de définition. L'utilisation des modèles psychopathologiques implique une réflexion sur l'objet qu'ils construisent sous le terme d'"Addiction" et sur la pertinence dans la clinique » (Pedinielli et al, 1997 a et b ; Pedinielli et al., 2002 a et b, Pedinielli, Bonnet, 2012).

5. THÉORIES

Les principaux défis des théories de l'addiction consistent à expliquer comment l'addiction se produit à un niveau individuel, biologique et social et quels sont les mécanismes et les changements sociaux à l'origine de la prévention et de la récupération au sens de soins et rémission/guérison.

West (2001) classe les théories de l'addiction[42] en **cinq catégories** :

1- Les théories se centrant sur les processus biologiques, sociaux et psychologiques ou la combinaison de ceux-ci et fournissant un large aperçu dans la conceptualisation de l'addiction à savoir :

— **Les théories biologiques ou neurobiologiques** : Barnes (1988) ; Robinson, Berridge (1993, 2001) ; Berridge, Robinson (1998) ; Bozarth (1994) ; Koob et al., (1998) ; Koob (1999, 2000) ; Koob et al. (2001).

— **Les théories sociales ou psychosociales** : théorie biopsychosociale (Peele, 1980) ; de la codépendance (Schaef, 1986) ; de la stigmatisation sociale (Szasz, 1974) ; des rôles sociaux (Winick, 1974).

— **Les théories psychologiques** : recherche de sensations (Zuckerman, 1978, 1979, 1980 ; 1990, 1994) ; théorie de l'automédication (Khantzian, 1985 a et b, 1990) ; théorie symptomatique[43] (Sutker et al., 1988 ; Farges, 2000) ; théories cognitives et comportementales (Wilson, 1987 ; Tiffany, 1990 ; Bradizza et al., 1994).

— **Les théories de l'apprentissage** : O'Brien et al. (1992).

On pourrait ajouter aussi :

— **Les théories morales** : (Boss, 2001) ; spirituelle (Morgan, Merle, 1999) ou théologique (Rachlin, 1997) ; existentielle (Greaves, 1974).

---

[42] Je me contenterai de les lister et je renvoie les lecteurs aux références bibliographiques pour le détail de l'examen des différentes théories.

[43] Comorbidité, troubles de la personnalité et addictions.

- **Les théories de la maladie** : Miller, Giannini (1992).
- **Les théories étiologiques** : Marlatt et al. (1988).
- **Les théories phénoménologiques** : reversal theory[44] (Apter, 2001 a, b, c).
- **Les théories philosophiques** : Shaffer (1986).
- **Les théories psychanalytiques**[45] : Kaplan, Wogan (1978) ; Smaldino (1991); López, 1991 ; Barenblit et al., 1992 ; Hopper (1995); Pedinielli et al. (1987).
- **Les théories**[46] **expliquant pourquoi** un stimulus particulier procurant du plaisir, un soulagement ou une excitation a une forte propension à devenir le centre d'une addiction à savoir :
- **Les théories du renforcement (renforcements positif et négatif)** : Robinson et Berridge (1993) ; Berridge, Robinson (2001) ; Miller (1997) ; Bozarth (1994).
- **Les théories neuroadaptatives** : Koob, (1996).

2- Les théories pointant pourquoi certains individus sont plus susceptibles de devenir des sujets addictés. Les individus qui sont particulièrement réceptifs aux effets d'un stimulus donné, biochimique, psychologique ou social ou ayant besoin de ses effets, sont manifestement plus exposés au risque d'addiction parce qu'ils présentent des facteurs de vulnérabilité :

- **Les théories génétiques** : Cunningham et al. (1992) ; Cheng et al. (2000) ; Buck (2001).

3- Les théories s'intéressant aux conditions environnementales (les stresseurs : Breslin et al., 1995 ; Vasse et al., 1998) et sociales de l'addiction (les influences sociales : Hajema, Knibbe, 1998) à savoir :

- **Les théories sociales et/ou économiques** : Becker, Murphy, (1988)[47] ; Pacula (1997) ; Kendel, et al. (2001) ;.
- **Les théories environnementales** : DeFeudis (1978) ; Davis, Tunks (1990).
- On pourrait rajouter aussi :
- **Les théories familiales** : Stanton et al. (1978).
- **Les théories ethniques et culturelles** : Greeley et al. (1980) ; Room (1985); Johnson, Glassman (1998).

4- Les théories centrées sur la rémission et/ou la guérison :

---

[44] Théorie du renversement psychologique (cf. travaux de M. J. Apter).

[45] En France, *cf.* les travaux de P. Gutton : les pratiques de l'incorporation ; Ph. Jeammet : les assises narcissiques et l'objet ; A. Charles-Nicolas et M. Valleur : l'ordalie ; J. McDougall : le transitoire et l'échec de la transition...

[46] Combinées avec les théories biologiques et neurobiologiques.

[47] Théorie rationnelle.

—   Angres, Benson (1985) ; McAuliffe et al. (1990); Nardi (1998) ; Kearney (1998) et la rechute : Stewart (2000) ; Verheul et al. (1998) ; Castellani et al., (1997) fournissant un large aperçu des effets du sevrage et de l'influence des facteurs individuels et cognitifs et psychosociaux.

On pourrait ajouter encore :

5- Les théories centrées sur la prévention (Morel, 2000), c'est-à-dire :

—   **sur les produits** (inoculation de conduites d'évitement, atténuation de dangerosité pharmacologique des produits) ; sur la personne (promotion de soi : renforcement de l'estime de soi et de la capacité à prendre des décisions, affirmation de son identité, apprentissage de la responsabilité, épanouissement des compétences…) ; sur l'axe comportemental via le changement de comportement (adhésion *« raisonnée »* par la balance entre avantages/inconvénients et débat d'idées ; *« soumission librement consentie »*) ; sur l'axe de la santé (*« toxicomanie-maladie »,* promotion de la santé globale : approche éducationnelle et formative) ;

—   **sur l'espace social** (représentations sociales et valeurs morales : changer le regard et les relations par exemple, formation d'adultes-relais, création de divers lieux d'écoute ; développement social et politiques locales ; actions communautaires) ;

—   **sur la réduction des risques** (abandonner l'illusion d'un monde sans drogue en favorisant l'association des sujets addictés, en distribuant des seringues, en prescrivant des traitements de substitution ; optimiser les conditions socio-sanitaires des usages de drogues ; sur les interactions individu-environnement.

—   Cette classification des théories de l'addiction en quatre catégories proposées par West (2001) n'est pas exhaustive et ne correspond pas toujours à nos découpages français. Plusieurs classifications ont déjà été publiées par le NIDA (National Institute of Drug Abuse) à Washington qui recense plus de quarante théories de l'addiction. Et une analyse récente de la seule littérature anglo-saxonne rapporte que, de 1972 à 2000, 44 théories ont été émises sur la conceptualisation de l'addiction en général, 23 se sont focalisées sur les stimuli addictifs (sociaux, environnementaux et biologiques), 14 sur les susceptibilités individuelles aux pratiques addictives, 14 sur les facteurs environnementaux de protection et de vulnérabilité à l'addiction et 45 sur les facteurs de rémission et de rechute. Les chiffres sont variables selon les sources : 43 théories pour le NIDA (Letteieri et al., 1980) et 139 théories dans *Addiction* (West, 2001). Ces sources ne comprennent pas les théories psychanalytiques développées en France.

La classification de West n'est pas une analyse comparative et critique des différentes théories. Elle constitue seulement un exemple de classification récente permettant de se repérer parmi les nombreuses théories souvent ambiguës à cause des concepts utilisés, selon les intérêts des chercheurs et leurs orientations ou faisant l'objet de peu et/ou pas d'explications dans les travaux empiriques (cf. les théories morale, spirituelle, existentielle).

L'étude de synthèse sur l'ensemble des théories présentée par Loonis[48] donne une bonne indication des théories émergentes (facteurs personnels, interactionnels, sociaux, naturels).

Il existe une variété des facteurs pris en compte pour expliquer l'addiction. Les facteurs personnels mettent en jeu des processus internes, le plus souvent cognitifs ou neurobiologiques. Les facteurs interactionnels concernent les influences de la vie sociale proximale : la famille, la fratrie, les amis, les pairs. Les facteurs sociaux concernent les conditions plus étendues du groupe social d'appartenance, les facteurs culturels. Enfin, les facteurs dits « *naturels* » concernent une appréhension plus générale des processus addictifs, en lien avec les fonctions naturelles, les données génétiques, anthropologiques, neurobiologiques au niveau des grands systèmes.

La répartition des théories est faite selon les processus considérés. Les processus généraux concernent les théories qui mettent en avant une conceptualisation élaborée à partir de certains mécanismes comme, par exemple, les conditionnements, les apprentissages, le coping, la compulsivité, les processus psychosociaux ou encore neurobiologiques.
Les théories basées sur les processus concernant les effets des stimuli addictifs cherchent à expliquer pourquoi des stimuli particuliers possèdent une haute valeur ou un potentiel addictif. Il s'agit d'étudier les renforçateurs positifs et négatifs, les phénomènes de sensibilisation et de mémoire hédonique. La plupart de ces théories sont inscrites dans une perspective biologique.
Les théories de la susceptibilité individuelle tentent d'expliquer ce qui rend certains individus plus vulnérables que d'autres aux addictions pathologiques. Des facteurs génétiques, biologiques, psychologiques, de personnalité, des facteurs sociaux et économiques, entrent ici en jeu.

D'autres théories sont centrées sur les facteurs d'environnement social, économique, sur l'effet des stresseurs, des rôles sociaux, jusqu'à faire appel à des métaphores à partir de modèles physiques, comme la diffusion ou la percolation.

Enfin, un certain nombre de théories sont basées sur les processus explicatifs du décours même des addictions, les trajectoires, les sorties, les rechutes, les réinstallations. Les théories sont réparties selon l'objet addictif principal.

---

[48] Communication personnelle (2003).

La distribution des modèles montre à la fois la variété des approches du phénomène de l'addiction et l'absence actuelle d'une théorie unifiée. Les 6 théories « tous objets » sont (principales publications) : Bejerot (1972) ; Peele (1985) ; Goodman (1990), Orford (1992) ; Dodes, (1995) ; Brown (1997) et renvoient également aux définitions psychologiques (au sens large) développées précédemment.

Cinq attributs formels sont nécessaires à une bonne théorie :

- **Clarté** : dans les fondements théoriques et scientifiques ; dans la description et la communication.
- **Compréhension** : une bonne théorie doit pouvoir être applicable/généralisable à d'autres situations ou individus, à d'autres aires géographiques, contextes (socio-culturels par exemple), variables (variables socio-démographiques par exemple).
- **Explication** : les concepts théoriques doivent être précis, définis opérationnellement pour être mesurables.
- **Parcimonie** : une bonne théorie doit expliquer un phénomène de manière simple et sans détour.
- **Élaboration de recherches utiles permettant des découvertes** : une bonne théorie doit générer des résultats pour soutenir ses concepts.

Ces cinq attributs[49] sont des postulats qui s'appliquent à de nombreuses théories de l'addiction (Thombs, 1994) qui doivent permettre aux chercheurs de s'intéresser :

- **à la nature du comportement délibéré/mécaniste** : l'abus d'une substance doit-il être considéré comme délibéré ou dirigé vers un but ? Comme un élément dans un vaste système dynamique ? L'addiction comme comportement délibéré ne suggère pas nécessairement qu'elle est librement choisie. Par exemple, la théorie du conditionnement considère que l'usage compulsif est dirigé vers un but, mais il dépend du renforcement comme explication[50].
- **aux déterminants conscients/inconscients** : l'addiction est déterminée par des facteurs conscients ou inconscients[51].
- **au mécanisme de la récompense** : les théories de l'addiction varient en fonction du rôle du renforcement dans le déclenchement de l'usage compulsif[52], de la signification de la récompense provenant d'un usage

---

[49] Ces cinq attributs correspondent à des attributs ne faisant pas toujours l'objet de nombreuses études au regard de la littérature internationale sur ces questions.

[50] Les théories mécanistes incluent le modèle de la maladie et les théories systémiques familiales.

[51] Les théories psychanalytiques par exemple.

[52] Théorie du conditionnement ou théorie de l'apprentissage social.

chimique et n'insistant pas seulement sur les conséquences négatives[53], le système de récompense est en rapport avec les relations sociales et familiales[54].

— **aux processus d'apprentissage/structures stables** : les théories de l'apprentissage essaient d'expliquer comment un individu passe de l'expérimentation d'une drogue à l'addiction. L'accent est mis sur un processus spécifique de changement, à la différence des théories de la personnalité qui insistent sur la stabilité du comportement.

— **aux facteurs génétiques[55]/environnementaux[56]**.

— **aux mécanismes d'homéostasie** : certaines théories de l'addiction mettent l'accent sur le besoin de l'individu ou de la famille à maintenir une homéostasie (tendance automatique à préserver l'unité et l'intégrité de la psyché ou de l'unité sociale)[57].

— **aux déterminants socio-culturels** : comme les croyances et les valeurs, les subcultures, l'identité ethnique et raciale, les actions gouvernementales et policières, la contribution de la loi, l'effet déterminant du droit pénal, les structures institutionnelles...

Cette section sur les multiples théories de l'addiction est encore trop sommaire pour qu'on puisse en percevoir la portée par rapport à l'ensemble des travaux de la littérature. Cependant, cette présentation est un indicateur des intérêts de recherche actuels d'un point de vue théorique. Nous devons repenser nos positions et notre langage conceptuel en tenant compte des évolutions. Nous sommes actuellement confrontés au problème de *la méconnaissance des multiples théories des addictions* : les travaux actuels ne peuvent se satisfaire de ne comparer que quelques théories proches de certaines disciplines en psychologie qui nous donneraient les moyens de découvrir ce qui crève les yeux (phénomène trop présent). Ils doivent au contraire viser à découvrir ce que nous ne voyons pas encore (phénomène caché, inconnu, absent) en prenant le risque d'exposer nos idées par rapport à d'autres théories proches ou éloignées de nos disciplines.

Aujourd'hui, la plupart des théories des addictions produisent des conceptions tournées vers le biopsychosocial, c'est-à-dire vers l'interaction des variables exogènes et endogènes et vers la recherche de prises en charge globales, de

---

[53] Théorie de la maladie.

[54] Théories de récompense au stress (théories systémiques familiales, théories socio-culturelles).

[55] Théorie de la maladie (vulnérabilités génétiques).

[56] Théories socio-culturelles (par exemple, rôle de l'hérédité dans le développement des addictions).

[57] Théorie du conditionnement, théorie de l'apprentissage social, théories biologiques

traitements composites et divers introduisant la pluridisciplinarité. Les modèles mono et bivariés ont montré leurs limites et les dangers de leurs réductionnismes causalistes. Du biologique au social, tous les registres humains sont impliqués dans l'addiction, chaque discipline est obligée d'admettre son incapacité à la définir entièrement et à proposer un traitement pour tous. Il est donc nécessaire de travailler sur plusieurs registres cliniques à la fois et de concevoir un modèle transdisciplinaire tenant compte des approches biologiques, sociales et psychologiques. Il ne s'agit plus d'un modèle de causalité, mais d'un modèle destiné à organiser le dialogue interdisciplinaire pour permettre peut-être la théorisation via un modèle général des addictions.

Bibliographie

ALEXANDER, B.K. (1982). Opiate addiction: The case for an adaptative orientation. *Psychological Bulletin*, 92, 367-381.

ADES, J. (1994). Conduites de dépendance et recherche de sensations. In D. BAILLY, J.L.VENISSE, *Dépendance et conduites de dépendance*. Paris : Masson, 147-166.

APTER, M.J. (2001 a). An introduction to reversal theory. In *Motivational styles in everyday life. A guide to reversal theory.* Washington: A.P.A.

APTER, M.J. (2001 b). Reversal theory as a set of propositions. In *Motivational styles in everyday life. A guide to reversal theory.* Washington: A.P.A.

APTER, M.J. (2001c). *Motivational styles in everyday life. A guide to reversal theory.* Washington: A.P.A.

BAUMEISTER R.F., HEATHERTON T.F., TICE D.M. (1994). *Losing Control: How and Why People Fail at Self-regulation*. San Diego, CA: Academic Press.

BARENBLIT, V., FREDA, F.H., GUIMON, J., MALDAVSKY, D., MATTIOLI, G., VERA OCAMPO, E. (1992). *El diagnóstico psicopatológico en el campo de las drogodependencias.* Barcelona: Grup igia.

BARNES, D.M. (1988). The biological tangle of drug addiction. *Science*, 241, 4864, 415-417.

BAYLE, F.J., CHIGNON, J.M., ADES, J. (1994). Le concept d'addiction. *Neuro-Psy*, 9, 9-18.

BEJEROT, N. (1972). *Addiction: An Artificially Induced Drive*. Springfield, IL : Charles C. Thomas.

BEJEROT, N. (1980). Addiction to pleasure. A Biological and Social-Psychological Theory of Addiction. *National Institute on Drug Abuse: Research Monograph Series. Research Monograph,* 30, 246-255.

BECKER, G. S., MURPHY, K. M. (1988). A Theory of Rational Addiction. *The Journal of Political Economy,* 96,4, 675-700.

BERGERET, J. (1981). *Le psychanalyste à l'écoute du toxicomane*. Paris : Dunod.

BERGERET, J. (1991). Les conduites addictives : approche clinique et thérapeutique. In J. L. VENISSE, *Les nouvelles addictions*. Paris : Masson, 3-9.

BERRIDGE, K. C., ROBINSON, T.E. (1998). What the role of dopamine in reward: Hedonic impact, reward learning, or incentive salience? *Brain Research Reviews*, 28, 309-369.

BRADIZZA, C.M., STASIEWICZ, P.R., MAISTO, S.A. (1994). A conditioning reinterpretation of cognitive events in alcohol and drug cue exposure. *Journal of Behaviour Therapy and Experimental Psychiatry*, 25, 15-22.

BRELET-FOULARD, F. (1999). Processus de pensée. In: C. CHABERT, B. BRUSSET, F. BRELET-FOULARD, *Névroses et fonctionnement limite*. Paris : Dunod.

BOSS, J. (2001). *Analyzing Moral Issue*. Brown university: Mc Graw Hill.

BOZARTH, M.A. (1994). Opiate reinforcement processes: re-assembling multiple mechanisms. *Addiction*, 89, 1425-1434.

BRESLIN, F.C., HAYWARD, M., BAUM, A.S. (1995). Stress et alcool: the moderating effect of chronic stress on the acute stress-intoxication relationship, *Journal of Studies on Alcohol*, 56, 546-552.

BROWN, R.I.F. (1997). A Theorical Model of the Behavioural Addictions – Applied to Offending. In: J. E. HODGE, M. MCMURRAN, C.R. HOLLIN, *Addicted to Crime?* New York: John Wiley & Sons Ltd, 13-65.

BRUSSET, B. (1984). Anorexie mentale et toxicomanie. *Adolescence*, 2,2, 285-314.

BRUSSET, B. (1985). Anorexie et boulimie dans leur rapport avec la toxicomanie. In *L'anorexie mentale aujourd'hui*. Grenoble : La pensée sauvage, 125-167.

BRUSSET, B. (1990a). Psychopathologie et métapsychologie de l'addiction boulimique. In: *La Boulimie, Monographies de la Revue Française de Psychanalyse*, Paris: P.U.F., 105-132.

BRUSSET, B. (1990 b). Les vicissitudes d'une déambulation addictive : essai métapsychologique. *Revue Française de Psychanalyse*, 54,3, 671-687.

BUCK, K. J., FINN, D.A. (2001). Genetic factors in addiction: QTL mapping and candidate gene studies implicate GABAergic genes in alcohol and barbituriate withdrawal. *Addiction*, 96, 139-149.

CAIATA, M. (1996). La consommation contrôlée de drogues dures. *Psychotropes*, 2, 7-23.

CHAPMAN, K.W. (1962). The general problem. In *Problems in Addiction, Alcoholism and narcotics*. New York: Fordham University Press.

BERRIDGE, V. (1999). *Opium and the People: opiate use and drug control policy in nineteenth and early twentieth century*. England: London Free Association Books.

BULCHOLZ, K.K. (1999). Nosology and epidemiology of addictive disorders and their comorbidity. *Addictive Disorders*, 22, 2, 221-240.

CANCRINI, H. (1994). The psychopathology of drug addiction: a review. *The Journal of Drug Issues*, 24,4, 597-622.

CARTON, S. (1995). La recherche de sensation : Quel hédonisme ? *Revue Internationale de Psychopathologie*, 17, 71-93.

CASTELLANI, B., WEDGEWORTH, R., WOOTTON, E., RUGLE, L. (1997). A bi-directional theory of addiction: examining coping and the factors related to substance relapse, *Addictive Behaviors,* 22, 139-144.

CATTEEUW, M. (2000). *Phobie du penser et fonctionnalités addictives : étude psychodynamique de l'addiction aux substances psychoactives*, Thèse de doctorat en psychologie : Université Toulouse Le Mirail.

CHARLES-NICOLAS, A. (1981). Addiction, passion et ordalie. In J. BERGERET, *Le psychanalyste à l'écoute du toxicomane*, Paris: Dunod, 63-74.

CHARLES-NICOLAS, A. (1981). Passion et ordalie. In: J. BERGERET, *Le psychanalyste à l'écoute du toxicomane*. Paris : Dunod, 63-74.

CHARLES-NICOLAS, A., VALLEUR, M. (1982). Les conduites ordaliques. In: C. OLIEVENSTEIN, *La vie du toxicomane*. Paris : P.U.F., 82-99.

CHARLES-NICOLAS, A. (1985). À propos des conduites ordaliques : une stratégie contre la psychose ? *Topique*, 35-36, 207-239.

CHARLES-NICOLAS, A. (1989). Fantasme et conduites ordaliques. In *L'anorexique, le toxicomane et leur environnement*, Paris: E.S.F., 76-85.

CHENG, L. S., SWAN, G. E., CRAMELL, D. (2000). A genetic analysis of smoking behavior in family members of older adult males. *Addiction*, 95, 427-435.

CORCOS, M., FLAMENT, M., JEAMMET, Ph. (2003b). *Les conduites de dépendances. Dimensions psychopathologiques communes*. Paris : Masson.

CORCOS, M., JEAMMET, Ph. (2003 c). Conduites de dépendances. Principales conceptions psychopathologiques. In: M. CORCOS, M. FLAMENT, Ph. JEAMMET, *Les conduites de dépendances. Dimensions psychopathologiques communes*. Paris : Masson, 75-104.

CORMAN, L. (1993). *Amour et Narcissisme. De l'Amour de soi à l'Amour d'Autrui.* Paris : Jacques Grancher Éditeur.

COTTLER, L. B., ROBINS, L. N., HEZLER, J.E. (1989). The reliability of the CIDI-SAM: a comprehensive substance abuse interview. *British Journal of Addiction,* 84, 7, 801-814.

CUNNINGHAM, C.L., NIEHUS, D.R., MALOTT, D.H., PRATHER, L.K. (1992). Genetic differences in the rewarding and the activing effects of morphine and ethanol. *Psychopharmacology* (Berl), 107, 385-393.

DARCOURT, G. (1994). Économie psychique de la dépendance. In: D. BAILLY, J. L. VENISSE, *Dépendance et conduites de dépendance*. Paris : Masson, 125-133.

DAVIES, J. B. (1992). *The myth of addiction*. Reading, Harwood.

DEJOURS, C. (1989). *Recherches psychanalytiques sur le corps*. Paris : Payot.

DODES, L.M. (1995). Psychic helplessness and the psychology of addiction. In S. DOWLING (Ed), *The psychology and treatment of addictive behavior*. Workshop series of the American Psychoanalytic Association, Monograph 8, Madison, CT, U.S.: International Universities Press, Inc.,133-145.

EDDY, N. B. et al. (1965). Drug dependence: its significance and characteristics. *Bulletin of World Health Organization,* 32, 721-733.

EDWARDS, G., ARIF, A., HODGSON, R. (1981). Nomenclature and classification of drug-and alcohol-related problems: a WHO memorandum, *Bulletin of World Health Organization,* 59, 225-242.

FARGES, F. (2000). Toxicomanie et troubles mentaux : la question de la morbidité. In: P. ANGEL, M. VALLEUR, D. RICHARD, *Toxicomanies,* Paris : Masson, 152-157.

FENICHEL, O. (1945). *La théorie psychanalytique des névroses.* Paris : P.U.F.

FERNANDEZ, L., SZTULMAN, H. (1997). Approche du concept d'addiction en psychopathologie. *Annales Médico-Psychologiques,* 155,4, 255-265.

FERNANDEZ, L, SZTULMAN, H. (1998). Les modèles psychologiques de l'addiction. *Psychotropes,* 4,1, 47-67.

FERNANDEZ, L., CATTEEUW, M. (2002). *Cliniques des addictions : théories, évaluation, préventions et soins.* Paris : Nathan Université.

FERNANDEZ, L. (2004). *Actualités des addictions en psychopathologie : diversité des approches, des méthodologies et perspectives.* Synthèse d'Habilitation à diriger des recherches, Université de Provence, France.

FORTANÉ, N. (2010). La carrière des addictions. *Genèses,* 1-78, 5-24.

FREUD, S. (1895). *Névrose, psychose et perversion.* Paris : P.U.F., 1956.

FREUD, S. (1900). *L'interprétation des rêves.* Paris : P.U.F., 1980.

FREUD, S. (1905 a). *Trois essais sur la théorie de la sexualité.* Paris : Gallimard, 1962.

FREUD, S. (1920). Au-delà du principe de plaisir. In: S. FREUD, *Essais de Psychanalyse.* Paris : Payot, 1981, 41-115.

FREUD, S. (1925). La négation. In: S. FREUD, *Résultats, Idées, Problèmes.* Paris : P.U.F., 1985.

FREUD, S. (1926). *Inhibition, symptôme et angoisse.* Paris : P.U.F., 1968.

FREUD, S. (1928). Dostoïevski et le parricide. In: S. FREUD, *Résultats, Idées, problèmes,* tome II. Paris : P.U.F., 161-179.

GAFFIOT, F. (1998). *Dictionnaire illustré Latin-Français.* Paris : Hachette. 52e édition.

GANTHERET, F. (1986). La haine en son principe : l'amour de la haine. *Revue Française de Psychanalyse,* 63-73.

GARNIER-DELMARE, V. (1992). *Dictionnaire des termes de Médecine.* Paris : Maloine. 23e édition.

GAZEL, C., FASTEAS, M., AURIACOMBE, M. (2014). Quels changements pour les addictions dans le DSM-5 ? *La lettre du Psychiatre,* 10, 2, 52-53.

GICQUEL, L., CORCOS, M. (2003). Addiction : histoire naturelle d'un concept. In: M. CORCOS, M. FLAMENT, PH. JEAMMET, *Les conduites de dépendances. Dimensions psychopathologiques communes.* Paris : Masson, 25-40.

GLASSER W. (1976). *Positive Addictions.* New York: Harper, Row.

GOODMAN, A. (1990). Addiction, definition and Implications. *British Journal of Addiction,* 85, 1403-1408.

GONZALES-CARRERA, A., GONZALES-ISEA, E. (1990). *Drogas que producen dependencia.* Venezuela: Caracas. Monte Avila Editores.

GREAVES, G. (1974). Toward an existential theory of drug dependence. *Journal of Nervous and Mental Disease,* 159, 263-274.

GUTTON, P. (1983). *Le bébé du psychanalyste.* Paris : Paidos/Le Centurion.

GUTTON, P. (1984). Pratiques de l'incorporation. *Adolescence,* 2, 315-338.

HAJEMA, K. J., KNIBBE, R.A. (1998). Changes in social roles as predictors of changes in drinking behaviour. *Addiction,* 93, 1717-1727.

HANTOUCHE, E.G. (1997). Addictions et compulsions : similitudes conceptuelles. *Pratiques psychologiques*, 4, 25-36.

HEATHER, N. (1998). A conceptual framework for explaining drug addiction. *Journal of psychopharmacology*, 12,1, 3-7.

HOFLER, M., LIEB, R., PERKONIGG, A. et al. (1999). Covariates of cannabis use progression in a representative population sample of adolescents: a prospective examination of vulnerability and risk factors. *Addiction*, 94,11, 1679-1694.

HOPPER, E. (1995). A psychoanalytical theory of drug addiction: unconscious fantasies of homosexuality, compulsions and masturbation within the context of traumatogenic processes. *International Journal of Psychoanalysis*, 76, 1121-1142.

HOUZEL, D. et al. (2000). *Dictionnaire de psychopathologie de l'enfant et de l'adolescent.* Paris : PUF, collection grands dictionnaires.

HUSS, M. (1848). *Chronische alkoholskrankheit : oder, Alcoholismus chronicus.* Stockolm, Liepzig : C E. Fritze, 1852.

INSTITUTE OF MEDICINE (1996). *Pathways of Addiction.* Washington DC : National Academy Press.

JACQUET, M.M., RIGAUD, A. (2000). Émergence de la notion d'addiction : des approches psychanalytiques aux classifications psychiatriques. In: S. LE POULICHET, *Les addictions*, Monographie de psychopathologie, Paris : P.U.F.

JACQUET, M.M., RIGAUD, A. (2001). Émergence de la notion d'addiction dans l'histoire de la psychanalyse. In: J. ANDRÉ et al., *Anorexie, addictions et fragilités narcissiques.* Paris : P.U.F. Collection Petite Bibliothèque de la Psychanalyse, 159-187.

JAFFE, J.M. (1975). Drug Addiction and Drug Abuse. In: L. S. GOODMAN, A. GILMAN, *The Pharmacological Basic of Therapeutics.* New York: The Mac Millan Publishing Co. Inc.

JEAMMET, Ph. (1990a). Les destins de la dépendance à l'adolescence. *Neuropsychiatrie de l'enfance et de l'adolescence,* 38 (4-5), 190-199.

JEAMMET, Ph. (1990 b). *Les destins de l'auto-érotisme à l'adolescence. Adolescence terminée, adolescence interminable.* Paris : P.U.F.

JEAMMET, Ph. (1991a). Dysrégulations narcissiques et objectales dans la boulimie. In *La boulimie, Monographies de la Revue Française de Psychanalyse*. Paris : P.U.F., 81-104.

JEAMMET, Ph. (1991 b). Addiction, dépendance, adolescence. Réflexions sur leurs liens. Conséquences sur nos attitudes thérapeutiques. In: J.L.VENISSE, *Les nouvelles addictions*. Paris : Masson, 10-29.

JEAMMET, Ph. (1994). Dépendance et séparation à l'adolescence, point de vue psychodynamique. In: D. BAILLY, J.L.VENISSE, *Dépendance et conduites de dépendance*. Paris : Masson, 135-143.

JEAMMET, Ph. (1995). Psychopathologie des conduites de dépendances et d'addiction à l'adolescence. *Cliniques Méditerranéennes*, 47/48, 155-175.

JEAMMET, Ph. (1997). Complémentarité des approches thérapeutiques des conduites addictives. In: J.L.VENISSE, D. BAILLY, *Addictions : quels soins ?* Paris : Masson, 50-62.

JEAMMET, Ph. (2002). Les paradigmes de l'addiction. L'approche psychanalytique. In: L. FERNANDEZ, M. CATTEEUW, *Cliniques des addictions. Théories, évaluation, prévention et soins*. Paris : Nathan. Collection Fac, 44-55.

JUILLET, P. (2000). *Dictionnaire de psychiatrie, Dictionnaire de l'Académie de Médecine*. Paris : P.U.F.

KALINA, E., KOVADLOFF, S. (1978). *La droga : mascara del miedo.* Venezuela: Caracas. Monte Avila Editores.

KANDEL, D.B., YAMAGUCHI, K., CHEN, K. (1992). Stages progression in drug involment from adolescence to adulthood: further evidence for the Gateway Theory. *J. Stud. Alcohol*, 53, 447-457.

KAPLAN, C.D., WOGAN, M. (1978). The psychoanalytic theory of addiction: a reevaluation by use of a statistical model. *American Journal of Psychoanalysis*, 38, 317-326.

KARLI, P. (1995). *Le cerveau et la liberté*. Paris: Odile Jacob.

KEARNEY, M.H. (1998). Truthful self-nurturing: a grounded formal theory of women's addiction recovery. *Qualitative Health Research*, 8, 495-512.

KESTEMBERG, E (1986). Quelques notes sur la phobie du fonctionnement mental. *Revue Française de Psychanalyse*, 50, 1339-1344.

KHANTZIAN, E.J. (1985a). The self-medication hypothesis of addictive disorders. *American Journal of Psychiatry,* 142, 1259-1264.

KHANTZIAN, E.J., MACK, J. E. (1985b). Self-preservation and care of the self: Ego instinct reconsider. *Psychoanal. Study Child*, 38, 209-232.

KHANTZIAN, E.J. (1985a). The self-medication hypothesis of addictive disorders. *American Journal of Psychiatry,* 142, 1259-1264.

KHANTZIAN, E.J., MACK, J. E. (1985b). Self-preservation and care of the self: Ego instinct reconsider. *Psychoanal. Study Child*, 38, 209-232.

KHANTZIAN, E.J., TREECE, T. (1985). DSM-III psychiatric diagnosis of narcotic addicts: recent findings. *Archives of General Psychiatry*, 42, 11, 1067-1071.

KHANTZIAN, E.J., HALLIDAY, K.S., M.C. AULIFFE, W.E. (1990). *Addiction and the vulnerable self: modified dynamic group therapy for substance abuses*, New York: Guilford Press.

KOOB, G.F. (1996). Drug Addiction: The Ying and Yang of Hedonic Homeostasis. *Neuron*, 16, 893-896.

KOOB, G.F., SANNA, P.P., BLOOM, F.E. (1998). Neuroscience of Addiction. *Neuron*, 21, 467-476.

KOOB, G.F. et al. (1998). Substance dependence as a compulsive behavior. *Journal of Psychopharmacology*, 12,1, 39-48.

KOOB, G.F. (1999). Drug reward and Addiction. In: M.J. ZIGMOND, F. E. BLOOM, S.C. LANDIS, J. L. ROBERTS, L. R. SQUIRE (Eds), *Fundamental Neuroscience*, Academic Press: San Diego, 1261-1279.

KOOB, G.F. (2000). Neurobiology of Addiction. Toward the Development of New Therapies. *Annals of the New York Academy of Sciences*, 909, 170-185.

KOOB, G. F., LE MOAL, M. (2001). Drug Addiction, Dysregulation of Reward and Allostasis. *Neuropsychopharmacology*, 24,2, 97-129.

LAUFER, M. (1983). The breakdown. *Adolescence*, 1,1, 63-70.

LE POULICHET, S. (2000). *Les addictions*. Paris : P.U.F.

LE POULICHET, S. (2000). De la « substance psychique » au paradigme de l'addiction. In: S. LE POULICHET (Ed), *Les addictions*. Paris : P.U.F., 121-132.

LESOURNE, O. (1984). *Le grand fumeur et sa passion*. Paris: P.U.F.

LETTIERI, D.J., SAYERS, M., WALLENSTEIN P.H. (1980). Theories on drug abuse, selected contemporary perspectives. *NIDA Research Monograph*, 30.

LEVINE, H. G. (1978). The discovery of addiction, *Journal of Studies on Alcohol,* 39, 143-174.

LEVINSTEIN, E. (1877). *Morbid craving for morphia (Die Morphinsucht)*. New York: Arno Press.

LINDERSMITH, A. (1947). *Opiate Addiction*. Evanston, IL : Principia Press.

LOONIS, E. (1997). *Notre cerveau est un drogué, vers une théorie générale des addictions*. Toulouse : Presses Universitaires du Mirail.

LOONIS, E. (1998). Vers une écologie de l'action. *Psychotropes*, 4,1, 33-48.

LOONIS, E. (1999). Iain Brown: un modèle de gestion hédonique des addictions. *Psychotropes*, 5,3, 59-73.

LOONIS, E., PEELE, S. (2000). Une approche psychosociale des addictions toujours d'actualité. *Bulletin de Psychologie*, 53,2, 446, 215-224.

LOONIS, E. (2001). L'article d'Aviel Goodman : 10 ans après. Documents OFDT, http://bit.ly/2NLWLwh.

LOONIS, E. (2014 a). Théorie générale de l'addiction : Introduction à l'hédonologie. *Éditions Nègrefont*.

LOONIS, E. (2014 b). *Structures et fonctions des fantaisies sexuelles*. Éditions Nègrefont.

LOONIS, E. (2015). *La gestion hédonique, prolégomènes à une hédonologie humaine*. Paris : Publibook.

LOPEZ, R.E. (1991). *Adictos y adicciones. Una visión psicoanalítica*. Caracas: Monte Avila Editores.

LORH, J.B., FLYNN, K. (1992). Smoking and schizophrenia. *Schizophrenia-Research,* 8,2, 93-102.

MARCELLI, D. (1997). Le lien thérapeutique : remémoration du lien précoce ou répétition du lien d'addiction. Les aléas du suivi du toxicomane. In: J.L. VENISSE, D. BAILLY, *Addictions : quels soins ?* Paris : Masson, 74-82.

MADDUX, F., Desmond, D. P. (2000). Addiction or dependence? *Addiction*, 95,5, 661-665.

MARKS, I. (1990). Behavioural (Non-Chemical) Addictions. *British Journal of Addiction*, 85, 1389-1394.

MARLATT, G.A., BAER, J.S., DONOVAN, D.M., KIVLAHAN, D. (1988). Addictive behaviors: Etiology and treatment. In: M.R. ROSENZWEIG, L. W. PORTER (Eds). *Annual review of psychology*, Palo Alto, CA, U.S.: Annual Reviews, Inc., 39, 223-252.

MAURER, D.W., VOGEL, V.H. (1962). *Narcotics and Narcotic Addiction*. Springfield, IL : C. C. Thomas.

MCAULIFFE, W.E., ALBERT, J., CORDILL-LONDON, G., MCGARRAGHY, T.K. (1990). Contributions to a social conditioning model of cocaine recovery. *International Journal of the Addictions*, 25, 1141-1177.

MCDOUGALL, J. (1978). *Plaidoyer pour une certaine anormalité.* Paris : Gallimard.

MCDOUGALL, J. (1982). *Théâtre du Je.* Paris : Gallimard.

MCDOUGALL, J. (1989). *Théâtre du corps*. Paris : Gallimard.

MCDOUGALL, J. (1996). *Eros aux mille et un visages.* Paris : Gallimard.

MCDOUGALL, J. (2001). L'économie psychique de l'addiction. In: J. McDOUGALL, *Anorexie, Addictions et fragilités narcissiques*, Monographies de psychopathologie, Paris : P.U.F., 11-36.

MILLER, N. S., GOLD, M.S. (1991). Dependence syndrome: a critical analysis of essential features. *Psychiatric Annals*, 21, 280-288.

MILLER, N.S., GIANNINI, A.J. (1992). The disease model of addiction: a biopsychiatric view. *Journal of Psychoactive Drug*, 22, 83-85.

MILLER, C. S. (1997). Toxicant-induced loss of tolerance-an merging theory of disease? *Environmental Health Perspectives*, 105, Suppl. 2, 445-453.

MORGAN, O. J., MERLE J. (1999). *Addiction and Spirituality: A Multidisciplinary Approach*. St Louis: Chalice Press.

MOREL, A., HERVE, F., FONTAINE, B. (1997). *Soigner les toxicomanes*. Paris: Dunod.

NARDI, D. (1998). Addiction recovery for low-income pregnant and parenting women: a process of becoming. *Archives of Psychiatric Nursing*, 12, 81-89.

NEISS, R. (1993). The Role of Psychobiological States In Chemical Dependency: Who Becomes Addicted?, *Addiction*, 88, 475-756.

NEWCOMB, M. (1995). Identifying high risk youth: prevalence and patterns of adolescent drug abuse. In: E. RAHDERT, D. CZECHOWICZ, *Adolescence and drug abuse: clinical assessment and therapeutic interventions*. Rockville: National Institute of Grug Abuse, 7-38.

O'BRIEN, C.P., CHILDRESS, A.R., MCLELLAN, A.T., EHRMAN, R. (1992). A learning model of addiction. *Results of the Public Association of Research into Nervous and Mental Disorders*, 70, 157-177.

OLIEVENSTEIN, C. (1982). *La vie du toxicomane*. Paris : P.U.F.

OLIEVENSTEIN, C. (1987a). Aspects psychodynamiques du développement et du devenir d'un toxicomane. *Confrontations psychiatriques,* 28, 93-102.

OLIEVENSTEIN, C. (1987 b). Dépendance toxicomaniaque. *Adolescence,* 5,1, 7-16.

ORFORD, J. (1985), *Excessive appetites : A psychological view of addictions*. New York: John Wiley & Sons Ltd.

ORFORD, J. (2001). Addiction as excessive appetite. *Addiction,* 96, 15-31.

PEDINIELLI, J.L. (1985). Clinique des conduites addictives. *Psychologie Médicale*, 17, 12, 1837-1839.

PEDINIELLI, J. L., BERTAGNE, P., MILLET, C. (1987). Les pathologies addictives et le modèle de l'incorporation. *L'Information Psychiatrique,* 63, 1, 27-32.

PEDINIELLI, J.L. (1991). Statut clinique et épistémologique du concept d'addiction. In J.L. VENISSE, *Les nouvelles addictions*. Paris : Masson, 43-53.

PEDINIELLI, J.L. (1994). Corps et dépendance. In: D. BAILLY, J. L. VENISSE, *Dépendance et conduite de dépendances.* Paris : Masson, 111-126.

PEDINIELLI, J.L. (1995). Le toxicomane et la mort. *Cliniques Méditerranéennes*, 47/48, 37-57.

PEDINIELLI, J. L., ROUAN, G., BERTAGNE, P. (1997a). *Psychopathologie des addictions*. Paris : P.U.F. Nodules.

PEDINIELLI, J. L., ROUAN, G., BERTAGNE, P. (1997 b). Addictions et dépendance. *Pratiques psychologiques,* 4, 5-12.

PEDINIELLI, J. L. et al. (2002a). Les paradigmes de l'addiction. In: L. FERNANDEZ, M. CATTEEUW, *Cliniques des addictions. Théories, évaluation, prévention et soins*. Paris : Nathan. Collection Fac, 43-56.

PEDINIELLI, J. L. et al. (2002 b). Cliniques addictives. In: L. FERNANDEZ, M. CATTEEUW, *Cliniques des addictions. Théories, évaluation, prévention et soins*. Paris : Nathan. Collection Fac, 57-80.

PEDINIELLI, J. L., BONNET, A. (2012). Pratique psychanalytique et addictions, *Psychotropes*, 1, 18, 89-102.

PEELE, S. (1980). Addiction to an experience: a social-psychological-pharmacological theory of addiction, *NIDA Research Monographs*, 30, 142-146.

PEELE, S. (1985). *The Meaning of Addiction*. Lexington, M.A.: Lexington Books.

PULL, C.B. (1994). CIM-10/ICD-10. *Classification Internationale des Maladies. Dixième révision*.

RACHLIN, H. (1997). Four theological theory of addiction. *Psychonomic Bulletin, Review*, 4, 4, 462-473.

RADO, S. (1933). La psychanalyse des pharmacothymies. In: J. L. Chassaing, *Écrits psychanalytiques classiques sur les toxicomanies*. Paris : Éditions de l'association freudienne internationale, 1998.

RAPPOLT, R.T. (1972). Drug legislation. In J.M. SINGH, L.H. MULTER, H. LAL (Eds), *Drug Addiction, clinical and Socio-legal Aspects*. Vol 2, Mt Kisco, New York: Futura Press.

RETTIG, R.A., YAMOLINSKY, A. (1995). *Federal Regulation of Methadone Treatment*. Washington DC: National Academic Press.

REYNAUD, M., PARQUET, P.J., LAGRUE, G. (2000). *Les pratiques addictives. Usage, Usage nocif et dépendance aux substances psychoactives*. Paris : Odile Jacob, 21-30.

REYNAUD, M. (2002). *Usage nocif de substances psychoactives : Indentification, des usages à risque, outil de repérage, conduites à tenir*. Rapport au Directeur Général de la Sant du groupe de travail présidé par le Pr M. REYNAUD. Paris : La Documentation Française.

RICHARD, D., SENON, J. L. (2000). *Dictionnaire des drogues, des toxicomanies et des dépendances*. Paris : Larousse, 6-8.

RIGAUD, A., JACQUET, M.M. (1994). Propos critiques sur les notions d'addiction et de conduites de dépendance — Entre lieu commun et chimère. In: J. L. VENISSE, *Dépendance et conduites de dépendance*. Paris : Masson, 38-60.

ROBINSON, T. E., BERRIDGE, K. C. (1993). The neural basis of drug craving: an incentive-sensitization theory of addiction. *Brain Research Reviews*, 18, 247-291.

ROBINSON, T.E., BERRIDGE, K.C. (2001). Incentive-sensitization and addiction. *Addiction*, 96, 103-114.

ROSENBERG, B. (1991). *Masochisme mortifère, masochisme gardien de la vie*. Monographie de la Revue Française de Psychanalyse. Paris : P.U.F.

ROUNSAVILLE, B. J., EYRE, S.L., WEISSMAN, M.M., KLEBER, H.D. (1983). The antisocial opiate addict. *Advances in Alcohol and Substance Abuse*, 2,4, 29-42.

SAWITT, R.A. (1963). Psychoanalytical studies on addiction ego structure in narcotic addiction. *Psychoanalytic Quarterly*, 32, 43-57.

SCHAEF, A.W. (1986). *Codependence: Misunderstood, Mistreated*. San Francisco: Harper.

SHAFFER, H. J. (1986). Conceptual crises and the addictions: a philosophy of science perspective. *Journal of Substance Abuse Treatment*, 3, 285-296.

SMALDINO, A. (1991). Psychoanalytic Approaches to Addiction. Current issues in Psychoanalytical Practice. *Monographs of the Society for Psychoanalytic Training*, n° 3. New York: Brunner/Mazel Publishers.

SPERANZA, M., CORCOS, M., LOAS, G., GUILBAUD, O., STEPHAN, P., TAÏEB, O., PEREZ-DIAZ, F., PATRINATI, S., JEAMMET, PH. (2003). Alexithymie et dépression dans les troubles des conduites alimentaires. In: M. CORCOS, M. FLAMENT, PH. JEAMMET (2003). *Les conduites de dépendances. Dimensions psychopathologiques communes*. Paris : Masson.

SIMPSON, J. A., WEINER, S. (1933). *Oxford English Dictionary*. London : University Press.

STERN, D. (1989). *Le monde interpersonnel du nourrisson*. Paris: P.U.F.

STEWART, J. (2000). Pathways to relapse: the neurobiology of drug and stress induced relapse to drug-taking, *Journal of Psychiatry Neuroscience*, 25, 125-136.

SUTKER, P.B., ALLAIN, A.N. (1988). Issues in personality conceptualizations of addictive behaviors. *Journal of Consulting, Clinical Psychology*, 56,2, 172-182.

SZASZ, T. (1974). *La persécution rituelle des drogués, boucs émissaires de notre temps : le contrôle d'État de la pharmacopée*. Paris : Éditions du Lézard.

TACHON, J.P. (1992). Alcool et drogues. *L'Information Psychiatrique*, 4, 337.

TAPIA-CONYER, R. et al. (1994). *Las adicciones : dimensión, impacto y perspectivas*. Mexico: Editorial El manual Moderno, S.A. de C.V.

TATUM, A.L., SEEVERS, M. H. (1931). Theories of drug addiction. *Physiological Reviews,* 11, 107-121.

TERRY, C.E., PELLENS, M. (1970). *The Opium Problem.* Montclair, NJ, Paterson Smith Co. (originally published in 1928 by the Bureau of Social Hygiene, Inc: New York).

TIFFANY, S.T. (1990). A cognitive model of drug urges and drug-use behavior: the role of automatic processes. *Psychological Review*, 97, 147-168.

THOMBS, D.L. (1994). *Introduction to addictive behaviours*. New York: Guilford Press.

VALLEUR, M., BUCHER, C. (1997). *Le jeu pathologique*. Paris : P.U.F. Collection Que Sais-Je ? n° 3310.

VALLEUR, M., ANGEL, P. (2000). Les théories de l'addiction. In: P. ANGEL, D. RICHARD, M. VALLEUR, *Toxicomanies*. Paris : Masson, 133-144.

VALLEUR, M., MATYSIAK, J.C. (2002). *Les addictions. Dépendances, toxicomanies : repenser la souffrance psychique*. Paris : Armand Colin.

VALLEUR, M., MATYSIAK, J.C. (2003). *Sexe, passion et jeux vidéo. Les nouvelles formes d'addiction*. Paris : Flammarion.

VASSE, R. M., NIJHUIS, F. J., KOK, G. (1998). Associations between work stress, alcool consumption and sickness absence. *Addiction,* 93, 231-241.

VAVASSORI, D. (2002). *Étude psychopathologique des comportements de consommation (usage, abus, dépendance) de substances psychoactives : construction d'un modèle multidimensionnel de la dépendance psychopathologique*. Thèse de Doctorat. Université Toulouse le Mirail, UFR de Psychologie.

VENISSE, J.L. (1991). *Les nouvelles addictions*. Paris : Masson.

VENISSE, J.L. (1992). Corps et addiction. *Annales de Psychiatrie,* 7,1, 14-17.

VENISSE, J. L., MAMMAR, N., SANCHEZ-CARDENAS, M. (1993). De la séparation évitée à l'addiction. *Psychologie médicale*, 25,11, 1071-1073.

VENISSE, J. L., MAMMAR, N. (1999). Addiction. In: D. RICHARD, J. L. SENON, *Dictionnaire des Drogues, des toxicomanies et des dépendances*. Paris : Larousse-Bordas, 6.

VERHEUL, R., VAN DEN BRINK, W., KOK, G. (1998). Association between work stress, alcohol consumption and craving for alcohol. *Alcohol and alcoholism,* 34, 197-222.

WEST, R. (2001). Theories of addiction. *Addiction*, 96,3, 3-13.

WILKER, A. (1980). *Opioid dependence: Mechanisms and treatment.* New York: Plenum Press.

WILSON, G. T. (1987). Cognitive processes in addiction. Special Issue: Psychology and addiction, *British Journal of Addiction*, 82,4, 343-353.

WINICK, C. (1974). *A sociological theory of the genesis of drug dependence. Sociological Aspects of Drug Dependence.* Cleveland: CRC Press Inc., 3-13.

ZARIFIAN, E. (1994). *Des paradis pleins la tête.* Paris : Odile Jacob.

ZINBERG, N.E. (1975). Addiction and ego function. *Psychoanal. Stud. Child.*, 30, 567-588.

ZUCKERMAN, M. (1978). Sensation seeking and psychopathology. In: R.D, HARE, D. SCHALLING (Eds) *Psychopathic behavior. Approaches to research,* New York: Wiley.

ZUCKERMAN, M. (1979). Sensation Seeking and Risk Taking. In: C.E. IZARD (Ed), *Emotions in Personality and Psychopathology*, New York, NY: Plenum.

ZUCKERMAN, M., NEEB, M. (1980). Sensation seeking and psychopathology. *Psychiatry Research*, 1, 255-264.

ZUCKERMAN, M., BALL, S., BLACK, J. (1990). Influences of sensation seeking, gender, risk appraisal and situational and motivation of smoking. *Addictive behaviors*, 15, 209-220.

ZUCKERMAN, M., BONE, R.N., NEARY, R. et al. (1994). What is the sensation seeker? Personality trait and experience correlates of the sensation-seeking scales. *Journal of Consulting and Clinical Psychology*, 39, 308-321.

LES APPROCHES

1. Introduction
2. L'approche nosographique et psychiatrique
3. L'approche nosographique psychanalytique
4. L'approche psychodynamique
5. L'approche comportementale
6. L'approche systémique
7. L'approche anthropologique et sociale
8. L'approche de la gestion hédonique
9. Conclusion : apports et perspectives
Bibliographie

1. INTRODUCTION

Les recherches sur la comorbidité addictions et troubles de la personnalité (TP) en regard de l'évaluation se heurtent à des problèmes majeurs notamment : la complexité de l'étude de la personnalité et les difficultés spécifiques à l'étude de la personnalité du sujet addicté — les caractéristiques psychologiques variant selon les périodes de consommation, de désintoxication et de sobriété.

L'ensemble de la littérature scientifique atteste de la prévalence élevée des différents TP chez les échantillons cliniques de sujets addictés (Kosten et al., 1982 ; Khantzian, Treece, 1985 ; Craig, 1988 ; Brown, 1992 ; Ness et al., 1994 ; Thomas, 1996 ; Landry et al., 2001). 60 à 65 % des TP ont un rôle important dans les comportements addictifs selon Farges (1996). Les diagnostics les plus courants sont : personnalité anti-sociale, personnalité narcissique, personnalité limite. La plupart des études établissent que les sujets addictés présentent souvent un TP, voire deux ou plus (Craig, 1988; Kleinman et al., 1990 a et b ; Crawford, 1997; Blaszczynski, Steel, 1998 ; Vaglum et al., 1999 ; Hollander, Rosen, 2000 ; Casillas, Clark, 2002). Les deux TP prévalents diagnostiqués chez les sujets addictés sont les troubles narcissique et limite (Kernberg, 1979; Kernberg, 1980; Craig et al., 1985; Weiss, Mirin, 1985; Craig, 1988; Marsh et al., 1988; Craig, Olson, 1990; Van-Schoor, 1992; Fernandez, 1997, Fernandez, Sztulman, 1997, 1998) ou les TP anti-sociale (Rounsaville et al., 1982; Meyer, 1986; Griffin et al., 1989; Spross, 1999; Eher et al., 2001) et limite (Verheul, 1995).

On constate également un taux de prévalence plus élevé pour les troubles passif-agressif, dépendant et évitant (Corbisiero, Reznikoff, 1991 ; Landry et al., 1996 ; Fossati et al., 2000). Selon Khantzian et Treece (1985) et Nace (1990), c'est parmi les individus du cluster B (troubles narcissique, limite, anti-social et histrionique) que l'on retrouve la plus forte association avec les addictions. Ils indiquent également que les sujets addictés présentant un ou plusieurs TP sont très souvent polytoxicomanes. Musselman et Keller (1995) à partir du MCMI-II sur 71 toxicomanes sous méthadone font état au niveau de l'axe II des résultats suivants : 28% ne présentent pas de TP, 21,2% présentent des TP anti-sociale, borderline, narcissique puis histrionique. Les auteurs indiquent que 16,9 % des sujets présentent des troubles du cluster C (personnalité évitante, dépendante, obsessionnelle-compulsive et passive-agressive). Fieldman et al. (1995) concluent uniquement à la prévalence des TP anti-sociale (34,8 %) et borderline (31,5 %), les troubles narcissiques (5,6 %) et histrioniques (1,1 %) sont moindres. Les troubles psychotiques et les troubles névrotiques ne sont pas prévalents. Thomas (1996) à partir d'un entretien structuré élaboré sur la base des critères du DSM III R sur 252 sujets addictés indiquent les résultats suivants : 51 % des sujets addictés présentent un ou plusieurs TP. Les plus fréquents sont : personnalité anti-sociale (17,9 %), évitante (9,9 %), état limite (9,5 %), narcissique (9,1 %).

En regard des TP, on observe des taux de prévalence chez les sujets addictés variant de 50 % à 71 % selon les échantillons et les outils utilisés (Chamberland et al., 1999). Nace (1990) rapporte un taux de 50 % de prévalence de TP chez les toxicomanes rencontrés en traitement qui cumulent aux moins deux TP. Chose certaine, lorsque l'addiction est en cause, le taux de prévalence des troubles de personnalité est plus élevé que celui observé dans la population générale (Blume, 1989).

Cette prévalence des TP mérite notre attention et doit être perçue comme l'indication d'une détresse psychologique marquée chez cette population. Elle nuit à toutes les étapes de traitement de ces personnes et amène souvent les cliniciens dans une impasse en matière de prise en charge. Cela nécessite d'avoir recours à des méthodes d'évaluation tenant compte à la fois des syndromes cliniques et des TP afin de s'assurer d'un profil type de personnalité d'addictés et afin d'orienter ces personnes vers un traitement le plus adapté à leurs besoins (Chamberland et al., 1999). Même si les auteurs considèrent qu'il n'existe pas de portrait type de personnalité addictive (Bartchs, Hoffman, 1985 ; Craig et al., 1985 ; Corbisiero, Reznikoff, 1991 ; Landry et al., 1996) et qu'il faut envisager une grande variété de TP chez les sujets addictés (Ross et al., 1988 ; Nurnberg et al., 1993 a et b, Samuels et al., 1994), le débat scientifique reste entier. En effet, de nombreuses études montrent qu'il existe un problème de concordance diagnostique entre les instruments psychométriques — MMPI (Knox, 1976), les outils d'évaluation standardisés des TP — M.C.M.I.-III (Millon, 1994) et S.C.I.D.-II révisé (APA, 1994) et l'évaluation diagnostique des cliniciens. Ce problème d'ajustement entre les mesures standardisées et une évaluation clinique interroge sur la question de la validité concurrente des outils. À quoi est attribuable la divergence des diagnostics ? On peut également se questionner de façon plus générale sur l'utilité de comparer un matériel clinique hétérogène (entretiens cliniques, par exemple) dans le but d'identifier celui qui est le meilleur indicateur d'un diagnostic juste et fiable chez les sujets addictés et les données d'outils d'évaluation (M.C.M.I.-III, S.C.I.D.-II) qui ne sont pas de même nature, car la situation de l'outil est standardisée, alors que le matériel clinique donne accès à l'approche psychodynamique de la personne. Il s'agit alors de considérer ces matériels comme complémentaires plutôt que de tenter d'établir une concordance entre eux souvent décevante — faible concordance ou divergence (Repko, Cooper, 1985 ; Piersma, 1987 a et b ; Wetzler, Dubro, 1990 ; Chamberland et al., 1999).

Pour être en mesure de guider les sujets addictés dans leur démarche thérapeutique, il faut les doter d'outils permettant une meilleure connaissance d'eux-mêmes, les rendant plus en mesure de s'engager activement dans un processus de changement.

2. L'APPROCHE NOSOGRAPHIQUE PSYCHIATRIQUE

En psychopathologie, les addictions ont depuis longtemps suscité de nombreux travaux, soit selon le modèle psychiatrique des troubles mentaux, soit selon le modèle psychanalytique de la compréhension de la personnalité des sujets addictés. Ces deux orientations, l'une plus à l'œuvre dans les recherches empiriques anglo-saxonnes et l'autre dans les travaux théoriques psychanalytiques français notamment, s'opposent.

L'approche nosographique psychiatrique des addictions est centrée principalement sur l'évaluation de la comorbidité psychiatrique (cf. Godart, Flament (2003) qui travaille sur la comorbidité des troubles alimentaires avec les troubles dépressifs ; la prévalence des troubles anxieux et des troubles de l'humeur chez les toxicomanes ; la comorbidité de la dépendance à l'alcool avec les troubles dépressifs et anxieux ; la comorbidité entre les conduites de dépendance et le trouble anxiété de séparation). Ces approches le plus souvent épidémiologiques apportent des données considérables sur les addictions, mais restent souvent descriptives contrairement aux travaux psychanalytiques plus heuristiques. Elles mettent à jour de nombreuses interrogations sur : la variabilité des taux de prévalence, l'hétérogénéité des populations d'étude, les problèmes méthodologiques et la complexité du lien psychopathologie/addictions.

Par exemple, une méta-analyse des études portant sur les troubles psychiatriques associés aux addictions fait état d'une grande variabilité de la psychopathologie. Campbel et Stark (1990) ont évalué le niveau de psychopathologie chez 100 sujets addictés à partir du M.C.M.I. (Million Clinical Multiaxial Inventory) et de la SCL-90 R (Symptom Check List Revised). Leurs résultats indiquent que pour 18 des 20 échelles du M.C.M.I., les sujets addictés obtiennent des scores supérieurs ou égaux à ceux établis pour une population psychiatrique. Hendricks (1990) a trouvé dans une population de sujets addictés en traitement 80 % de psychopathologie selon le DSM III. Or selon les études, il est rapporté des taux allant de 38 % de troubles (Hampton, 1973) à 70 % (Rounsaville, 1982) jusqu'à des taux considérablement élevés de 95 % (Khantzian, Treece, 1985). Il est reconnu que les troubles psychopathologiques sont plus élevés chez les sujets addictés que dans la population générale. Des études comme celles d'Hendricks (1990) retrouvent une fréquence élevée de doubles problématiques avec des troubles toxicomaniaques (la dépression, les troubles anxieux, les troubles des conduites, les troubles psychotiques sont plus fréquents chez les toxicomanes que dans le reste de la population). D'après Strain et al. (1991 a et b), les sujets souffrant de problèmes psychiatriques consomment plus de substances psychoactives que les autres. Les sujets atteints de schizophrénie et de troubles bipolaires seraient plus exposés que les autres. Ils ont tendance à être plus suicidaires et non complaisants (Nace, 1989 a et b). Cadoret et al. (1984) et Flynn et al. (1996) ont montré que les états dépressifs, les troubles obsessionnels compulsifs, les personnalités anti-sociales, la manie et l'anxiété sont retrouvés avec une forte incidence chez les sujets dépendants à l'héroïne, l'alcool et la cocaïne. De plus, les addictions sont souvent multiples (diverses drogues, alcool, tabac). Lorsque la comorbidité est abordée, elle l'est généralement selon trois schémas différents : troubles induits ou aggravés par l'usage ; troubles précédant et déterminant l'usage ; troubles coexistant à l'usage, sans lien de causalité entre les deux ordres de phénomènes (Roques, 1999).

Classiquement, l'évaluation de la psychopathologie chez les sujets addictés fait ressortir la prévalence des troubles de l'humeur et des troubles psychotiques (Fernandez, 1997 ; Catteeuw, 2000).

Du côté des troubles de l'humeur :

— troubles anxieux et dépressifs – Farges, 1996 ;

— prévalence de trouble affectif et/ou anxieux avec le DSM III-R chez 78 toxicomanes aux opiacés sur 102 (soit 76,5 %) – Milby et al. (1996) ;

— diagnostic à partir du M.C.M.I.-II et d'un entretien clinique de 10 % de trouble de l'axe I (anxiété et dysthymie) sur 71 toxicomanes sous méthadone – Musselman, Keller (1995) ;

— prévalence de dépression sévère et d'anxiété évaluée à partir du B.D.I. (Beck Depression Inventory), de la S.T.A.I. (State Trait Anxiety Inventory) et le G.H.Q. (General Health Questionnaire) chez 222 toxicomanes sous méthadone ; diagnostic de 2/3 de dépression majeure évaluée à partir de la S.A.D.S. (Social Dysfunction and Agressive Scale), de la R.D.C. (Research Diagnostic Criteria) et d'un entretien clinique chez 533 toxicomanes — Rounsaville et al. (1982) ;

— symptômes dépressifs (21,26 %) et très peu de dépression sévère (2 %) après réalisation d'un suivi sur 6 mois de 123 toxicomanes (Kosten & Rounsaville, 1986 ; Kosten et al., 1989) ;

- association entre alexithymie et dépression dans les addictions (Speranza et al., 2003 ; Taïeb et al., 2003 ; Farges et al., 2003 ; Guilbaud et al., 2003 ; Stéphan et al., 2003) ;
- dépression, dépressivité et addiction (Corcos et al., 2003 d ; Atger et al., 2003).

- Il semble qu'on est plus affaire à une prédominance de symptomatologie dépressive et/ou anxieuse qu'à un trouble désorganisé (Braconnnier, 1987).
- Les *troubles de l'humeur* sont généralement associés à un trouble de la personnalité :
- dépression et trouble anti-social — Darke et al., 1994 ; Kosten, Rounsaville, 1986 ; Kosten et al., 1989 ; Rounsaville et al., 1982 ;
- dysthymie et personnalité borderline — Marlowe et al., 1995;
- dépression et personnalité narcissiques — Sullivan et al., 1993 ; Tedlow et al., 1996 ou à plusieurs TP (dépression et troubles de la personnalité de l'axe II — Oldham, 1991; Million, Kotik-Harper, 1995) ;
- troubles de l'humeur et personnalité borderline, narcissique — Trull, McCrea (2002).

Cette comorbidité révèle la complexité des formes de dépression (menace dépressive, état dysphorique, trouble organisé, symptomatologie dépressive plus ou moins masquée (Catteeuw, 2000).

Les études montrent que la dépression et les addictions s'influencent réciproquement et se succèdent. Les statistiques l'attestent (Van Damme, 2006), il existe une co-morbidité fréquente de la dépression et de l'addiction : dans les troubles du comportement alimentaire, de l'alcoolisme et de la toxicomanie chez les jeunes, on trouve 30 à 50 % de dépressifs. Chez les adultes, la dépression sous-jacente est souvent en cause (80 %) et les tentatives de suicide avant la conduite toxicomaniaque sont présentes dans plus de 60 %. L'usage de drogue a été reconnu comme un facteur essentiel des conduites suicidaires chez l'adolescent et l'adulte, la dépression, les tentatives de suicide et l'addiction étant étroitement imbriquées. La dépression est fréquemment associée à l'addiction et est corrélée avec la fréquence et la gravité des tentatives de suicide (Maybaum, Crockford, 1999). L'usage et l'abus de drogues ont été classés comme les variables associées les plus fréquentes avec les conduites suicidaires (Garfinkel et al., 1982 ; Stiffman, 1989 ; Kienhorst, 1990). Il apparaît que les symptômes dépressifs précéderaient souvent l'utilisation de toxiques, mais qu'une dépression majeure succéderait à l'abus de drogue, alors qu'avant le processus addictif, il s'agissait d'une symptomatologie dépressive mineure. Les enquêtes épidémiologiques ont confirmé la fréquence des antécédents dépressifs dans l'addiction. Mac Lellan et al. (1979) ont montré que la consommation de toxiques peut induire ou aggraver un état dépressif du fait des conséquences négatives sur le fonctionnement psychique et les répercussions sociales, familiales et professionnelles (Carreau-Rizzetto, 2000).

En ce qui concerne les *troubles psychotiques*, les travaux anciens d'évaluation de la psychopathologie rapportaient les troubles psychotiques de façon prévalente après les troubles du caractère : 53 % de troubles du caractère et 47 % de troubles psychotiques chez 30 sujets en milieu psychiatrique (Gerard, Kornetsky, 1955) ; 38 % de 336 héroïnomanes évalués à partir du MMPI (Inventaire Multiphasique de Personnalité du Minnesota) présentent un score élevé sur l'échelle des troubles psychotiques. Cependant, les travaux actuels indiquent que l'association troubles psychotiques et addictions n'est pas prévalente. Chez les sujets addictés, les troubles psychotiques n'apparaissent pas plus élevés que dans la population générale (Rounsaville et al., 1982). De nombreux facteurs ont été identifiés pour expliquer les liens particuliers entre schizophrénie et addiction. Certains facteurs génétiques, sociaux et économiques sont communs entre schizophrénie et addiction. Les facteurs psychologiques et comportementaux ont surtout été étudiés au regard des relations entre la schizophrénie et la consommation de cannabis qui est la substance illicite la plus consommée par les patients atteints de schizophrénie. Ces liens particuliers sont argumentés par deux hypothèses comme celle de « *l'automédication* » et des « dommages ». Toutes deux s'accordent sur le fait que la consommation de cannabis interagit avec les facteurs de vulnérabilité de la schizophrénie (Thomas et al., 2016). La prise de toxiques chez les schizophrènes permettrait de mettre à distance les hallucinations, de diminuer l'angoisse et de réduire l'apragmatisme par la recherche du produit. Chez les schizophrènes abusant de cannabis, les rechutes psychotiques sont précoces et plus intenses démentant les propriétés physiologiques du tétrahydrocannabinol dans la schizophrénie (Carreau-Rizzetto, 2000). Les hallucinogènes, les amphétamines, la cocaïne, la phencyclidine peuvent provoquer des troubles psychotiques, confusionnels, anxieux, dépressifs (Pedinielli et al., 2002 a et b).

Les précédents travaux sont focalisés sur la détermination de la prévalence des différents troubles et la détermination, par ce biais, d'un type de toxicomane comorbide prévalent, conduisant généralement à occulter la grande variabilité de cette prévalence et l'hétérogénéité de la psychopathologie. Plusieurs variables semblent affecter les prévalences des troubles chez les sujets addictés (Catteeuw, 2000) :

— **le mode de recrutement** (prisons, centres de soins spécialisés en ambulatoire ou non, communautés thérapeutiques, points écoute, médecine générale...) et le type d'échantillonnage (Vallerand, Hess, 2000) peuvent être des biais méthodologiques (Ludenia, 1973 ; Cohen, 1982, 1984 ; Cancrini, 1994) sur la variabilité des prévalences des TP. Selon Miller et al. (1993), la prévalence du trouble borderline varie de 11 % à 69 % selon les études. Ces résultats indiquent que la population des toxicomanes est hétérogène du point de vue des troubles psychiatriques et la variabilité dépend en partie du type de recrutement. Ainsi, le mode de recrutement contribue à façonner l'objet de recherche « *personnalité du toxicomane* » dans le sens d'un appauvrissement de sa description et donc de sa compréhension.

- **le moment de l'évaluation** peut également constituer un biais méthodologique affectant les prévalences des troubles. Plus un toxicomane reste en traitement, plus son état symptomatique général s'améliore et ceci quel que soit le traitement envisagé (Bourgeois, 1986 ; Musselman, Keller, 1995 ; Campbell, 1997 ; Franken, Hendricks, 1997). Il faut donc contrôler systématiquement cette variable et déterminer ce qui relève de la symptomatologie actuelle du sujet pouvant être liée aux addictions de ce qui relève du trouble psychiatrique. Toute évaluation doit permettre de différencier des niveaux d'analyse allant de la symptomatologie actuelle du sujet à des traits stables (pathologiques ou non) de la personnalité et d'accéder à des modélisations plus complexes pour cerner la complexité du fonctionnement de la personnalité selon une approche psychodynamique.
- **les méthodes d'analyse** peuvent encore constituer un biais méthodologique affectant les typologies de toxicomanes. Les travaux comme ceux de Anglin (1989) montrent que le choix de la méthode (analyses des données du MMPI) met en valeur soit un type particulier de toxicomanes, soit l'hétérogénéité de cette population. Avec le M.C.M.I., tous les troubles de la personnalité sont retrouvés. Il ne fait pas apparaître une typologie stable (Craig, 1988; Fals-Stewart, 1992; Craig eta al. 1997). Ainsi la méthode d'analyse contribue à façonner certaines représentations de la psychopathologie des addictions. Les études rapportées ici montrent que la population des toxicomanes est hétérogène au regard de la psychopathologie et ceci, quels que soient les outils d'évaluation utilisés.
- **la validité des techniques**. L'évaluation de la psychopathologie a progressé ces dernières années avec l'élaboration de nouveaux outils (Pham-Scottez, Guelfi, 1998) et les données obtenues constituent un apport considérable pour l'évaluation des troubles psychiatriques chez les toxicomanes.

L'évaluation des conduites addictives est aujourd'hui multifactorielle afin de saisir la diversité des substances psychoactives, des pratiques de consommation, des parcours individuels et des contextes d'apparition. Il existe de nombreux entretiens structurés, non disponibles en français, pour l'évaluation multidimensionnelle de l'addiction aux substances psychoactives, par exemple, l'*Individual Assessment Profile* (I.A.P., Flynn et al., 1995) et le *Christo Inventory for the Substance-misuse Services* (C.I.S.S, Christo et al., 2000). Actuellement, seul l'*Addiction Severity Index* (A.S.I., Mac Lellan et al., 1980) constitue un outil de référence internationale, standardisé, traduit en neuf langues, dont le français. Il est utilisé dans de nombreuses recherches empiriques[58] pour la description de la consommation de substances psychoactives dans diverses populations, mais également en pratique clinique pour l'évaluation et le suivi des patients.

Un autre type de problèmes concerne la non-convergence des résultats à partir d'instruments pour le diagnostic des TP mettant en œuvre des techniques différentes dans l'évaluation de la psychopathologie. Ainsi l'évaluation des troubles psychiatriques à partir d'un entretien structuré ou d'une auto-évaluation ne conduit pas forcément aux mêmes résultats. Marlowe (1997) évalue la congruence des résultats obtenus à partir du S.C.I.D.-II R (Structured Clinical Interview for the DSM-III-R) avec ceux obtenus aux échelles des TP du M.C.M.I.-II dans une population de cocaïnomanes. Les résultats montrent que les prévalences de l'échantillon sont comparables, mais qu'en général, il n'y a pas d'accord sur le diagnostic individuel. De plus, le M.C.M.I.-II surestime les troubles du cluster C et n'est pas sensible aux troubles du cluster A. Ces résultats pourraient témoigner des effets symptomatiques de drogues plutôt que de l'existence de traits stables de la personnalité. Le M.C.M.I. permettrait de dépister les troubles de l'axe II, mais un entretien plus poussé devrait être mené pour déterminer de façon valide le type de trouble incriminé.

Tous ces résultats indiquent les limites d'une évaluation qui n'utiliseraient qu'une seule technique. Il est donc essentiel de mettre en œuvre une évaluation croisée multi-critères et multi-méthodes et de discuter les limites métrologiques des outils utilisés (Fernandez, Catteeuw, 2001).

L'évaluation diagnostique a pour objectif le repérage des troubles pathologiques, à partir d'un ensemble de critères descriptifs, en référence à la nosographie DSM-IV et/ou CIM-10. C'est une approche catégorielle de la pathologie. Cependant, les « *troubles addictifs* » ne sont pas reconnus dans ces classifications. Pour la consommation de substances psychoactives, noyau central des addictions, les diagnostics de troubles reposent sur l'identification de la dépendance et de l'abus pour le DSM-IV ; de la dépendance et de l'usage nocif pour la CIM-10. Les entretiens de diagnostics[59] (S.C.I.D.-IV, C.I.D.I.-S.A.M., S.C.A.N., S.D.S.S.) sont conçus pour dépister et établir l'ensemble des troubles d'un sujet (comorbidité). L'intérêt de ces entretiens de diagnostic est de pouvoir communiquer entre cliniciens sur des bases communes (validité de « face », i.e consensus entre experts) en dépit d'orientations théoriques variées. Cependant, s'ils permettent d'établir des diagnostics fidèles, les limites sont relatives à la validité des critères, à l'éclatement « artificiel » des maladies en une multitude de syndromes, au recouvrement de certains troubles mettant en jeu des dimensions psychologiques et/ou biologiques communes (Pull, Guelfi, 1995).

---

[58] Pour les quatre dernières années, les *Current contents* répertorient 211 études utilisant l'A.S.I.

[59] Pour une présentation des entretiens de diagnostic : Pull et Guelfi (1995), www.oms (C.I.D.I., S.C.I.D.).

Les limites de l'approche psychiatrique catégorielle conduisent aujourd'hui au développement d'une évaluation dimensionnelle des troubles. Ainsi, certains instruments associent la possibilité de poser un diagnostic catégoriel en référence au DSM et/ou la CIM, à l'évaluation de la sévérité de dimensions telles que la dépendance et/ou l'abus (cf. la SDSS). Certaines études s'intéressent donc à l'analyse de la validité des critères d'abus et de dépendance du DSM selon une approche dimensionnelle (Nelson et al., 1999).

Les tentatives de classification psychiatrique n'ont pas abouti à l'identification d'un type de toxicomanes, mais leur intérêt réside justement dans la reconnaissance de cette hétérogénéité. Les constats de l'importance et de l'hétérogénéité de la psychopathologie chez les toxicomanes doivent cependant être dépassés afin d'aborder la question de l'intérêt du diagnostic psychiatrique.

Deux niveaux peuvent être dégagés :

— au niveau théorique, comprendre la personnalité des toxicomanes à la lumière de l'évaluation de la psychopathologie associée et donc élaborer des hypothèses ;
— au niveau pratique, en quoi l'évaluation de la psychopathologie permet de faire des pronostics et d'adapter des stratégies de soins ?

Il existe des travaux qui, au-delà de la simple description de la psychopathologie des toxicomanes, essaient d'analyser l'impact de la psychopathologie sur d'autres variables pertinentes, comme l'intensité de la dépendance, la rétention en traitement, l'abstinence et le type de drogue consommée.

L'hypothèse d'un lien entre des traits de personnalité et le choix électif d'un produit remonte aux travaux de Rado (1926). Partant du constat qu'il existe différents types de toxicomanes présentant différentes sortes de vulnérabilité aux drogues, Rado fait l'hypothèse que les bénéfices psychiques attendus étant différents, ils détermineraient des choix spécifiques de drogues. Ainsi les héroïnomanes en quête d'effets analgésiques pour lutter contre la souffrance seraient différents des amphétaminomanes à la recherche d'effets d'élation visant à modifier des tensions désagréables en tensions agréables. D'autres auteurs, vont différencier les héroïnomanes comme ayant une estime de soi faible et recherchant les effets analgésiques, des amphétaminomanes marqués par un soi grandiose et recherchant l'effet d'élation comme défense contre l'anxiété (Milkman, Frosch, 1973 ; Greenspan, 1985).

L'intérêt de ces approches réside dans l'analyse psychodynamique de l'addiction (impliquant des hypothèses en lien avec un modèle), mais pose comme la limite le lien de causalité linéaire établi entre l'effet pharmacologique d'une drogue et la description métapsychologique du fonctionnement psychique (Magoudi, 1985, 1986).

De façon plus empirique, certaines études récentes ont essayé de rechercher s'il y avait effectivement un lien entre la psychopathologie ou des traits de personnalité et le type de drogue. Fieldman et al. (1995) évaluent les différences entre 47 cocaïnomanes et 42 héroïnomanes sur les variables suivantes : TP (S.C.I.D.-II), traits de personnalité, S.N.A.P. (*Schedule for Normal and Abnormal Personality*), dimensions du soi (W.S.D.S., *Woolfolk Self-Denigration Scale*) et variables socio-démographiques. Les résultats montrent qu'il y a de nombreuses similitudes entre les deux groupes au niveau des variables évaluées. Les seules différences significatives indiquent que les héroïnomanes ont une durée plus importante de consommation, plus de troubles antisociaux (les cocaïnomanes ont des troubles plus diversifiés) et un niveau plus faible de réalisation personnelle (études, emploi…). Campbel et Stark (1990) ont comparé 16 amphétaminomanes, 34 cocaïnomanes et 29 fumeurs de marijuana sur leurs traits de personnalité (M.C.M.I.) et leur symptomatologie actuelle (SCL-90 R). Les seules différences significatives trouvées concernent des différences symptomatiques chez les amphétaminomanes. Ces derniers ont des scores élevés pour les symptômes *« d'allure psychotique »* : sensitivité interpersonnelle, hostilité, idéation paranoïde, psychoticisme (à la SCL-90 R) et schizoïdie (au M.C.M.I.). Les auteurs estiment que ces différences symptomatiques sont directement liées aux effets de la consommation prolongée de psychostimulants, résultats décrits par ailleurs (Catteeuw, 2000).

D'autres études semblent également attester de peu de différence entre les consommateurs en lien du type de drogue choisi et cela à partir de différents instruments (MMPI, M.C.M.I., 16 PF) : alcool/cocaïne (Johnson et al., 1992), cocaïne/héroïne (Craig, Olson, 1990 ; Spotts et al., 1991). Seules quelques études portant sur l'utilisation conjointe d'héroïne et de cocaïne semblent réduire les différences. Ainsi, pour les consommateurs de *« speedball »* (mélange de cocaïne et d'héroïne), certaines études trouvent des niveaux plus importants de psychopathologie et de symptomatologie (Marlow et al., 1992 ; Weiss et al., 1996).

Le lien établi entre le type de produit consommé et des traits de personnalité ou un trouble psychopathologique n'est pas clairement établi, car les résultats des études sont disparates. Les différences observées relèvent de différences symptomatiques dépendantes des effets des produits. Ces résultats n'invalident pas l'approche psychodynamique qui vise à comprendre ce qui est recherché d'un point de vue psychique dans l'addiction, mais pointent qu'il n'existe pas de lien linéaire entre un type de produit consommé et un trouble psychopathologique ou un trait de personnalité. L'approche psychodynamique doit tenir compte du fait que la consommation d'une drogue apparaît alors comme une solution « a-spécifique » (d'où polytoxicomanies) à des problématiques, des souffrances qui, elles, peuvent être spécifiques selon les sujets. Ainsi, le concept d'addiction voit dans ces résultats sa pertinence renforcée, puisqu'il vise à regrouper divers comportements de dépendance non pas sur la base de l'objet de l'addiction, mais sur la base des processus sous-jacents à ces comportements[60]. Même s'il y a des descriptions et des tentatives de mises à jour des corrélations entre certaines variables, l'absence d'hypothèses explicites (issues de déductions à partir d'un modèle) rend difficile le passage des relations empiriques à des relations causales. Ainsi, l'évaluation de la psychopathologie chez les toxicomanes rencontre une question difficile : le trouble est-il préexistant, concomitant ou résultant des comportements addictifs ? En présence des deux variables que sont *« le trouble psychopathologique »* et *« le comportement addictif »,* soit l'on considère la psychopathologie comme le résultat du recours aux drogues, soit la psychopathologie comme le résultat du recours aux drogues, soit que ces deux variables sont indépendantes.

En présence des deux variables que sont *« le trouble psychopathologique »* et *« le comportement addictif »*, quatre types de causalité sont envisageables :

1) la psychopathologie entraîne le recours aux drogues comme *« solution »* ;
2) la psychopathologie est le résultat du recours aux drogues ;
3) il y a circularité entre les deux variables : la psychopathologie comme souffrance psychique primaire entraîne la solution addictive psychotrope, qui génère à son tour une souffrance psychique secondaire et une amplification de la psychopathologie de base et/ou l'émergence d'une nouvelle psychopathologie secondaire à l'addiction ;
4) une dernière option, peu probable, pourrait envisager l'indépendance de ces deux variables.

Ces hypothèses ne semblent pas *a priori* exclusives, mais leur validation pose des problèmes méthodologiques. Concernant la question des relations entre addiction et psychopathologie, celles-ci ne sont pas testées de façon systématique dans les études. Néanmoins, selon les méthodes et les conclusions apportées, on comprend implicitement l'hypothèse sous-jacente. Par exemple, selon la question posée : Prennent-ils des drogues parce qu'ils sont déprimés ? Ou bien sont-ils déprimés parce qu'ils prennent des drogues ? Il y a deux modèles bien différents de la maladie et du sujet. La première question invite à une réflexion sur la souffrance du sujet et les raisons de l'état de menace dépressive, tandis que la seconde question s'inscrit dans une approche plus médicale (traiter l'addiction pour améliorer l'état du sujet) — Catteeuw (2000).

On considère souvent qu'il existe un lien à rechercher par la focalisation sur les troubles psychiatriques. Or, il existe des sujets qui, bien que minoritaires, répondent aux critères de dépendance sans troubles associés (30 %). Certaines études apportent cependant des résultats confortant l'une ou l'autre de ces

---

[60] Cela ne concerne que les addictions de type consommations de psychotropes, pas encore les addictions comportementales.

hypothèses (pour une revue plus détaillée, Fernandez, 1997 ; Bernoussi, 1999 ; Catteeuw, 2000) :

- l'addiction est l'expression d'un trouble psychiatrique (Rounsaville, 1983, 1986 par exemple) ;
- l'addiction est l'expression d'une tentative d'automédication (Rado, 1933 ; Wurmser, 1974 ; McDougall, 1982 ; Khantzian, 1985 a ; Peele, 1985 ; Musselman, Keller, 1995) ;
- l'addiction est une pathologie de la dépendance (Ingold, 1982 ; Bailly, Venisse, 1994 ; Milan, 1995) ;
- la psychopathologie comme conséquence de l'addiction — hypothèse d'une addiction secondaire aux troubles de la personnalité par exemple (Zinberg, 1975 ; Mac Lellan, Woody, O'Brien, 1979 ; Huba, Bentler, 1982 ; Bergeret, 1994a ; Kaufman, 1994) ;
- l'addiction est la rencontre de situations de fragilisation (situations déprivatives, faible soutien social, insatisfaction à satisfaire les besoins existentiels...) et d'une substance (Fernandez, 1997) ;
- l'hypothèse d'une addiction primaire (dysfonctionnement psycho-biologique primaire) (Kaufman, 1994 ; Catteeuw, 2000).

Finalement dans cette controverse sur « *l'addiction, cause ou conséquence de la psychopathologie ?* » : quels types de réponses doit-on imaginer ? Des réponses de type causaliste linéaire ? Mais alors, comment ne pas penser que ces facteurs une fois en présence n'interagissent pas. Les modèles de circularité ne sont-ils pas, finalement, au plus proche de la réalité du terrain des addictions ?

3. L'APPROCHE NOSOGRAPHIQUE PSYCHANALYTIQUE

Cette approche a toujours mis en garde contre la discontinuité[61] entre un comportement ou même un trouble psychiatrique et une organisation de la personnalité. Ceci implique qu'on ne peut faire l'économie d'une analyse du fonctionnement et de l'organisation de la personnalité pour comprendre les principes et les fonctions d'un trouble, d'un symptôme ou d'un comportement générant de la souffrance (Catteeuw, 2000).

Freud n'a pas produit d'élaboration conceptuelle spécifique aux addictions, même si tout au long de ses écrits des références à l'alcoolisme, au tabagisme, au jeu pathologique et aux toxicomanies sont présentes. Les textes freudiens relatifs à cette question sont essentiels à la compréhension du débat psychopathologique sur les addictions concernant l'existence ou pas d'une structure spécifique (Mijolla, Shentoub, 1973 ; Byck, 1976 ; Ferbos, Magoudi, 1985, 1986 ; Pirlot, 1997 ; Pirlot, 2019 ; Fernandez, Sztulman, 2000 ; Rigaud, Jacquet, 2002).

---

[61] Au sens de rupture.

Freud (1890) désigne dans un article intitulé « *Traitement psychique des habitudes qui emprisonnent de façon morbide* », les formes cliniques (habitudes morbides) de l'alcoolisme (ivrognerie), de la morphinomanie et des aberrations sexuelles (égarements sexuels). Il emploie dans un article de 1898 intitulé « *La sexualité dans l'étiologie des névroses* » des termes rendant compte de l'habitude et donc des habitudes au sens d'accoutumance (et/ou d'habituation). Les termes opposés renvoyant à la désaccoutumance.

Freud (1930) effectue une esquisse de regroupement transnosographique qui invite à se demander s'il anticipait la notion de phénomène addictif ou s'il associait simplement « l'intoxication chronique » au problème des perversions en général (Freud, 1905 c). Cette dernière conception a d'ailleurs perduré jusque dans les années 1950-1960 où dans le Manuel de Psychiatrie (Ey et al., 1974) la toxicomanie et l'alcoolomanie suivent les perversions sexuelles dans le chapitre, constituant le premier chapitre des maladies mentales chroniques, consacré au « *Déséquilibre psychique* » (Jacquet, Rigaud, 2001)[62]. Il utilise des termes signifiants dépendance ; besoin (au sens de besoin physiologique) ; appétit (au sens d'appétence) ; passion (pour désigner la passion pathologique de l'écrivain pour le jeu – Freud, 1927) ; addiction ; toxiques ; stupéfiants ; narcotiques (Jacquet, Rigaud, 2000, 2001).

Freud relie les addictions aux névroses actuelles (1898), à une oralité constitutionnelle (1905), à la toxicologie endogène des processus psychiques (1930), sans pour autant leur spécifier une place particulière dans la nosographie. Dans « *Malaise dans la civilisation* » (Freud, 1930), Freud fait le lien entre la souffrance psychique et sociale et l'importance de l'action chimique comme solution. Il organise ses conceptions théoriques sur l'addiction en les référant au principe de plaisir. Il met en exergue les effets chimiques exogènes et endogènes actuellement reconnus. Cependant, Descombey (1995) indique l'absence de toute référence aux addictions dans les textes freudiens : « *Pour introduire le narcissisme* » (Freud, 1914) ; « *Au-delà du principe de plaisir* » (Freud, 1920), « *Le clivage du moi dans les processus de défense* » (Freud, 1938), « *La négation* » (Freud, 1925), « *Dostoïesky et le parricide* » (Freud, 1928)[63]. Divers auteurs (Anzieu, 1959 ; Magoudi, 1985, 1986 ; Descombey, 1995) ont évoqué « l'épisode cocaïne » de Freud comme une des raisons de l'absence de modélisation des comportements addictifs. Descombey (1995) met en évidence les liens existant chez Freud entre son fonctionnement addictif, sa problématique de deuil et ses somatisations. Le silence manifeste de Freud renvoie à son éducation religieuse prônant un interdit sur l'alcool, puis à son rapport personnel au toxique (tabac ou cocaïne, dont il n'aimait pas qu'on lui rappelle l'épisode). Dans le même ordre d'idées, Loonis (2014 b) souligne que « *Freud n'a jamais su prendre en compte son addiction à la pensée,*

---

[62] Voilà de quoi renforcer le concept d'addiction sexuelle.

[63] Pourtant dans ce célèbre article, Freud parle de l'addiction au jeu référée à l'activité masturbatoire et à un processus d'autopunition réprimée.

celle qui lui a permis le travail acharné de réflexion et d'écriture à l'origine de son œuvre », ce que l'on désigne aujourd'hui comme *« addiction au travail »*.

C'est paradoxalement l'auto-analyse, c'est-à-dire la correspondance de Freud/Fliess (1897-1902) qui est la plus riche sur les toxiques, tabac en particulier (Jacquet, Rigaud, 2001). C'est aussi dans l'une de ces lettres (1897) que Freud conçoit la masturbation comme *« addiction primaire »*, dont découleraient toutes les autres addictions. Même si Freud n'a pas théorisé les problématiques addictives, il a ouvert la voie à une production de travaux théoriques hétérogènes quant aux hypothèses psychopathologiques (Catteeuw, 2000).

Ferenczi (1911) définira une catégorie intitulée *« Manifestations pulsionnelles symptomatiques »* qui regroupe la pyromanie, la kleptomanie et les toxicomanies et évoque à la suite de Freud et d'Abraham la dimension perverse sado-masochique et l'inclinaison homosexuelle dans l'alcoolisme qui seront reprises plus tard par Marx (1923) et Hartmann (1925).

> La controverse concerne la spécificité ou l'a-spécificité structurale des addictions et le type d'appellation « structure » ou « organisation » (Fernandez, 1997 ; Fernandez, Bernoussi, 2000 ; Catteeuw, 2000). De nombreux auteurs ont défendu l'existence d'une spécificité des comportements toxicomaniaques, élaborant des hypothèses psychopathologiques susceptibles d'en rendre compte.

Rado (1926), dans un article intitulé *« Les effets psychiques de l'intoxication : un projet de théorie psychanalytique de l'addiction aux drogues »*, met en avant les effets « orgastiques » des toxiques : orgasme pharmacogénique, orgasme alimentaire soulignant la satisfaction auto-érotique recherchée dans les addictions. Ces régressions orales s'inscrivent dans une pharmacothymie, sorte de désordre narcissique (maladie spécifique des addictions, dont la fonction est de lutter contre une dépression essentielle). Glover (1932), dans son article princeps intitulé *« L'étiologie de l'addiction à la drogue »*, distingue les addictions nocives (usages pathologiques des substances psychoactives, de nos jours) des addictions inoffensives (non pathologiques). Il étudie les addictions à la lumière des états transitionnels spécifiés par un Oedipe transitionnel, marqué par la force des pulsions sadiques, dont le traitement ne relève pas de l'externalisation, comme dans les formes paranoïdes ou mélancoliques, mais de l'ambivalence existant chez les névrosés hystériques ou obsessionnels. Il inaugure avec ses conceptions les travaux sur les addictions et les états limites.

Fenichel (1945) tentera dans son ouvrage princeps sur la *« Théorie psychanalytique des névroses »*, paru en 1953, de présenter une étude d'ensemble des pathologies mentales en recourant à trois types d'affections : – les perversions ; — les névroses impulsives incluant les toxicomanies [fuite impulsive ou fugue, kleptomanie, pyromanie, jeu, caractères dominés par les instincts, toxicomanies (*drug addiction*)] et addictions n'incluant pas les toxicomanies (*addictions without drugs*) ; — les états de transition entre les impulsions morbides et les compulsions.

La présentation de ces deux types de névroses impulsives, incluant les toxicomanies et les toxicomanies sans drogues, est la suivante (Jacquet, Rigaud, 2000, 2001) :

- **le premier type concerne l'addiction à des toxiques** (alcool, drogues – morphine). Fénichel fait allusion à l'urgence du besoin, à l'insuffisance finale de toute tentative de le satisfaire et à l'avidité du sujet qui le pousse à l'acte (impulsion). Il insiste sur le soubassement inconscient de ces conduites, pour lesquelles les facteurs de personnalité sont déterminants dans le choix de l'une d'elles. Il fait référence aux perturbations du développement génétique (fixations et régressions : comme la masturbation, les impulsions prégénitales ou le complexe d'Oedipe). Les tendances orales concernant la bouche et la peau annoncent déjà l'importance de l'échange tactile dans la construction narcissique.
- **le deuxième type concerne les addictions sans drogues** (anorexie, boulimie, pathologies du jeu, manie de lire, hypersexuels ou « affamés d'amour », catégorie qui préfigure la future sexualité addictive décrite par McDougall – 1996).

Fenichel élabore une conception globalisante des désordres de la vie psychique en prenant en compte les processus psychodynamiques en jeu et en conjuguant l'investigation-théorisation psychanalytique avec la démarche psychiatrique. Cette manière de procéder lui permet de promouvoir la catégorie des addictions « *without drugs* » (sans drogues) et valide du même coup le concept d'addiction en lui donnant une nouvelle portée.

Rosenfeld (1961) décrit les sujets addictés comme ayant accédé à la position dépressive, mais dont la fixation à la phase schizo-paranoïde implique des mouvements régressifs à ce niveau archaïque. Les travaux de Gammil (1981), autour de l'espace transitionnel, s'inscrivent aussi dans cette lignée théorique. Aulagnier (1981) ne situe pas les addictions dans le champ de la névrose, de la psychose et de la perversion du fait de la particularité de la relation d'objet passionnel où le sujet est inexistant pour cet objet, mais plutôt entre la phase schizo-paranoïde et la position dépressive.

Fain (1981) et McDougall (1982) se réfèrent au concept de néo-besoin pour aborder la problématique des addictions. Le néo-besoin a pour but une multiplication des expériences de satisfaction aux dépens de l'organisation mentale issue des auto-érotismes.

Même si les concepts ne sont pas les mêmes, y-a-t-il une spécificité de la structure chez les sujets addictés ? (pour une revue détaillée, cf. Catteeuw, 2000 ; Fernandez, Bernoussi, 2000). Les auteurs se trouvent divisés sur les réponses à apporter à cette question, plusieurs conceptions s'affrontent, on trouve :

- **les auteurs** (Rodriguez-Piedrabuena, 1996 ; Brisman, Siegel, 1984 ; Aulagnier, 1981 ; Fain, 1981 ; Brown, 1977 ; Mintz, 1977 ; Oury, 1977 ; Robinson, Winnik, 1977 ; Lagache, 1951), **pour lesquels les addictions ne relèvent ni d'une structure névrotique, ni d'une structure psychotique, ni d'une organisation état limite**. Ils considèrent que l'addiction doit être expliquée en fonction de la dynamique intrapsychique du sujet et en tenant compte de ce que représente chaque personne, chaque situation particulière. Ils cherchent à étudier comment leur personnalité les a conduits à l'addiction sans recourir aux catégories nosographiques dont ils disposent et en recherchant l'origine et l'explication de l'addiction dans les traits spécifiques de leur personnalité. De nombreuses relations sont établies entre l'addiction et certains aspects/traits de la personnalité et/ou symptômes retrouvés chez de nombreux addictés (Rodriguez-Piedrabuena, 1996) sans qu'aucune structure ne soit précisément évoquée. Pour ces auteurs, la mise en place d'un processus d'addiction masque le plus souvent la structure, voire s'y oppose momentanément. Les addictions ne sont donc pas rapportées à une structure précise, mais prennent des sens différents selon la structure qui les agence.

- **Les auteurs** (Bergeret, 1981, 1982, 1990 ; Sawitt, 1963 ; Freda, 1980 ; Ferbos, Magoudi, 1985, 1986 ; Le Poulichet, 1987 ; Zafiropoulos, 1988, 1996 ; Melman, 1989 ; Neto, 1992 ; Cancrini, 1994), **pour lesquels les addictions relèvent de structures psychopathologiques non spécifiques.** Ce qui veut dire que l'on peut aussi bien trouver des toxicomanes névrotiques (Sawitt, 1963 ; Blatt, 1984 a et b ; Magoudi, 1985, 1986), états limites (Bergeret, 1981 ; Charles-Nicolas, 1981 a et b ; Fain, 1981; Sztulman, 1997), que psychotiques (Gerard, Kornetsky, 1955 ; Kestemberg, 1972). Ou encore des addictés névrotiques, psychotiques et pervers (Zafiropoulos, 1988, 1996 ; Ferbos, 1985, 1986 ; Freda, 1980), ou enfin des troubles névrotiques de l'adaptation, troubles de la personnalité sociopathique, psychotiques et états limites (Cancrini, 1994). Dans ces approches, les névrosés et les pervers sont peu décrits et l'addiction est interprétée à partir des défaillances de la structure.

- **les auteurs pour lesquels les addictions relèvent d'une structure psychopathologique spécifique**. L'étude des addictions a permis dès les années 1930 de s'interroger par exemple, sur la pathologie état limite. De nombreux auteurs (Glover, 1932 ; Rado, 1933 ; Rosenfeld, 1976 ; Kernberg, 1979 ; Aulagnier, 1981 ; Sztulman, 1995) ont décrit des états structuraux de cet ordre, chacun en des termes différents. Cette approche est actuellement minoritaire et critiquable, niant l'existence de névrosés et de psychotiques addictés ? N'y aurait-il pas un compromis à faire en resituant la dimension narcissique, à l'évidence activée dans les addictions, mais qui n'est pas l'apanage des seuls états limites ? (cf. Loonis, 2014 a, section « *les facteurs de personnalité* », narcissisme et traits de personnalité narcissique).

En fait, il semble qu'il y ait deux types d'approches quant aux structures :

1) une approche « *transnosographique* » qui considère que le comportement addictif n'est pas propre à une structure donnée, mais qu'il se retrouve dans toutes les structures comme solution à la souffrance psychique propre à telle ou telle structure (et cela concerne les auteurs des points 1 et 2 confondus) ;
2) une approche spécifique qui concerne le rapprochement exclusif entre addiction et état limite.

Cependant, parmi ceux qui ne reconnaissent pas la spécificité structurale, certains comme Bergeret (1981, 1982, 1984, 1990, 1991, 1994) tentent de déterminer ce qu'il y a de commun dans les addictions. Il considère qu'un aménagement économique partiel viendrait recouvrir et tenter de réguler les défaillances de la structure, qui resterait masquée. La description qu'il donne de cet aménagement économique partiel semble relatif aux aménagements états limites (expression directe de la violence fondamentale ; absence de secondarisation mentale et de lien du courant violent avec le courant libidinal ; difficultés identificatoires liées à un défaut d'inscription œdipienne et échec de la fonction identifiante ; carences de l'imaginaire et des capacités de fantasmatisation).

L'étude des addictions est liée historiquement à celles des états limites. Elle induit de ce fait des positions très tranchées entre les différentes positions présentées ci-dessus.

Pour Catteeuw (2000), la référence au modèle psychopathologique rompt avec ces positions. Elle pense qu'il est nécessaire de situer cette problématique par rapport au fonctionnement et à l'organisation de la personnalité.

Pour Bergeret (1972), le concept de structure fait référence à la métaphore du cristal proposé par Freud. La structure psychique est stable et s'inscrit dans une des deux lignées structurelles, soit névrotique, soit psychotique. Le terme d'organisation apparaît lorsqu'il parle des états limites. Bergeret emploie le terme d'organisation pour l'opposer aux structures authentiques, fixes et irréversibles qui n'évoluent pas. Pour Bergeret, les états limites sont des états plus ou moins aménagés et pouvant évoluer de façon variable.

Pour Kernberg (1979), l'analyse de l'organisation passe par l'analyse des niveaux descriptifs (analyse de la sémiologie), structural (analyse du Moi) et génétiques (dynamique pulsionnelle et analyse des fixations et des régressions).

Pour Chabrol (1992), les toxicomanes ayant un fonctionnement limite ou narcissique ont connu un développement fragilisé par des perturbations des relations précoces aboutissant au renforcement de certains mécanismes de défense comme le clivage, le déni et l'identification projective.

Sztulman (2001, 2010) explore les relations entre personnalités limites et conduites addictives, regroupant sous le terme de personnalités limites les états limites *stricto sensu*, mais aussi les personnalités dépendantes, évitantes, narcissiques, histrioniques et anti-sociales, en référence à la clinique et à la psychopathologie (nature de l'angoisse, niveau de régression, qualité de la relation d'objet, choix des mécanismes de défense). Il fait remarquer que tous les addictés sévères (en termes de comportement) entrent dans la catégorie des personnalités limites (en termes de fonctionnement mental). Ses travaux l'ont conduit à développer un nouveau concept, celui des « *personnalités limites addictives* ».

Chabert (1999) aborde l'analyse des fonctionnements limites — qui constituent un mode d'organisation psychopathologique extrêmement déterminé — en signalant que les organisations limites relèvent d'une problématique psychopathologique associant et juxtaposant des conduites névrotiques et des conduites psychotiques avec une répartition variée de ces modalités et de processus de pensée originaux. Catteeuw (2000) ira plus loin en proposant une conceptualisation originale autour de la phobie du penser dans les addictions. La différentiation entre modes de fonctionnement et organisation est pertinente, puisqu'une même organisation peut révéler des modes variables de fonctionnement et donc des potentialités variables. Catteeuw soutient que l'étude des addictions en psychopathologie passe par la double référence aux modes de fonctionnement (addictif et autres) et à l'organisation de la personnalité. Entre structure, fonctionnement et organisation, émarge l'opposition classique entre approche psychogénétique (le temps historique) et structurale (l'a-temporalité).

4. L'APPROCHE PSYCHODYNAMIQUE

L'intérêt de l'étude psychodynamique des addictions implique une analyse des comportements, des modes de fonctionnement et des organisations de la personnalité. Il existe divers modèles psychopathologiques des addictions (modèles psychologiques : cognitivo-comportementaux, modèle biopsychosocial de Peele, modèle de gestion hédonique de Brown et Loonis). Il existe également des modèles psychodynamiques psychanalytiques (modèle des défaillances des phénomènes transitionnels de McDougall, modèle des pratiques de l'incorporation de Gutton, modèle de l'ordalie de Charles-Nicolas et Valleur, modèles des assises narcissiques et des objets de Jeammet, modèle de la phobie de penser de Catteeuw...). Les modèles psychodynamiques psychanalytiques ne se réfèrent plus à l'organisation du sujet, mais à une analyse psychodynamique visant à mettre en évidence des processus en jeu dans les addictions. Pour tous ces modèles, qui ont déjà fait l'objet d'exposés synthétiques et qui sont actuellement connus, se référer pour une revue détaillée aux publications de Pedinielli et al. (1997 a et b), de Fernandez (1997), de Fernandez, Sztulman (1998), de Loonis (2014 a), de Bernoussi (1999) et aux travaux Catteeuw (2000), de Carreau-Rizzetto (2000) et de Vavassori (2002).

Nous nous centrerons ici sur quelques éléments des constructions psychopathologiques se référant à l'approche psychodynamique discutés par la plupart des auteurs : l'économie des addictions, les relations objectales, les difficultés identificatoires, la question des auto-érotismes (points de convergences), les propriétés pharmacogéniques du toxique, le statut socio-culturel et mythique de l'objet d'addiction, la question des traits, des défenses et des aménagements (points de divergences, cf. Venisse et al., 1989).

1) L'économie des addictions

Pour Freud (1895, 1900), la problématique addictive a une actualité économique qui est à rechercher du côté de la dépendance humaine[64]. La dépendance du nouveau-né peut se concevoir comme une *« addiction naturelle ».* L'état de dépendance absolue induit un état de détresse absolue par l'impuissance à maîtriser la tension du besoin. La satisfaction du besoin (nécessitant l'aide d'un tiers) sera reliée à l'image de l'objet qui a apporté la satisfaction, ainsi qu'à l'image motrice du mouvement réflexe qui a permis la décharge. Dès la réapparition de l'état de tension, la charge se transmet à ces deux souvenirs et provoque une hallucination. Cette hallucination ne suffisant pas à satisfaire le besoin, il est nécessaire qu'une résistance (ébauche de l'activité de penser, traitement de la décharge) qui instaure le principe de réalité et l'activité de représentation) s'oppose à l'excitation afin que le déplaisir ne survienne pas.

Dans « *L'interprétation des rêves* », Freud (1900), décrivant l'expérience de satisfaction, dégage à partir du besoin, une impulsion psychique appelée *« désir »*, capable d'investir à nouveau l'image mnésique, de provoquer à nouveau la perception et de reconstituer la situation de la première satisfaction. Cette identité de perception, représentation du but du désir, exige (semble-t-il pour Freud) un investissement total, qui englobe et dépasse le seul investissement de l'objet du besoin. Dans « *La Négation* », Freud (1925) écrivait que la pensée est capable de représenter, par reproduction, une ancienne perception de l'objet, sans que celui-ci soit encore présent. L'épreuve de réalité ne consiste pas à trouver un objet correspondant au « représenté », mais à retrouver un objet perdu qui, autrefois, avait apporté une satisfaction réelle et de se convaincre qu'il est encore présent et essentiel à la satisfaction du besoin (potentialité addictive de l'objet). Lorsque cette activité psychique est perturbée, le sujet addicté a tendance à reprendre le même trajet en rabattant l'objet du désir vers l'objet du besoin. Le surinvestissement de la satisfaction en acte aboutirait à des automatismes comportementaux qui court-circuiteraient l'activité de penser. Nous pouvons supposer qu'à ce niveau, la mère, objet primaire, est défaillante. Les carences ou les excès de sa fonction de *« holding »* et de soins risquent :

— de distordre « le développement affectif primaire » de l'infans (Winnicott) ;
— de créer une difficile ou impossible étape *« d'individuation/séparation »* (Malher) ;

---

[64] Nous avons ici des éléments qui devraient nous faire réfléchir au caractère fondamental des addictions et cette « addiction naturelle » c'est pour Loonis (2015), la gestion hédonique.

- de fomenter un état lacunaire à combler par une dépendance à l'objet primaire plus grande ;
- et d'organiser de véritables « néo-besoins » (Braunschweig et Fain, McDougall), préludes de la dépendance addictive.

Ces perturbations peu élaborables psychiquement ne permettent pas de constituer des représentations de l'objet qui l'internalisent ni de métaboliser toute surcharge d'excitation et de poussée pulsionnelle. L'objet d'addiction, substitut de l'objet du désir, ne permettra jamais de retrouver dans le réel, l'objet sexuel primaire, l'objet du désir qui n'a pu être constitué comme objet perdu et ne peut donc être ni représenté ni retrouvé. Faute d'internalisation, l'objet primaire, et plus tard ses substituts seront toujours à chercher à l'extérieur. Ainsi, faute d'accompagnement primaire adéquat, l'investissement de cet objet primaire distordu se fera au détriment de l'investissement secondaire narcissique. Cette approche confronte l'addiction à la perte, au manque, au vide à combler, véritable besoin existentiel immodéré, qu'il soit alimentaire, alcoolique, tabagique ou toxicomaniaque. Il y aurait aussi discontinuité du sentiment d'être et tentative d'y faire face par la quête sans fin d'une satisfaction temporaire qui relance l'insatisfaction (De Mijolla, De Mijolla-Mellor, 1996).

L'économie des addictions, fondée sur la réduction du désir au besoin, semble donc caractérisée par l'importance des pulsions agressives, les limites de l'élaboration et une forme particulière d'économie psychique de l'affect (McDougall, 1982, 2001). En effet, le sujet addicté apparaît dans l'incapacité d'élaborer psychiquement les tensions pulsionnelles (ou la violence fondamentale – Bergeret, 1984) auquel il répond par une régression comportementale (régression à partir du registre mental en direction des registres comportemental et corporel, souvent mis en avant dans les comportements d'addiction – Pedinielli, 1987). Bergeret (1981, 1991) insiste sur l'importance des pulsions agressives pour deux raisons principales : d'une part, une déception précoce continue et répétée a été enregistrée au niveau des relations primitives et fondamentales ; d'autre part, les capacités d'élaboration fantasmatique demeurent en général assez précaires chez tous les individus de statut économique plus ou moins dépressif. Il leur devient donc très vite nécessaire de passer à l'acte, selon certains modes relationnels, pour apaiser le besoin, faute de l'efficacité d'une opération imaginaire permettant d'élaborer dans des conditions énergétiques suffisantes un véritable désir.

Au niveau des besoins, on constate la prépondérance des besoins agressifs et érotiques et le résultat de cette conjonction entraîne le sujet vers des manifestations auto-agressives fréquentes et souvent compulsives, cela sans lui permettre d'atteindre pour autant une satisfaction narcissique suffisante. De telles régressions, assez constantes dans les comportements d'addiction, sont entretenues par un radical déficit psychique d'ordre économique. Celui-ci rend difficile la métabolisation habituelle de la violence originelle par les progressives étapes de l'érotisation.

La problématique du désir vers les étayages corporels et vers le registre du besoin est aussi au centre des préoccupations de recherche de Guillaumin (1981) sur l'économie des addictions. La conduite addictive est une relation hautement sensualisée par le recours à un procédé banal (oral, voire anal) ou effractif de pénétration dans le corps, qui ramène à cette problématique. En fait, il est fait toujours appel à une forme ou à une autre d'oralité primaire (avec sa charge d'avidité et ses mécanismes en tout ou rien, plus ou moins incontrôlables), qui, pour ainsi dire, fait disparaître en l'absorbant, la représentation d'objet dans l'excitation même et dans la tension vers la décharge. Excitation et décharge sont gérées sur le mode d'une circularité auto-érotique primitive, qui emprisonne l'objet dans cette alternance excitation/décharge, où il perd toute différenciation précise (premier échec des relations d'objet). L'objet n'est pas perdu : — il suffit de le rechercher près des pourvoyeurs ; — il existe sous forme d'objet partiel (la prise, la pipe, la seringue). Guillaumin considère que la place de l'expérience addictive à l'adolescence est originale, dans la mesure où elle marque une désymbolisation massive de la pensée, qui apparaît en général après une poussée pulsionnelle de révolte contre la dépendance aux objets internes de l'enfance, projetés sur les parents et contre la promotion du désir génital hétérosexuel. Derrière l'addiction, un échec des relations d'objet s'observe, si la pratique addictive s'invétère. Le comportement addictif a alors une complexe signification de protestation, de dépression, de répulsion, de détachement, avec défi et dénégation (déni) en direction des objets proposés en remplacement des objets parentaux, pour rompre les dépendances de l'enfance. La répétition de la conduite addictive prend ainsi le sens d'un blocage par anticipation, dirigé contre l'angoisse d'une rencontre fantasmatique avec un objet traumatique unique, tout à fait grandiose et effrayant.

McDougall (1982), quant à elle, parle d'un *« acte-symptôme »*, qui fait partie de *« l'artillerie défensive de tout individu »,* mais qui est prépondérant dans le comportement addictif. L'acte-symptôme serait un concept économique consistant essentiellement en une traduction en acte immédiate, d'impulsions, de fantasmes et de désirs, afin d'éviter les idées et les émotions conflictuelles ou pénibles qui, sous leur pression, risquent d'émerger. L'acte-symptôme établit un rapport entre la décharge dans l'agir et la fonction de représentation (Pedinielli, 1987). Il s'agit donc d'un court-circuitage du psychique, d'un défaut de défense mentale, mais aussi d'une *« technique de survie »,* qui maintient *« l'homéostasie psychique chaque fois que l'équilibre économique est menacé, soit sur le versant objectal, soit sur le versant narcissique »* (McDougall, 1982).

On voit comment Guillaumin et McDougall apportent un éclairage psychopathologique, d'ordre économique, dans l'explication des addictions, notamment pour ce qui concerne le recours à l'agir addictif au détriment de l'élaboration psychique.

2) Les relations objectales

Les relations objectales sont, dans les addictions, caractérisées par une quasi-inexistence des relations objectales génitales et par un rapport étroit du sujet avec un objet partiel. La conception de McDougall (1982) sur les *« objets-choses »* souligne que l'objet d'addiction peut être considéré comme un « tenant lieu » d'objet transitionnel, dont il signe l'inexistence, comme objet en voie d'introjection. *« Tout acte-symptôme tient lieu d'un rêve jamais rêvé, d'un drame en puissance, où les personnages jouent le rôle d'objets partiels ou même sont déguisés en objets-choses, dans une tentative de faire tenir aux objets substitutifs externes la fonction d'un objet symbolique qui manque ou qui est abîmé dans le monde psychique interne »* (McDougall, 1982).

Comme le souligne Pedinielli et al. (1997 a et b), l'addiction doit être comprise *« dans ses relations avec l'échec de constitution (ou de conservation) d'un objet interne, avec le recours à des objets externes partiels, mais aussi à une forme particulière de théâtre du réel se substituant à l'imaginaire défaillant »*. *« L'addiction, c'est-à-dire la transformation d'un comportement de consommation d'un produit plaisant, qu'il soit stimulant ou calmant, en une dépendance et un mode de résolution des difficultés internes et externes, est à mettre en relation avec ce qui conditionne cette défaillance de la constitution de l'objet »* (McDougall, 1982). Les auteurs évoquent généralement une insuffisance des objets internes, l'objet externe, celui de l'addiction, constituant le substitut de ce qui n'a pu être élaboré. Pour Gutton (1984), la carence des objets internes est à mettre en rapport avec un vide intérieur (absence de représentations, de fantasmes) et avec l'absence d'un objet externe. La consommation répétée de l'objet permettrait, d'une part, de combler ce vide en apportant une solution psychique et comportementale aux défaillances des objets externes et, d'autre part, la reprise d'une activité représentative et fantasmatique.

Jeammet (1991a, 1994, 1995a et b, 2002) insiste lui aussi sur les relations entre : les troubles de la séparation (la relation d'objet) et la recherche paradoxale d'une dépendance à un objet externe ; l'impossibilité d'une relation à l'objet libidinal et la tentative de maîtrise d'un objet (produit, élément) externe.

Ces auteurs révèlent, par leur analyse psychopathologique du phénomène addictif, un mode particulier d'équilibre entre investissements narcissiques et objectaux (premiers investissements maternels, premières relations avec la mère : adéquation entre les besoins de l'enfant et les réponses apportées).

3) Les difficultés identificatoires

Les difficultés identificatoires sont déterminantes. La plupart des auteurs se réfèrent à l'opposition entre incorporation et introjection, telle que la conçoivent Abraham et Torok (1978). Pour ces auteurs, l'incorporation, qui correspond d'abord à un fantasme, ne se confond pas avec l'introjection qui conduit au surgissement des fantasmes d'incorporation. La perte d'un objet agit comme un interdit et rend impossible l'introjection. L'addiction représente alors un échec du mécanisme d'introjection, mais elle peut aussi représenter :

– **une tentative paradoxale d'identification**. Les hypothèses de Gutton (1984) sur l'introjection considèrent que l'incorporation survient lorsque le travail d'introjection se heurte à un obstacle. L'incorporation apparaît alors comme un échec de l'identification, mais comporte une dimension identificatoire visible dans les comportements répétitifs : *« une pratique de l'incorporation jouant une identification dont elle marque l'échec de la dimension identifiante »* (Gutton, 1984). Les pratiques d'incorporation sont donc à mettre au compte d'un fonctionnement psychique particulier caractérisé par des difficultés identificatoires et des relations d'objet entraînant une dépendance aux objets externes. Dans cette perspective, les addictions témoigneraient de cette faille de l'identification en réalisant un équilibre économique transitoire ou définitif. Comme Gutton, (1994, 1995 a et b, 2002) considère que la question de la sauvegarde identitaire par le recours à un objet externe est au centre de la problématique des addictions.

— **une tentative paradoxale de « renaissance » ou « d'unification du moi »**. Pour Charles-Nicolas (1981 a et b, 1985), la problématique identitaire est aussi au centre des addictions. Par la conduite ordalique, le sujet essaie de maintenir son identité en recourant à l'objet de l'addiction : l'ordalie, conduite permettant la rupture de l'addiction et assurant l'identité du sujet. Dans une autre perspective, Bergeret (1984) indique que les addictés connaissent des difficultés identificatoires. Les principales causes de ses difficultés identificatoires mises en évidence par des enquêtes épidémiologiques sont le défaut des modèles parentaux (absence d'un ou des deux parents, parents falots, peu présents, peu représentatifs). En conséquence, on retrouve des enfants incapables d'intégrer et de s'approprier les qualités des parents, de s'affronter à ceux-ci et donc de se construire une identité. Du même coup, ces carences identificatoires limitent le sujet à une passivité devant les pressions extérieures (groupe social, leaders). Les idéaux personnels ne sont pas marqués par l'originalité et le réalisme identificatoire. Ils sont vagues, flous, démesurés, irréalistes. Ils conduisent le sujet à la déception et/ou à la dépression. De plus, Bergeret (1981) constate une absence de constitutions des instances morales intériorisées. Il décrit, en effet, des difficultés d'identification s'accompagnant souvent de difficultés d'intériorisation de la loi du père dans les comportements addictifs. « Ne pouvant se permettre le luxe de se situer sur le registre génital, la transgression dont il est question dans le comportement d'addiction, se limite à un jeu entre la vie et la mort. Il s'agit d'une transgression de l'Idéal du Moi maternel plus que de la loi du Père » (Bergeret, 1981). Il s'agit à la fois de la transgression des normes sociales et d'un assujettissement profond à de telles normes. Le sujet addicté se présente comme une image en miroir insupportable pour le père de famille « honnête », « fidèle » et « travailleur », auquel il reproche de ne pas lui avoir montré le chemin à suivre plus gratifiant mentalement et davantage intériorisable. Les instances morales demeurées extérieures, formelles, sadiques, inopérantes, conduisent à la révolte et ne permettent pas au sujet addicté de se tracer son chemin.

Ces auteurs mettent en cause la question de l'identité et ses corollaires que sont les constitutions de l'objet et du narcissisme : défaillance dans la constitution de l'objet transitionnel (McDougall, 1982), auto-engendrement de Gutton (1984), échec des processus d'introjection pour bon nombre d'auteurs, astructuration de Bergeret (1984).

4) La question des auto-érotismes

La plupart des constructions théoriques psychanalytiques concernant les mécanismes de l'addiction, se réfèrent à des avatars du développement du sujet (évoquant l'étiologie infantile ou le développement libidinal). Freud montre qu'un rapprochement peut être fait avec les défaillances des auto-érotismes primaires et de l'organisation narcissique. Ces auto-érotismes primaires, à l'orée de la sexualité infantile, prennent une partie du corps, devenue zone érogène et objet de la pulsion ; ils impliquent un état objectal et nécessitent la séparation du sexuel et du non-sexuel. La suggestion qu'une oralité constitutionnelle peut jouer un rôle dans l'addiction prend place dans les « *Trois essais sur la théorie de la sexualité* » (Freud, 1905a), avec l'évocation du suçotement du pouce comme auto-érotisme et d'une « sensibilité érogène de la zone labiale » prédisposant à être fumeur par exemple. Ainsi, par cette évocation, Freud montre le recours contraint à la sensation pour apaiser la tension. Le suçotement semble déjà secondaire à une période où l'enfant perd son objet, le sein, et crée les prémisses d'une sexualité psychique en l'absence de l'objet partiel. Cette étape, pour Freud, correspond au stade anarchique précédant la convergence des pulsions partielles sur un objet commun. Si les auto-érotismes sont primaires, alors une nouvelle action psychique doit venir s'ajouter à l'auto-érotisme pour donner forme au narcissisme (Freud, 1914).

Aux origines de l'économie perturbée, les auteurs proposent plusieurs processus : la mauvaise différenciation du Moi et du Ça par le déficit du contenant maternel et l'absence de transitionnalité (Winnicott), l'auto-engendrement pervers et les angoisses d'anéantissement dans le lien à l'objet fétiche (Khan) ou l'effroi résultant de l'identification à la mauvaise partie du Self (Meltzer). D'autres auteurs renoncent au point de vue économique classique et à la métapsychologie des pulsions (G. Klein), pour ne retenir que le point de vue fonctionnaliste concernant le self (Stolorow) et voient dans l'addiction une tentative de maintien des structures de la subjectivité menacée de fragmentation et dont l'origine étiologique est un « arrêt du développement » plutôt qu'un conflit intrapsychique précoce.

Pour d'autres enfin (Jeammet, Gutton, Pedinielli, Venisse, Pirlot...) si aucune des structures de personnalité ne constitue des conditions nécessaires pour les addictions, l'aire narcissique offre un ensemble de conditions suffisantes pour rendre compte du fonctionnement psychique des dépendances et de leur prévalence. Dans cette perspective, ces distorsions se traduisent par des carences dans le réservoir narcissique du Moi naissant et aboutiront à des défaillances de créations fantasmatiques et d'activités auto-érotiques investies narcissiquement, ce qui empêchera l'installation des auto-érotismes primaires. L'hypothèse est celle de carences des auto-érotismes primaires dans les potentialités addictives. La diminution du rôle régulateur auto-calmant (décharge des tensions sexuelles et affectives) et structurant (en après-coup) de ces auto-érotismes fragiliserait l'organisation narcissique et libidinale du Moi naissant. L'objet maternel deviendrait objet de survie et non-objet libidinalisé (avec primauté de l'autoconservation sur le sexuel). Cependant, les auto-érotismes du sujet addicté face à une absence de synthèse des pulsions partielles, mais aussi à une absence d'unité du Moi, permettraient de servir de contenant, de délimiter une frontière par le biais de la répétition des excitations sensorielles perçues par la conscience (De Mijolla, De Mijolla-Mellor, 1996). Selon cette perspective, Braunschweig et Fain (1974) ont fait l'hypothèse de la création chez l'enfant, de néo-besoins qui seraient ultérieurement à l'origine de bien des conduites addictives. Pour ces auteurs, l'addiction semble vouloir caricaturer l'évolution de la civilisation vers l'édification de néo-besoins, construits sur l'expérience de la satisfaction primaire, à laquelle est donnée une valeur de contrepoint des fantasmes originaires. Il est compté sur des besoins primaires pour qu'ils fournissent dans un deuxième temps des substituts sur lesquels rien ne pourra s'étayer.

Pour ces auteurs, les différents comportements subsumés sous le terme d'addiction renvoient à des défaillances des régulations narcissiques et doivent donc être situés dans une pathologie évoquant l'axe narcissique.

5) Les propriétés pharmacogéniques du toxique

Le premier point de divergence concerne les propriétés pharmacogéniques éventuelles du toxique qui conditionnent largement la place de l'intermédiaire biologique dans l'entretien de la conduite. Cependant, les choses sont plus complexes puisque *« certains objets d'addiction », a priori* dénués d'effets psychopharmacologiques, comme la nourriture, ou son refus (le jeûne), peuvent s'avérer en dernière analyse en posséder. Certains aliments, comme le chocolat[65] et

---

[65] On peut retenir deux hypothèses non exclusives sur le support biochimique du chocolat (Dallard et al., 2001) : 1) le chocolat contient 3 molécules lipidiques importantes : la N-oléoyéthanolamine et la N-linoléoyéthanolamine qui inhibent l'hydrolyse de l'anandamide et la main — tiennent à des taux plus élevés, et l'anandamide elle-même (ou N-arachidonyléthanolamine) qui est un lipide naturel du cerveau, ayant une haute affinité pour les récepteurs cannabinoïdes et susceptible d'induire une sensation de bien-être mimant l'état d'euphorie procuré par le cannabis (Di Tomaso et al., 1996). 2) on note également dans le chocolat la présence de 3 méthylxanthines : la théobromine, la caféine et la théophylline qui sont des stimulants du système nerveux central ; à fortes doses, elles entraînent agitation, insomnie et tremblements puis des convulsions. Les quantités de xanthines contenues dans le chocolat sont minimes (théobromine 1,89 %, caféine 0,24 %,

les aliments sucrés plus globalement, interféreraient de façon significative avec plusieurs systèmes de neuromédiation — sérotoninergiques et endorphiniques — (Venisse et al., 1989). Cependant, les addictions ne se réduisent pas à des ingestions, mais il y a aussi tout ce qui concerne les sources d'activation ou de relaxation.

Si on se résume, on trouve : les substances directement psychoactives ; les substances indirectement psychoactives (aliments, boissons) dont l'effet hédonique ne tient pas tant à une propriété de la substance (par exemple, sucres, sel), qu'à l'expérience d'ingestion, c'est-à-dire tout le tableau sensoriel et cénesthésique, proprioceptif, qui génère une mobilisation des systèmes de récompense cérébraux ; les stimulations diverses et variées qui peuvent aussi mobiliser les systèmes de récompense : stimulations psychiques endogènes (fantasmes, rêveries), exogènes (télévision, jeu vidéo, lecture, spectacles), stimulations somatiques (sexualité, sphère de l'alimentaire), stimulations comportementales (les impulsions, le sport, les activités extrêmes et à risque), sociales (amour, fusion, secte) et les stimulations contextuelles (fêtes, orgies, transgressions mineures et majeures) (Loonis, 2002, 2015).

Pour aller plus loin, il faudrait se référer aux travaux de la neurobiologie[66] qui présentent un élément commun à toute addiction, l'activation de trois systèmes cérébraux fondamentaux et reliés : 1) le système d'activation du tronc cérébral, de la substance réticulée et du *Locus Coerulus* (Zuckerman, 1994 a) ; 2) les systèmes de motivation impliquant les systèmes dopaminergiques mésocorticaux et mésotélencéphaliques ; 3) les systèmes de récompense impliquant les systèmes mésolimbiques et les noyaux sous-corticaux ainsi que les systèmes spécifiques à chaque substance (Robinson, Berridge, 1993 ; Koob, Le Moal, 1997 ; Tassin, 1998). Les addictions produisent des changements cérébraux à long terme et situés à tous les niveaux des systèmes (moléculaire, cellulaire, membranaire, structural, fonctionnel) et les effets communs pour toutes les addictions suggèrent des mécanismes communs.

---

théophylline 0,001 %) et ne pourraient pas entraîner d'intoxication chez l'homme (Hurst et al., 1982 ; Tarka, 1982), ce qui n'interdit pas que leurs propriétés stimulantes puissent être en cause dans la chocolatomanie. Mais surtout, le chocolat, par sa proportion en lipides et glucides, possède des propriétés organoleptiques très importantes qui contribuent à l'apparition du sentiment de détente lors de sa consommation ; le désir de chocolat est aussi stimulé par la variété des présentations commerciales obtenues grâce à sa malléabilité.

[66] Que nous ne développerons pas ici.

6) Le statut socioculturel et mythique de l'objet d'addiction

Le second point de divergence est sans doute représenté par le statut socioculturel et mythique de l'objet d'addiction. Même si l'évolution des mœurs et des coutumes relativise ce qui est dit dans ce domaine, on connaît bien les différences décrites en termes de niveau d'investissement social et de transgression à propos des conduites addictives (alcool, tabagisme, toxicomanie…) dans nos sociétés occidentales.

Ehrenberg (1991, 1995 a et b, 1998), par exemple, replace la question de la drogue (ou addiction toxicomaniaque) dans le cadre de l'analyse de la société post-moderne. Il considère que les drogues sont un *« raccourci chimique »* destiné à fabriquer de l'individualité, un moyen artificiel de multiplication de soi, dans un contexte social où règne l'idée que c'est au nom de soi qu'il faut entreprendre. Dans nos sociétés, la diffusion et la consommation des drogues suscitent la hantise d'une vie privée illimitée, sans espace public. Le recours à la drogue serait ainsi un moyen déshinibiteur de l'action dans une quête du mieux-être et de la performance individuelle. L'addiction deviendrait une dépendance à ce paradoxe de l'individualisme.

Pour Karsenty (2002), on assiste à un moment particulier, celui d'une inflation des pratiques addictives, qu'il faudra décrire en fonction de l'état du monde et de sa béance, des courants culturels qui portent et légitiment la demande d'addiction. Il faudra aussi décrire comment le contrôle social échoue à endiguer ce flux et finalement le récupère en l'intégrant.

> Dans la même perspective, on peut aussi penser que les conduites boulimiques (propres aux sociétés d'abondance), jusqu'à présent secrètes, honteuses et innommables sont en train de sortir de l'ombre et de l'anomie, de par leur médiatisation. Ce qui modifiera certainement leur place dans l'économie psychique des sujets en proie à la tendance addictive. Pedinielli et al. (1997 a et b) s'interrogent sur la question de la boulimie et de ses rapports avec la culture et notamment sur l'existence d'une « contagion sociale » de symptômes largement décrits par les médias et par quels mécanismes. D'autres auteurs, plus proches de la question de la féminité, mettent en rapport la boulimie avec les contraintes dont sont l'objet les femmes dans nos sociétés.

Slama (1995), quant à elle, replace aussi le tabagisme dans le cadre d'une analyse psychosociale. Le tabagisme est un phénomène social et psychologique aussi bien que pharmacologique. On fume d'abord parce que d'autres dans la société fument. C'est un choix social. On continue à fumer parce que les liens psychologiques (le conditionnement) et les liens pharmacologiques (la dépendance) se créent. On arrête de fumer parce que le conditionnement et la dépendance ne sont pas plus forts que les pressions psychologiques et sociales. Pour Karsenty (1995), la question du tabagisme ne devient intéressante d'un point de vue social qu'à partir du moment où elle se présente comme irrationnelle, c'est-à-dire à partir du moment où des masses de population importantes sont prévenues du danger de la conduite tabagique et à partir du moment où cette conduite continue... Ce glissement via le tabagisme ou l'addiction tabagique, il l'explique par des changements touchant l'environnement, les institutions, la médecine et la justice et par des comportements de dissonance.

7) La question des traits, des défenses et des aménagements

Le troisième point de divergence met en avant le fait que « *ces pathologies associent dans des proportions très variables des traits, des défenses et des aménagements appartenant aux différents registres nosographiques et psychopathologiques* » (Venisse et al., 1989). Le recours à l'agir s'associe à une activité représentative et des défenses mentalisées. D'une part, il existe des formes où prédomine la dimension impulsive, sur le versant psychopathique, dans lesquelles les agirs comportementaux, souvent polymorphes, ne semblent pas reliés à des affects représentés. D'autre part, nous trouvons des formes où prédomine une conflictualité intra-psychique plus compulsive, sur le versant névrotique, dans lesquelles les mises en actes spécifiques et différées sont liées à des affects anxieux et dépressifs donnant lieu à des représentations mentales. « *Ainsi ces conduites addictives se trouvent-elles à la croisée de multiples expressions psychopathologiques ; mises en acte court-circuitant plus ou moins, suivant les cas, le travail d'élaboration psychique, de mentalisation des conflits, s'appuyant également plus ou moins suivant les cas sur les possibilités contenantes d'un environnement extérieur (...), ou au contraire enfouies dans le soma, au plus près du symptôme psychosomatique* » (Venisse et al., 1989).

Malgré l'avancée que constituent les modèles des addictions, ils peuvent être fragilisés du fait d'une confusion entre le niveau phénoménologique (les comportements addictifs) et le niveau psychopathologique (les processus addictifs). Le recours à la phénoménologie de l'addiction, au lieu de soutenir le concept d'addiction (mise en évidence des processus communs et spécifiques), entraîne un éparpillement peu propice à soutenir la pertinence épistémologique de ce concept. Le dénominateur commun semble être la question du narcissisme et de la souffrance psychique qui lui est liée : l'enjeu de toute addiction est la survie psychique du moi, il s'agit donc bien du narcissisme, en deçà d'une relation d'objet, d'un érotisme d'objet, il s'agit de la question d'un rapport direct du sujet avec son monde de stimulations, dans l'enjeu hédonique, et la réflexion sur les désafférentations (privation sensorielle) serait ici intéressante à considérer. De plus, ces modèles qui se sont constitués en rapport avec la pratique psychanalytique doivent être mis à l'épreuve. La faible représentativité des travaux empiriques psychodynamiques sur ces dix dernières années (Timsit, Leduc, 1981 ; Carglar, 1981 ; Geschwend, Sieber, 1981 ; Morales, 1986 — pour une revue détaillée des études empiriques et de leurs limites, cf. Catteeuw, 2000 ; Vavassori, 2002), signale que la validité du concept d'addiction au regard des travaux psychanalytiques reste à mettre à l'épreuve.

Les principales limites des modèles psychanalytiques ont trait aux critères de vérifiabilité des données et des hypothèses. Ils ne permettent pas de tester la validité prédictive des hypothèses qu'ils émettent et ils se situent donc hors du domaine d'une recherche vérifiable (Reuchlin, 1992a). Ces limites, relatives à l'examen de la validité des connaissances qui nécessite un appareil de vérification, nous confrontent à ce que Widlöcher (1995) appelle « *la querelle du quantitatif* » (Fernandez, 1997). Ce qui implique des recherches empiriques avec des méthodologies adéquates à l'évaluation psychodynamique de tels comportements (Catteeuw, 2000 ; Fernandez, Catteeuw, 2001 ; Vavassori, 2002).

L'autre limite de ces modèles est le risque de ne pouvoir tenir une position épistémologique originale, en rupture avec les références classiques des organisations de la personnalité, faute de ne pas avoir clairement spécifié les liens entre les modalités de fonctionnement et les organisations de la personnalité. La plupart des modèles font référence à des avatars du développement du sujet et proposent des hypothèses rappelant des modalités de fonctionnement des états limites (production de modèles fondée sur la reconnaissance de l'aspect transnosographique de ces comportements avec prévalence des états limites chez les addictés). Qu'en est-il alors de la différence entre un état limite addicté et un état-limite non addicté ? Et comment intégrer l'addicté non état-limite ?

Ces modèles conduisent également à une focalisation sur les processus et font perdre de vue les liens entre les niveaux d'analyse des modalités addictives de fonctionnement qui doivent être resitués au sein de la personnalité du sujet addicté et les autres niveaux (variabilité de la dépendance, des descripteurs des comportements addictifs, de la symptomatologie). Différencier ces niveaux et étudier leurs articulations permet également d'aborder la question du devenir des toxicomanes en fonction de la psychopathologie.

> Par exemple, les toxicomanies dites réactionnelles ou en lien avec les troubles névrotiques ont un meilleur pronostic. Les facteurs comme le décès d'un des parents, l'absence de réalisation personnelle, le faible soutien familial, l'alcoolisme associé… ont également leur importance sans oublier le rôle indéniable des facteurs traumatiques, génétiques, développementaux, biologiques, sociologiques et psychopathologiques dans l'évolution du processus addictif.

Mais actuellement, c'est la notion de vulnérabilité (Roques, 1999 ; Loonis, 1999 a ; Reynaud et al., 2000 ; Reynaud, 2002, Fernandez, 2019) qui semble pertinente pour rendre compte des facteurs psychopathologiques, sociaux, familiaux, environnementaux. Les potentialités évolutives variables ne peuvent être attribuées à la spécificité des addictions et aux processus communs qui s'opposent au changement (répétition, dépendance), mais aux potentialités de l'organisation de la personnalité qui permettent aux sujets d'inscrire les comportements addictifs dans leur histoire personnelle. Le comportement produit des effets comportementaux, somatiques et psychiques (effets de sens) et, malgré l'importance des approches neurobiologiques dans le champ des addictions, l'expérience addictive ne peut être réduite à des données neurobiologiques puisqu'elle implique des éléments affectifs et contextuels (Catteeuw, 2000).

L'étude des comportements addictifs peut se faire à différents niveaux (génétique, biologique, psychologique et social). Si la psychopathologie n'explique pas à elle seule l'installation d'une addiction, l'étude des consommations, des facteurs de vulnérabilité, de chronicisation ou de changement, semble attester de l'importance du fonctionnement psychique des addictés.

5. L'APPROCHE COMPORTEMENTALE

Les connaissances produites par la psychologie behavioriste ont produit les théories du conditionnement qui donnent un éclairage original sur les mécanismes de l'addiction, leur étiologie et leur mode de prise en charge. Les travaux de Gordon en sont un exemple et avec sa définition comportementale de l'addiction : une réponse du comportement conditionné qui s'amplifie proportionnellement à la qualité et la quantité des renforcements à l'occasion de l'ingestion du produit. Mc Auliffe et Gordon (1980) soulignent le rôle de trois renforcements principaux : *l'euphorie, la dimension sociale et l'évitement du syndrome de sevrage*. L'articulation est faite dans cette conception « *achevée* » du behaviorisme appliqué aux addictions entre dépendance physique et addiction « *psychologique* », ainsi que semble plausiblement aborder l'explication de la survenue des comportements addictifs (ceux qui impliquaient une substance dans les conceptions d'après-guerre) ou les problèmes de difficulté de contrôle et d'arrêt des comportements.

Des modèles complémentaires partiels complètent une approche qui éclaire des phénomènes comme la chronicisation, la tolérance, et le craving : l'hypothèse de « *la réduction de tension* » (par exemple : boire pour se relaxer) est soutenue encore depuis Masserman et al. (1945). Toutefois, ce modèle fera l'objet de controverses permanentes (voir les critiques radicales de Cappell et al., 1987). Le modèle de « *la discrimination alcoolique sanguine* » a paru un temps un modèle intéressant. On a pensé que les alcooliques pouvaient estimer correctement certains paramètres de leur taux d'alcool dans le sang et ont pensé qu'il y avait là une porte ouverte pour des interventions thérapeutiques fondées sur le comportement « *d'autocontrôle* ». La question de la tolérance élevée chez les addictés a été abordée au travers du modèle comportemental et la formulation de Mc Kim (1986) reste d'actualité pour définir la tolérance.

Le rôle joué par l'apprentissage dans la tolérance (Brick, 1990) enrichissant le modèle strictement pavlovien de la tolérance garde encore aujourd'hui quelque valeur pour l'éclairage de certaines causalités, particulièrement concernant l'hypothèse de réduction de tension chez les alcooliques.

Au milieu des années 70, la croyance au contrôle behavioriste du comportement s'est refroidie après la controverse des Sobell reprise par les médias. Un couple de psychologues montrait alors, en appui sur des études, que contrôler son comportement (boire moins) était supérieur en efficience à l'abstinence. Mais quelques sujets alcooliques des études des Sobell en sont morts. Des scientifiques les accusèrent d'être de dangereux fraudeurs ; Peele (1985) a montré qu'il s'agissait surtout de résultats ignorant le traitement statistique de certaines dimensions. Quoi qu'il en soit, à l'issue de cette controverse, le modèle médical reprit sa prévalence dans le paysage paradigmatique.

Toutefois, ce paradigme a eu ses vertus et a permis la mise en place de stratégies thérapeutiques où ce qui était opérant et efficace pouvait être expliqué de manière plausible à un public qui veut « savoir comment cela marche ». Mais, les critiques portèrent sur : 1/la négligence des problèmes sous-jacents dont l'addiction est souvent le symptôme, 2/l'effet court terme obtenu, cela ne prévenait pas la rechute (et la vulnérabilité est un complexe problème « bio-psycho-social », éloigné des conceptions simplistes du behaviorisme), 3/le risque de déplacement du symptôme (le jeu, le travail compulsif) voire à une « incitation » de polytoxicomanie (cesser l'héroïne, mais boire et fumer en grand excès).

6. L'APPROCHE SYSTÉMIQUE

Il s'agit là d'un ensemble de paradigmes partiels (qui rendent compte de tel ou tel aspect des phénomènes addictifs), utiles pour la prise en charge psychothérapique et le conseil des sujets addictés. À un moindre degré, des aspects étiologiques intéressants sont abordés par ces paradigmes.

Ces paradigmes insistent sur la causalité réciproque dans l'interaction sociale des sujets addictés, passée et actuelle. Le postulat est que l'addiction est fonctionnelle dans un certain sens, celui où elle manifeste des conflits interpersonnels plus profonds ; l'addiction permettrait au sujet de minimiser ses conflits (copings) ou de s'en distraire.

Toutefois, mais ce n'est pas le seul paradigme dans cette situation, une telle conception ne draine pas beaucoup d'évidences empiriques pour l'étayer sur le strict plan scientifique. Reste que ces modèles ont ouvert la voie d'étude des phénomènes d'addiction.

Les concepts clés proviennent de mixages paradigmatiques entre des concepts issus de la théorie des systèmes au sens de Von Bertalanffy et d'autres concepts (psychodynamiques et comportementaux par exemple).

Les concepts clés de la théorie des systèmes sont : limites (qui génèrent les règles du fonctionnement familial), hiérarchie, règles, causalité, homéostasies (Pearlman, 1988). Associés à ces concepts, les paradigmes :

1/soulignent des lieux de crises spécifiques à l'addiction comme la séparation des jeunes gens avec leur famille ou les triades « pathologiques » d'interaction (par exemple, un parent est très proche du jeune toxicomane et l'autre parent le rejette) ;

2/ proposent un modèle général de fonctionnement (et de dysfonctionnement comme la théorie de Bowen). Cette théorie met l'accent central sur le travail de la différenciation du Self et de ses avatars : perturbations dans la triade parents-enfant addicté, rôle des émotions familiales et de leurs perturbations, rôle des projections... Des styles parentaux prédisposent les enfants à l'addiction : parents alcooliques, parents totalitaires, parents en demande excessive, parents peu protecteurs ;

3/ les perturbations cognitives impliquées dans la théorie de la co-dépendance : est postulé un mode de relation pathologique entre l'addicté et son entourage selon et qui génère une expérience subjective dépréciative, un besoin morbide d'être aimé, une faible estime de soi, une omnipotence envers autrui, une propension à souffrir et une faiblesse dans le contrôle des comportements. La théorie de la co-dépendance insiste sur les distorsions cognitives impliquées.

7. L'APPROCHE ANTHROPOLOGIQUE ET SOCIALE

Tous les paradigmes soulignent, à des degrés d'insistance divers soulignent le rôle du « *micro environnement* » de l'environnement social immédiat de l'addicté. Les paradigmes anthropologiques soulignent pour leur part le rôle joué par le macro environnement de l'addicté : législation, réseaux criminels de distribution, effets de l'urbanisation, le rôle des valeurs et des croyances (Connors, Tarbox, 1985). Historiquement, l'émergence de ce type de paradigme a ouvert le jeu au rôle des facteurs sociaux dans les comportements addictifs, à une époque où le modèle médical (l'addiction comme maladie) restait le seul prévalent, le behaviorisme s'étant « effondré » dans le domaine. On doit à ce paradigme de nous avoir légué une conception réellement multifactorielle du phénomène.

Par exemple, au travers d'une étude prospective sur 33 ans d'étude de l'alcoolisme, le rôle de l'ethnicité était la variance dominante et pertinente de l'alcoolisme chez les adultes (Vaillant et Milofsky, 1982). Peele (1988), pour sa part, établissait le rôle de facteurs sociaux de l'addiction et combattait les présupposés sans évidences empiriques des étiologies du modèle médical. Cette multifactorialité « réelle » fut probablement le combat des années 80 qui a installé le paysage actuel des connaissances dont nous disposons sur les addictions.

Outre le rôle des facteurs sociaux mis en évidence par les grandes enquêtes empiriques conduites des deux côtés de l'Atlantique dans les années 80, le rôle des variables ethnoculturelles introduites alors dans les grands systèmes diagnostiques, l'addiction est montrée comme réalisant aussi — au côté de l'aspect d'automédication psychologique — des fonctions sociales : faciliter la socialisation, fonction d'évasion des contraintes sociales génératrices, promouvoir la solidarité et établir les limites sociales, lutte idéologique pour répudier les valeurs « pesantes » des classes moyennes.

L'addiction aujourd'hui n'est pas qu'un phénomène *« interne »* au sujet (biologique et psychologique). D'autres facteurs causent l'entrée dans le comportement et sa cessation : 80 % à 90 % des addictés cessent par eux-mêmes sans passer par l'intervention médicale et psychologique selon S. Peele (1985, 1988). De nos jours, les bons traitements sont multidimensionnels. Par exemple, selon Lewis et al. (1988), le « bon plan traitemental » comporte neuf indications qui sont économiques, de counselling, de resocialisation et de distraction, de détection des signes positifs, des prises pharmacothérapiques, de relations conviviales, etc.

Les limites de paradigmes concernent le fait qu'ils sont partiels, les concepts sont souvent évasifs et imprécis (par exemple *« marqueur de limites », « subculture toxicomaniaque », « norme de conduite »* ; vagues, car, ils ne relèvent pas de l'observation et de la validation par la mesure. Les paradigmes socioculturels de l'addiction sont souvent le fait *« d'observateurs philosophiques de la guerre contre les drogues »* (Thombs, 1994), mais ils laissent entier la question d'inventer des services directs d'action, lesquels relèvent du bricolage inventif des praticiens et sont plus ou moins liés, de loin plus que de près, au paradigme initial. Dès lors sont-ils utiles ?

Une autre critique relève aussi la difficulté pour les acteurs de la santé de modifier réellement des facteurs qui ne sont pas à leur échelle. Théoriquement très riches, séduisant dans un monde où un paradigme scientifique est contraint à un fort réductionnisme (et pourtant une théorie scientifique est intéressante pour autant qu'elle soit simple !), ces paradigmes sont trop souvent pauvres en débouchés pratiques. Les addictions appartiennent bien à cette famille d'objets commune en psychopathologie et sont à la fois un univers humain à connaître et un problème à résoudre…

8. L'APPROCHE DE LA GESTION HÉDONIQUE

L'approche des addictions selon le modèle de la gestion hédonique se veut encore plus sur-organisatrice que le concept d'addiction lui-même. Cela au sens où, il ne s'agit plus de considérer les sortes de « cas particuliers » que seraient chaque type d'addiction, mais d'imaginer qu'il existerait une fonction naturelle et générale de gestion des états mentaux, émotionnels et motivationnels : la **gestion hédonique**.

À ce titre, le modèle de gestion hédonique, développé par Brown (1997) et Loonis (2002, 2015), se propose comme une théorie générale dans laquelle chaque modèle particulier d'addiction et l'ensemble des addictions viendraient se fédérer.

Le concept de gestion hédonique se définit ainsi :

« La gestion hédonique est tout ce que fait l'être humain, chaque jour et à chaque instant, pour réguler son humeur et plus généralement pour contrôler ses états psychologiques. » (Loonis, 2015).

Une définition aussi large est basée sur un ensemble de constats scientifiquement étayés :

— Toutes les addictions impliquent pratiquement les mêmes systèmes neuronaux, que l'on regroupe sous le terme de « système de récompense » (Koob, 1996 ; Koob, Le Moal, 1997, 2001).

— Il existe chez l'être humain, une souffrance cérébrale intrinsèque, sous-jacente à nos souffrances plus motivées et qui peut être mise en lumière dans le cadre des désafférentations (Zubek, 1969 pour une revue des travaux).

— En deçà des situations rarissimes de véritable désafférentation, les êtres humains vivent quotidiennement des microdésafférentations (attentes, désœuvrement, lassitude, vide existentiel…), entraînant ennui, anxiété, angoisse, déprime… (Loonis, 2015).

— On se doit alors de considérer un continuum, qui partirait des « addictions de la vie quotidienne » (Loonis, 1997), peu visibles, mais non moins contraignantes (télé, sexe, Internet, réseaux sociaux, smartphone, jeux vidéos, socialité…), jusqu'aux addictions plus franchement « pathologiques » de par leurs excès, les déséquilibres qu'elles entraînent dans la vie des personnes, leurs conséquences négatives sur de nombreux plans.

Le modèle de la gestion hédonique considère en premier lieu le concept de « sources hédoniques », qui peuvent être classées en sept types de stimulations, suivant le stimulus prépondérant utilisé à des fins hédoniques (procurer du plaisir et/ou assurer un soulagement de la souffrance). Par exemple : une molécule psychoactive, une fantaisie sexuelle, la lecture d'un roman, un exercice physique, une action que l'on répète, des rencontres sociales, l'immersion dans des contextes particuliers (Loonis, 2015 pour les sources de gestion hédonique).

On voit donc ainsi que la gestion hédonique est cette motivation naturelle qui utilise diverses sources de plaisir, d'excitation, de recherche de sensation (Zuckerman, 1979, 1994 b), de distraction à l'ennui ou à d'autres niveaux de souffrance mentale, afin de réguler, gérer, en permanence l'état de la personne.

Ce caractère ubiquitaire de la gestion hédonique n'est concevable que si l'on pose cette idée révolutionnaire d'une « double fonction » de l'ensemble de nos activités : *« toutes les activités humaines, en plus de leur fonction pragmatique d'adaptation au monde, possèdent une fonction hédonique d'adaptation à soi. »* (Loonis, 2014 a).

Car, évidemment, et on le voit avec les addictions dites comportementales, on a bien d'un côté des comportements tout à fait « normaux » (comme l'activité sexuelle modérée, le travail normal, l'alimentation habituelle, le jeu modéré, les distractions communes, etc.) et puis, d'un autre côté, ces mêmes activités se présentent sous la forme d'excès comportementaux de nature pathologique. C'est bien qu'aux deux extrêmes d'un continuum des activités, il existe en premier lieu une fonction d'adaptation au monde (la sexualité sert à se reproduire, le travail à gagner sa vie, l'alimentation à se sustenter, le jeu à passer le temps, etc.). Cependant, en parallèle à cette dimension pragmatique de nos motivations, il existe aussi une dimension hédonique, au sens où toutes ces activités servent, **aussi**, la régulation des états mentaux et émotionnels (la sexualité apporte du plaisir, le travail apporte des satisfactions narcissiques, tout comme le jeu et la compétition, l'alimentation est bien plus que simplement mangée pour vivre, sinon les recettes de cuisine n'existeraient pas).

Ayant établi ces bases d'une hédonologie humaine, en termes de gestion hédonique, se pose la question du modèle, de comment cela fonctionne, comment on passe d'une addiction de la vie quotidienne à une addiction pathologique ? Comment le pragmatique se retrouve supplanté par l'hédonique et ses excès ?

Pour cela, Loonis (2014 a) a développé et testé le concept d'un système d'activités/actions (« activités » renvoyant au pragmatique et « actions » à l'hédonique), au sens d'une organisation remarquable des activités/actions au quotidien. Ce système est opérationnalisé au moyen de trois variables (voir Brown, 1997) :

— la **variété** des activités/actions ;

— la **saillance** des activités/actions ;

— la **vicariance** des activités/actions.

Cela signifie que face à une addiction donnée, on se doit d'examiner l'ensemble du fonctionnement de la personne au quotidien et s'interroger sur la variété de ses activités disponibles et accessibles, qui vont favoriser ou pas la saillance, c'est-à-dire l'excès et l'hégémonie d'une activité/action sur les autres et la vicariance, c'est-à-dire cette possibilité plus ou moins souple de substituer une activité/action par une autre si la première vient à être défaillante (inaccessible, par exemple).

Le modèle de gestion hédonique permet ainsi de proposer un schéma opérationnel, basé sur les deux extrêmes d'un axe pour chacune des trois variables, définissant un « niveau d'addictivité » du système (voir tableau ci-dessous, Loonis, 2015).

Ce modèle permet d'envisager des actions possiblement curatives, dans une approche cognitivo-comportementale en jouant sur les niveaux des variables et en essayant d'aider l'individu à les ajuster. Diminuer la saillance : aider l'individu à désinvestir sa solution hédonique excessive tout en le préservant d'une souffrance psychique trop importante. Augmenter la variété : aider l'individu à multiplier ses sources et moyens de gestion hédonique. Élever et faciliter la vicariance : entraîner l'individu au jeu des substitutions entre moyens de gestion hédonique.

Actuellement, le modèle de la gestion hédonique est un modèle pionnier, qui nécessiterait le développement d'un large programme de recherches en hédonologie humaine et animale, qui permettrait d'étudier, par exemple, la hiérarchie d'activation des sources hédoniques, les variété, saillance et vicariance dans le système d'actions hédoniques, les stratégies de gestion hédonique, jusqu'à une économie comportementale et une écologie de la gestion hédonique.

| | Niveaux d'addictivité du système | |
Variables	Faible	Forte
Saillance	Faible saillance, aucune action de gestion hédonique n'est privilégiée par rapport aux autres.	Forte saillance, une action de gestion hédonique est surinvestie et envahit la vie quotidienne.
Variété	Grande variété, un large éventail d'actions de gestion hédonique est disponible dans la vie de l'individu.	Peu de variété, il y a réduction de l'éventail des actions de gestion hédonique facilement accessibles.
Vicariance	Haute vicariance, l'individu peut facilement substituer une action de gestion hédonique par une autre.	Basse vicariance, il est très difficile, voire impossible, pour l'individu de remplacer une action de gestion hédonique surinvestie défaillante par une autre.

« Depuis la nuit des temps, les hommes ont cherché à comprendre les tenants et aboutissants de leurs passions et de leurs désirs. De grandes réponses ont déjà était données à ce propos, dans des systèmes de pensée essentiellement marqués par la philosophie, la mystique ou les systèmes religieux. Aussi, il serait temps, un jour, que nous nous penchions sur ces problèmes d'une façon rationnelle et scientifique, afin qu'une hédonologie prenne le pas sur cette aveugle et dramatique course au bonheur, que poursuivent tous les égoïsmes de la Terre. » (Loonis, 2015).

9. CONCLUSION : APPORTS ET PERSPECTIVES

L'extension actuelle du domaine des addictions suscite de nombreuses interrogations tant dans la sphère privée (« Sommes-nous tous des addictés ? » Loonis, 1999 b), que sociale (apparition de centres de soins aux conduites addictives, DU d'addictologie, campagnes de prévention, publications nombreuses). Ehrenberg (2001) souligne d'ailleurs qu'à l'hystérie du siècle passé se sont aujourd'hui substituées l'addiction et la dépression.

Mais qu'est-ce que l'addiction ? Dans la vie quotidienne des sujets addictés, *« la saillance »* de ces conduites entraîne des conséquences dommageables à court et long termes. Du côté des pouvoirs publics, elles sont paradoxalement identifiées comme de véritables fléaux (problèmes de santé publique liés au tabac, à l'alcool, aux drogues, par exemple), bien qu'il existe une tolérance sociale pour certaines d'entre-elles (tabac et alcool).

Que savons-nous aujourd'hui de ces conduites ? L'addiction relève-t-elle de la pathologie ? Et, comme s'interroge Loonis (2002), ces conduites répondraient-elles à des besoins naturels et profonds des individus de réguler leur humeur et leurs états psychologiques, dans une logique de « gestion hédonique » ?

Ces questionnements ont été au centre de nos recherches et contributions et notre propos a été d'essayer de rendre compte de cette grande diversité et hétérogénéité du domaine des addictions, tant au niveau des conduites elles-mêmes (du noyau central des addictions aux nouvelles pratiques addictives), que des approches (psychologique, psychopathologique, clinique, plus que sociologique ou de santé publique).

Notre projet s'est voulu au départ résolument transdisciplinaire, pour rendre possible une confrontation de ces différents angles d'approches et théories, pour tenter de dégager une vision plus globale des problématiques et inciter à la construction de modèles intégrés dans ce domaine. C'est donc au fil des contributions d'auteurs dont les points de vue et les pratiques dans le domaine des addictions diffèrent que nous avons pu prendre connaissance des aspects théoriques, cliniques, méthodologiques en psychopathologie et nourrir une réflexion vers de nouvelles perspectives de recherche.

Faire un état des lieux sur le concept d'addiction nous paraît nécessaire, car :

- l'acception du concept d'addiction n'a cessé de s'étendre et d'évoluer depuis un siècle (étymologie, histoire) ;
- sa pertinence est discutée et continue d'être interrogée face aux multiples variations du spectre addictif et de ses définitions (de l'usage, abus, dépendance, pratiques addictives, à l'addiction) ;
- le champ de l'addiction (regroupement transnosographique autour des conduites addictives sous la classe générique « addictions ») est vaste et flou dans ses limites ;
- le statut clinique et épistémologique du concept d'addiction pose rapidement les limites :
  de l'approche descriptive qui propose de regrouper des tableaux cliniques différents en raison de certaines de leurs similitudes et qui justifient qu'elles procèdent d'un processus pathogénique commun, dont le modèle explicatif reste à élaborer ;
  de l'approche épistémologique qui part des aperçus cliniques et théoriques les plus pertinents pour forger un modèle général explicatif, appuyé sur des modèles secondaires, et qui interroge les différents tableaux cliniques pour découvrir dans quelle mesure ils procèdent d'un ou plusieurs processus intégrés dans le modèle explicatif.

- les théories de l'addiction sont venues renforcer les développements sur le concept d'addiction et sont nécessaires à la compréhension de ce concept ;
- les troubles de la personnalité sont très fréquemment rapportés dans les addictions d'où la nécessité de s'intéresser aux approches nosographiques psychiatriques (évolution de la psychiatrie vers une approche dimensionnelle plus que catégorielle), psychanalytiques et psychodynamiques des addictions (évaluation du fonctionnement psychique et relationnel des sujets addictés).

Ces sept approches dans l'état des lieux du concept d'addiction nous permettent de proposer la définition de l'addiction qui suit :

> *« L'addiction se définit comme une triple dépendance physique, psychologique et comportementale, déterminée par des facteurs bio-psycho-sociaux intriqués. »*

Cette définition est pour l'instant très générale, elle n'est pas issue d'un modèle particulier sur les addictions. Elle ne permet pas de percevoir clairement les processus à l'œuvre ou les variables de ces processus (comme la définition de Goodman). Elle met cependant en avant la nature des addictions et les registres impliqués à divers degrés dans les addictions.

Quelles que soient les définitions de l'addiction, elles suscitent des objections, car elles opposent un mode strict de recherches sur les sujets addictés et un mode large de recherches sur les dépendances ou les addictions (Valleur, Matysiak, 2002, 2003 ; Angel, Angel, 2002), faisant encore l'objet de débats et de controverses dans la littérature internationale :

- le **premier type de recherches (mode strict)** insiste sur la dimension psychique de l'addiction ;
- le **second type de recherches (mode large)** à l'opposé met l'accent sur la dimension comportementale de l'addiction.

Les auteurs d'orientation psychanalytique sont favorables au mode strict, car ils craignent que le mode large :

- ne mette en danger l'approche psychopathologique de l'addiction en s'intéressant aux seuls champs biologique (les effets pharmacologiques des drogues et la prise en compte des conséquences somatiques de leur consommation), cognitivo-comportemental (l'adaptation à la vie sociale) ou socioculturel pour faire l'économie d'une réflexion sur la dimension psychique de l'addiction. Pour ces auteurs, il peut y avoir danger à méconnaître, à minimiser, à effacer, non seulement ce qui appartient au sujet, c'est-à-dire son histoire et son fonctionnement psychique propres, mais encore le choix du type d'addiction avec ou sans drogue, celui de son

usage, des contextes socio-culturels du moment, voire enfin de diverses pratiques thérapeutiques apparentées pour traiter la plupart de ces addictions[67].
– n'échoue à appréhender à sa juste valeur la dimension de souffrance personnelle, psychique.
– n'interdise d'y reconnaître des différences structurelles et échoue à dégager de vraies spécificités psychopathologiques[68].
– ne déclare pathologiques et médicalisées des habitudes anodines/« *addictions de la vie quotidienne* » (cf. Loonis, 2015).

Les auteurs d'orientation cognitivo-comportementale sont favorables au mode large et insistent sur :
– **le dénominateur commun ou la parenté des différentes addictions** qui sont définis par la répétition compulsive d'une conduite, supposée par le sujet prévisible et maîtrisable, à l'inverse des relations inter-humaines.
– **la nécessité du regroupement des diverses addictions, y compris comportementales**. Cette position d'un rassemblement transnosographique autour des addictions à l'intérêt de décloisonner les échanges cliniques et de ne plus s'attacher à un seul produit, au profit de l'appréhension des comportements, voire du lien qui unit le sujet addicté à sa ou ses pratiques symptomatiques. Il y a deux niveaux de regroupement :
– un *regroupement « étroit »* qui relie les addictions à des substances psychotropes licites (tabac, alcool, médicaments prescrits) et illicites (autres drogues), mais sans prendre en compte les autres addictions, les addictions comportementales ;
– un *regroupement « large »* qui concerne les chercheurs qui prennent en compte toutes les addictions, avec et sans substances.
– **l'importance des co-addictions** : association de l'alcoolisme, du tabagisme, des toxicomanies, voire des troubles du comportement alimentaire, chez les joueurs pathologiques, par exemple.
– **l'importance des substitutions entre addictions** : passage régulier et fréquent d'une addiction à une autre, un sujet addicté pouvant passer de l'alcool, au jeu pathologique, puis aux achats compulsifs.
– **la parenté des propositions thérapeutiques** : groupes d'entraide basés sur « les traitements en 12 étapes » de type Alcooliques Anonymes, dont les mêmes principes sont transposés sur le traitement pour d'autres addictions (jeu pathologique, sexualité…).

---

[67] (après avoir considéré, le biologique, le cognitivo-comportemental et le socio-culturel, rien n'empêche de prendre aussi en compte le sujet, son psychisme — déjà en bonne partie traitée dans le cognitif — et son histoire).
[68] Alors qu'on peut penser que ce n'est pas son propos.

Bibliographie

AMERICAN PSYCHOLOGICAL ASSOCIATION (1994). *Diagnostic and Statistical Manual of Mental Disorders.* Washington DC: American Psychological Association.

ABRAHAM, K., TOROK, M. (1978). Deuil et mélancolie. Introjecter – Incorporer. In *L'écorce et le noyau.* Paris : Flammarion.

ANGEL, S., ANGEL, P. (2002). *Les toxicomanes et leurs familles.* Paris: Armand Colin.

ANGLIN, M.D., WEISMAN, C.P., FISHER, D.G. (1989). The MMPI profiles of narcotic addicts I. A review of literature. *The International Journal of the Addictions*, 24, 9, 867-880.

ATGER, F., CORCOS, M., LOAS, G., FRASSON, G., GUIBOURGUÉ, S., PEREZ-DIAZ, F., SPERANZA, C., DUGRÉ-LE-BIGRE, JEAMMET, Ph. (2003). Expérience dépressive et conduite de dépendance. In: M. CORCOS, M. FLAMENT, Ph. JEAMMET (2003). *Les conduites de dépendances. Dimensions psychopathologiques communes.* Paris : Masson.

AULAGNIER, P. (1981). La souffrance comme preuve. *Cahiers de l'Institut Universitaire des Sciences psychosociales et neurobiologiques,* Bobigny, 8, 67-78.

AULIFFE W. E., GORDON, R. A. (1980). Reinforcement and the combination of effects: summary of a theory of opiate addiction. *NIDA Res Monogr.,* 30, 137-141.

BAILLY, D., VENISSE, J.L. (1994). *Dépendances et conduites de dépendances.* Paris : Masson.

BARTCHS, T.W., HOFFMAN, J.J. (1985). A cluster analysis of Millon Clinical Multiaxial Inventory (MCMI) profiles: More about a taxonomy of alcoholic subtypes. *Journal of Clinical Psychology,* 41, 5, 707-713.

BLASZCZYNSKI, A., STEEL, Z. (1998). Personality disorders among pathological gamblers. *Journal of Gambling Studies,* 14,1, 51-71.

BERGERET, J. (1972). Les états-limites et leurs aménagements. In: J. BERGERET et al. *Psychologie pathologique.* Paris : Masson, 198-215.

BERGERET, J. (1981). *Le psychanalyste à l'écoute du toxicomane.* Paris : Dunod.

BERGERET, J., REID, W. (1981). *Narcissisme et états-limites.* Paris : Dunod.

BERGERET, J. (1982). *Toxicomanie et personnalité.* Paris : P.U.F.

BERGERET, J. (1984). La personnalité du toxicomane. In: J. BERGERET, *Précis des toxicomanies.* Paris : Masson, 63-75.

BERGERET, J. (1991). Les conduites addictives : approche clinique et thérapeutique. In: J. L. VENISSE, *Les nouvelles addictions.* Paris : Masson, 3-9.

BERGERET, J. (1994). *Les toxicomanes parmi les autres.* Paris : Odile Jacob.

BERNOUSSI, A. (1999). *Addiction au cannabis et personnalité limite.* Thèse de doctorat en psychologie : Université Toulouse Le Mirail.

BLATT, S.J., MC DONALD, C., et al. (1984a). Psychodynamics Theories of Opiate Addiction: New directions for Research. *Clinical Psychology Review*, 4, 159-189.

BLATT, S.J., BERMAN, W., BLOOM-FESHBACK, S., SUGARMAN, A., WILBER, C., KLEBER, H.D. (1984b). Psychological assessment of psychopathology in opiate addicts. *J. Nerv Ment. Dis.*, 172, 156-165.

BLATT, S.J., BERMAN, W., ET AL. (1984c). Psychological Assessment of Psychopathology in Opiate Addicts. *Journal of Nervous and Mental Disease*, 172, 3, 156-165.

BLUME, S.B. (1989). Dual diagnosis: Psychoactive substance dependence and the personality disorders. *Journal of Psychoactive Drugs*, 21, 2, 139-144.

BOURGEOIS, M. (1986). Aspects psychobiologiques des toxicomanes. *Psychologie médicale*, 18, 2, 223-225.

BRACONNIER, A. (1987). Troubles mentaux et toxicomanie. *Confrontations Psychiatriques*, 28, 207-219.

BRAUN, J. (1993). Resiliency of the personality as affected by sense of identity and personal relationships. In J. Braun (Ed), *Psychological aspects of modernity*, Westport, CT, U.S.: Praeger Publishers/Greenwood, Publishing Group, Inc., 45-89.

BRAUNSCHWEIG, D., FAIN, M. (1974). *La nuit et le jour*. Paris: P.U.F.

BRISMAN, J., SIEGEL, M. (1984). Bulimia and alcoholism: Two sides of the same coin. *Journal of Substance Abuse Treatment,* 1, 2, 113-118.

BROWN, H.P. (1992). Substance abuse and disorders of the self: Examining the relationship. *Alcoholism Treatment Quarterly*, 9, 1-27.

BROWN, R.I.F (1997). A Theorical Model of the Behavioural Addictions – Applied to Offending. In J. E. Hodge, M. McMurran, C. R. Hollin (eds), *Addicted to crime?* John Wiley & Sons Ltd, Glasgow, U.K., 13-65.

CADORET, R.J., YATES, W.R., TROUGHTON, E., WOODWORTH, G., STEWART, M. et al. (1984). Adoption study demonstrating to genetic pathways to drug abuse. *Archives of General Psychiatry*, 52, 42-52.

CAMPBEL, B.K., STARK, M.J. (1990). Psychopathology and personality characteristics in different forms of substance abuse. *International Journal of the Addictions*, 25, 12, 1467-1474.

CAMPBELL, J., GABRIELLI, W., LASTER, L.J. et al. (1997). Efficacy of outpatient intensive treatment for drug abuse. *Journal of Addictive Diseases*, 16, 2, 15-25.

CANCRINI, H. (1994). The psychopathology of drug addiction: a review. *The Journal of Drug Issues*, 24,4, 597-622.

CAPPEL H.D., SELLARS, E.M., BUSTO, U. (1986). Benzodiazepines and drug of abuse and dependence. In H.D. CAPPEL, F.B. GLASER, Y. ISRAËL, et al. (Eds): *Recent Advances in Alcohol and Drug Problems*, New York: Plenum Press, 9, 53-126.

CARGLAR, H. (1981). La structure psychologique de l'adolescent toxicomane à travers le test de Rorschach. *Bull. Soc. Franç. du Rorschach et des Méth. Proj.*, 32, 59-63.

CARREAU-RIZZETO, M.C. (2000). *De la notion de comorbidité (personnalité limite/dépendance à une substance) au concept de personnalité limite addictive.* Thèse de Doctorat Nouveau Régime, Université Toulouse Le Mirail.

CASILLAS, A., CLARK, L. A. (2002). Dependency, impulsivity, and self-harm: Traits hypothesized to underlie the association between cluster B personality and substance use disorders. *Journal of Personality Disorders*, 16, 5, 424-436.

CATTEEUW, M. (2000). *Phobie du penser et fonctionnalités addictives : étude psychodynamique de l'addiction aux substances psychoactives*, Thèse de doctorat en psychologie : Université Toulouse Le Mirail.

CHABROL, H. (1992). *Les toxicomanies de l'adolescent.* Paris : P.U.F.

CHARLES-NICOLAS, A. (1981). Addiction, passion et ordalie. In: J. BERGERET, *Le psychanalyste à l'écoute du toxicomane*, Paris: Dunod, 63-74.

CHARLES-NICOLAS, A. (1981). Passion et ordalie. In J. Bergeret, *Le psychanalyste à l'écoute du toxicomane*. Paris : Dunod, 63-74.

CHARLES-NICOLAS, A. (1985). À propos des conduites ordaliques : une stratégie contre la psychose ? *Topique*, 35-36, 207-239.

COHEN, A. (1982). « The urge to classify » the narcotic addict: a review of psychiatric classification. I. *International Journal of the Addictions*, 17, 2, 213-225.

COHEN, A. (1984). « The urge to classify » the narcotic addict: a review of psychiatric classification. II. *International Journal of the Addictions*, 19, 3, 335-353.

CONNORS, G. J., TARBOX, A.R. (1985). Macroenvironmental factors as determinants of substance use and abuse. In: M. GALIZIO, S.A, MAÏSTO (Eds), *Determinants of substance abuse treatment: biological, psychological, environmental factors*. New York: Plenum, 283-316.

CORBISIERO, J.R., REZNIKOV, M. (1991). The relationship between personality type and style of alcohol use. *Journal of Clinical Psychology*, 47, 2, 291-298.

CORCOS, M., SPERANZA, M. (2003). *Psychopathologie de l'alexithymie.* Paris : Dunod.

CORCOS, M., ATGER, F., LOAS, G., JEAMMET, PH (2003). Place et fonction de la dépression et de la dépressivité dans les troubles addictifs. In M. CORCOS, M. FLAMENT, PH. JEAMMET. *Les conduites de dépendances. Dimensions psychopathologiques communes*. Paris : Masson.

CRAIG, R. J., VERINIS, J. S., WEXLER, S. (1985). Personality characteristics of drug addicts and alcoholics on the Millon Clinical Multiaxial Inventory. *Journal of Personality Assessment*, 49,2, 156-160.

CRAIG, R. J. (1988). A psychometric study of the prevalence of DSM-III personality disorders among treated opiate addicts. *The International journal of the Addictions*, 23, 2, 115-124.

CRAIG, R. J., OLSON, R. (1990). Comparaison des cocaïnomanes et des héroïnomanes par le MCMI. *J. Clin. Psychol.*, 46, 230-237.

CRAIG, R.J., BIVENS, A., OLSON, R. (1997). MCMI II derived typological analysis of cocaine and heroin addicts. *Journal of Personality Assessment*, 69, 3, 583-595.

CRAWFORD, T. N. (1997). Dramatic-erratic personality disorder symptoms: Comorbidity with internalizing and externalizing symptoms in children and adolescents. *Dissertation Abstracts International: Section B: The Sciences, engineering*, 58 (3-B), 1524.

CRAWFORD, J., LAWLESS, S., KIPPAX, S. (1997). Positive women and heterosexuality problems of disclosure of serostatus to sexuel partners. In: P. AGGLETON, P. DAVIES, G. HART (Eds), *AIDS, Activism and Alliances*, London: Taylor and Francis, 1-14.

DALLARD, I., CATHEBRAS, P., SAURON, C., MASSOUBRE, C. (2001). Le cacao est-il un psychotrope ? Étude psychopathologique d'une population de sujets s'identifiant comme chocolatomanes. *L'Encéphale,* XXVII, 181-186.

DARKE, S., SWIFT, W., HALL, W. (1994). Prevalence, severity and correlates of psychological morbidity among methadone maintenance clients. *Addiction*, 89, 2, 211-217.

DE MIJOLLA, A., DE MIJOLLA-MELLOR, S. (1996). Psychopathologie des addictions. In *Psychanalyse*. Paris : P.U.F. Fondamental, 548-559.

DESCOMBEY, J.P. (1995). Freud et les toxiques de la tache aveugle dans l'auto-analyse à la théorie chimique. *Topique*, 56, 167-190.

DI TOMASO, E., BELTRAMO, M., PIOMELLI, D. (1996). Brain cannabinoids in chocolate. *Nature*, 382, 677-678.

EHER, R., GRUENHUT, C., FRUEHWALD, S., HOBL, B. (2001). Psychiatric comorbidity, typology and amount of violence in extrafamilial sexual child molesters. *Recht & Psychiatrie*, 19, 2, 97-101.

EHRENBERG, A. (1991). *Le culte de la performance.* Paris : Calman-Lévy.

EHRENBERG, A. (1995a). *L'individu incertain.* Paris : Calman-Lévy.

EHRENBERG, A. (1995 b). Troubles dans l'humeur. In: M.J. DEL VOLGO ET B. JACOBI (Eds), *Clinique des toxicomanies. L'addiction d'absence. Cliniques méditerranéennes n° 47-48*. Ramonville : Erès, 121-148.

EHRENBERG, A. (1998). *La fatigue d'être soi : dépression et société.* Paris : Odile Jacob.

EHRENBERG, A. (2001). L'homme compulsif : dérèglement de l'action et de perte de contrôle de soi. In J. P. TASSIN ET al., *Variabilités individuelles des sensibilités à la dépendance*, Paris: INSERM, 57-68.

EY, H., BERNARD, P., BRISSET, C. (1974). *Manuel de Psychiatrie.* Paris : Masson.

FAIN, M. (1981). Approche métapsychologique du toxicomane. In: J. BERGERET, *le psychanalyste à l'écoute du toxicomane.* Paris: Dunod, 27-36.

FALS-STEWART, W. (1992). Personality characteristics of substance abusers: An MCMI cluster typology of recreational drug users treated in a therapeutic community and its relationship to length of stay and outcome. *Journal of Personality Assessment*, 59, 3, 515-527.

FARGES, L. (1996). Toxicomanie et troubles mentaux. *Psychotropes*, 3, 7-17.

FARGES, F. (2000). Dépendance, abus, usage. In: P. ANGEL, D. RICHARD, M. VALLEUR, *Toxicomanies*. Paris : Masson, 16-22.

FARGES, F. (2000). Toxicomanie et troubles mentaux : la question de la morbidité. In: P. ANGEL, M. VALLEUR, D. RICHARD, *Toxicomanies*, Paris : Masson, 152-157.

FARGES, F., CORCOS, M., LOAS, G., PEREZ-DIAZ, F., SPERANZA, M., GUILBAUD, O., TAÏEB, O., DUGRE-LE-BIGRE, C., JEAMMET, Ph. (2003). Alexithymie et dépression dans la toxicomanie. In: M. CORCOS, M. FLAMENT, Ph. JEAMMET (2003). *Les conduites de dépendances. Dimensions psychopathologiques communes*. Paris : Masson.

FENICHEL, O. (1945). *La théorie psychanalytique des névroses*. Paris : P.U.F.

FENICHEL, O. (1994). Dynamics of addiction. In: J.D. Levin, R.H. Weiss (Eds), *The dynamics and treatment of alcoholism: Essential papers*, Northvale, NJ, U.S.: Jason Aronson, Inc., 98-104.

FERBOS, C. MAGOUDI, A. (1986). *Approche psychanalytique des toxicomanes*. Paris : P.U.F.

FERENCZI, S. (1911). Présentation abrégée de la psychanalyse. In: *Psychanalyse Œuvres complètes IV 1927-1933*. Paris : Payot, 1982, 189.

FERNANDEZ-GALAN, L. (1997). *Addiction tabagique et disposition narcissique chez des fumeurs consultant pour sevrage tabagique.* Thèse de Doctorat Nouveau Régime, Université Toulouse Le Mirail, UFR de Psychologie, 3 octobre 1997.

FERNANDEZ, L., SZTULMAN, H. (1997). Approche du concept d'addiction en psychopathologie. *Annales Médico-Psychologiques,* 155,4, 255-265.

FERNANDEZ, L. (1998). Les modèles psychologiques de l'addiction. *Psychotropes*, 4,1, 47-67.

FERNANDEZ, L. (1999). La dépendance en psychopathologie. *L'Encéphale*. XXV, 233-243.

FERNANDEZ, L., SZTULMAN, H. (1999). La dépendance en psychopathologie. *L'Encéphale*, 1, XXV, 233-243.

FERNANDEZ, L., BERNOUSSI, A. (1999). Analyse textuelle de la conduite addictive des fumeurs de cigarettes et des fumeurs de marijuana raffinée. *Travaux et Documents,* 5, 73-81.

FERNANDEZ, L., LAFONT, E., SZTULMAN, H. (1999). Analyse textuelle de la conduite addictive des fumeurs de cigarettes consultant pour sevrage tabagique. *Revue Européenne de Psychologie Appliquée*, 49,3, 201-214.

FERNANDEZ L., BERNOUSSI, A. (2000). La question des liens entre les états limites et les addictions. *Psychotropes*, 6, 3, 65-80.

FERNANDEZ, L., CASSAGNE-PINEL, C. (2001). Addiction aux benzodiazépines et symptomatologie anxieuse et dépressive chez les sujets âgés. *L'Encéphale*, 27,5, 449-474.

FERNANDEZ, L., CATTEEUW, M. (2001). *La recherche en psychologie clinique*. Paris : Nathan Université.

FERNANDEZ, L., CATTEEUW, M. (2002). *Cliniques des addictions : théories, évaluation, préventions et soins*. Paris : Nathan Université.

FERNANDEZ, L. (2004). *Actualités des addictions en psychopathologie : diversité des approches, des méthodologies et perspectives*. Synthèse d'Habilitation à Diriger des Recherches, Université de Provence, France.

FERNANDEZ, L. (2019). Addictions et vulnérabilités. In: L. FERNANDEZ, *Addictions 1. Faits d'observation Clinique*. Editions Nègrefont, pp. 52-60.

FIELDMAN, N. P., WOOLFOLK, R.L. (1995). Dimensions of Self-Concept: A comparison of Heroin and Cocaine Addicts. *American Journal of Drug and Alcohol Abuse*, 21, 3, 315-326.

FLYNN, P., HUBBARD, R.L., LUCKEY, J.W. et al. (1995). Individual Assessment Profil (I.A.P.). Standardizing the Assessment of Substance Abusers. *Journal of Substance Abuse Treatment*, 12, 3, 213-221.

FLYNN, P.M., CRADDOCK, S.G., LUCKEY, J.W., HUBBARD, R.L., DUNTEMAN, G.H. (1996). Comorbidity of antisocial personality and mood disorders among psychoactive substance-dependent treatment clients. *Journal of Personality Disorders*, 10, 1, 56-67.

FOSSATI, A., MAFFEI, C., BAGNATO, M., DONATI, D., DONINI, M., FIORILLI, M., NOVELLA, L. (2000). A psychometric study of DSM-IV passive-aggressive (negativistic) personality disorder criteria. *Journal of Personality Disorders*, 14, 1, 72-83.

FRANKEN, I.H.A., HENDRICKS, V.M. (1997). Comorbidity of mental disorders with substance misuse: Comment. *British Journal of Psychiatry*, 171, 485.

FREDA, H. (1980). *Fêtes des fêtes*. Journées de travail des 28 et 29 juin 1980. Paris, Ecole de la Cause freudienne.

FREUD, S. (1895). *Névrose, psychose et perversion.* Paris : P.U.F., 1956.

FREUD, S. (1897). *Naissance de la psychanalyse.* Paris : P.U.F., 1973.

FREUD, S. (1898). La sexualité dans l'étiologie des névroses. In: S. FREUD, *Œuvres Complètes*. Vol. III. Paris : P.U.F., 1989.

FREUD, S. (1900). *L'interprétation des rêves.* Paris : P.U.F., 1980.

FREUD, S. (1905 a). *Trois essais sur la théorie de la sexualité.* Paris : Gallimard, 1962.

FREUD, S. (1905 c). *Le Mot d'Esprit et ses rapports avec l'inconscient.* Paris : Gallimard, 1971.

FREUD, S. (1914). Pour introduire le narcissisme. In: S. FREUD, *La vie sexuelle.* Paris : P.U.F., 1969, 81-105.

FREUD, S. (1925). La négation. In: S. FREUD, *Résultats, Idées, Problèmes.* Paris : P.U.F., 1985.

FREUD, S. (1926). *Inhibition, symptôme et angoisse.* Paris : P.U.F., 1968.

FREUD, S. (1928). Dostoïevski et le parricide. In: S. FREUD, *Résultats, Idées, problèmes*, tome II. Paris : P.U.F., 161-179.

FREUD, S. (1930). *Malaise dans la civilisation*. Paris : P.U.F., 1972.

FREUD, S. (1938). Le clivage du Moi dans les processus de défense. In: S. FREUD, *Résultats, Idées, Problèmes*, tome II. Paris : P.U.F., 283-286.

GAMMIL, J. (1981). Narcissisme, toute-puissance, dépendance. In J. Bergeret, *Le psychanalyste à l'écoute du toxicomane*. Paris : Dunod, 39-46.

GARFINKEL, B.D., ROESE, A., HOOD, J. (1982). Suicide attempts in children and adolescents. *American Journal of Psychiatry,* 139, 10, 1257-1261.

GERARD, D.L. (1955). Intoxication and addiction. Psychiatric observations on alcoholism and opiate drug addiction. *Quarterly Journal of Studies on Alcohol*, 16, 681-699.

GESCHWEND, A. SIEBER, M. (1981). Comparaison multidimensionnelle de syndromes par le test de Rorschach. Étude comparative portant sur des consommateurs et des non-consommateurs de drogues. *Bull. Soc. Franç. du Rorschach et des Méth. Proj.*, 32, 75-85.

GLOVER, E. (1932). Sur l'étiologie de l'addiction à la drogue. In: J. L. CHASSAING, *Écrits psychanalytiques classiques sur les toxicomanies*. Paris : Éditions de l'association freudienne internationale, 1998.

GODART, N., FLAMENT, M. (2003). Comorbidité des conduites de dépendance. In M. CORCOS, M. FLAMENT, Ph. JEAMMET, *Les conduites de dépendances. Dimensions psychopathologiques communes*. Paris : Masson, 333-368.

GREENSPAN, S.J. (1985). Research strategies to identify developmental vulnerabilities for drug abuse. *National Institute on Drug Abuse, Research Monograph Series*, 56, 136-154.

GRIFFIN, M., WEISS, R. D., MIRIN, S.M., LANGE, U. (1989). A comparison of male and female cocaine abusers. *Archives of General Psychiatry*, 46, 2, 122-126.

GUILBAUD, O., CORCOS, M., LOAS, G., SPERANZA, M., DUGRÉ-LE-BIGRE, C., JEAMMET, PH. (2003). Le concept d'alexithymie : approches compréhensives et données épidémiologiques. In: M. CORCOS, M. FLAMENT, Ph. JEAMMET (2003). *Les conduites de dépendances. Dimensions psychopathologiques communes*. Paris : Masson.

GUILLAUMIN, J. (1981). Brèves amours avec la drogue et évolutions addictives chez les adolescents. In: J. BERGERET, *Le psychanalyste à l'écoute du toxicomane*. Paris : Dunod, 47-62.

GUTTON, P. (1983). *Le bébé du psychanalyste*. Paris : Paidos/Le Centurion.

GUTTON, P. (1984). Pratiques de l'incorporation. *Adolescence*, 2, 2, 315-338.

GUTTON, P. (1987). La morosité. Plutôt l'ennui que la barbarie. *Adolescence*, 5, 1, 61-78.

HARTMANN, H. (1925). Kocainismus und Homosexualität. *Z. ges. Neurol. Psychiat.*, 95, 49-79.

HENDRICKS, V.M. (1990). Psychiatric disorders in a dutch addict population: rates and correlates of DSM-III diagnosis. *J. Clin. Psychol.*, 56, 3, 393-398.

HOLLANDER, E., ROSEN, J. (2000). Impulsivity. *Meeting of the Association of European Psychiatrics*, 9th September 1998, Copenhagen, Denmark presented at the satellite symposium at aforementioned meeting.

HUBA, G.J., BENTLER, P.M. (1982). A development theory of drug use: Deviation and assessment of a causal modeling approach. *Life Span Development and Behavior*, 4, 69-91.

HURST, W.J., MARTIN, R.A., ZOUMAS, B.L. et al. (1982). Biogenic amines in chocolate. A review. *Nutr. Rep. Intern*, 26, 1081-1086.

INGOLD, R. (1982). L'état de dépendance. In: C. OLIEVENSTEIN, *La vie du toxicomane.* Paris : P.U.F. Nodules, 49-81.

JACQUET, M.M., RIGAUD, A. (2001). Émergence de la notion d'addiction dans l'histoire de la psychanalyse. In: J. ANDRÉ et al., *Anorexie, addictions et fragilités narcissiques.* Paris : P.U.F. Collection Petite Bibliothèque de la Psychanalyse, 159-187.

JEAMMET, Ph. (1991a). Dysrégulations narcissiques et objectales dans la boulimie. In *La boulimie, Monographies de la Revue Française de Psychanalyse*. Paris : P.U.F., 81-104.

JEAMMET, Ph. (1991 b). Addiction, dépendance, adolescence. Réflexions sur leurs liens. Conséquences sur nos attitudes thérapeutiques. In: J.L.VENISSE, *Les nouvelles addictions*. Paris : Masson, 10-29.

JEAMMET, Ph. (1994). Dépendance et séparation à l'adolescence, point de vue psychodynamique. In: D. BAILLY, J.L.VENISSE, *Dépendance et conduites de dépendance.* Paris : Masson, 135-143.

JEAMMET, Ph. (1995). Psychopathologie des conduites de dépendances et d'addiction à l'adolescence. *Cliniques Méditerranéennes*, 47/48, 155-175.

JEAMMET, Ph. (1997). Complémentarité des approches thérapeutiques des conduites addictives. In: J.L.VENISSE, D. Bailly, *Addictions : quels soins ?* Paris : Masson, 50-62.

JEAMMET, Ph. (2000). Les conduites addictives : un pansement pour la psyché. In S. LE POULICHET, *Les addictions,* Monographies de psychopathologie, Paris : P.U.F., 93-108.

JEAMMET, Ph. (2002). Les paradigmes de l'addiction. L'approche psychanalytique. In L. FERNANDEZ, M. CATTEEUW, *Cliniques des addictions. Théories, évaluation, prévention et soins*. Paris : Nathan. Collection Fac, 44-55.

JOHNSON, R. S., TOBIN, J. W., CELLUCI, T. (1992). Personality characteristics of cocaine and alcohol abusers. More alike than different. *Addictive Behaviors*, 17, 2, 159-166.

KARSENTY, S. (1995). Santé publique et décisions privées, *Promotion & éducation*, 31-36.

KARSENTY, S., Cohen, D. (1999). Les substances psychotropes sur prescription médicale. In: C. FAUGERON, *Les drogues en France. Politiques, marchés, usages*. Genève : Georg Éditeur, 68-76.

KARSENTY, S. (2002). Sociologie des addictions. In L. FERNANDEZ, M. CATTEEUW, *Cliniques des addictions. Théories, évaluation, prévention et soins*. Paris : Nathan. Collection Fac, 5-18.

KAUFMAN, E. J. (1994). Personality disorders in Addicted Persons. In: E. J. KAUFMAN, *Psychotherapy of Addicted Persons*. New York: The Guilford Press, 66-89.

KERNBERG, O. (1979). *Les troubles limites de la personnalité*. Toulouse : Privat.

KERNBERG, O. (1980). *La personnalité narcissique*. Toulouse : Privat.

KERNBERG, O. (1984). *Severe Personality Disorders*. New Haven, CT: Yale University Press.

KESTEMBERG, E., DECOBERT, S., KESTEMBERG, J. (1972). *La faim et le corps. Une étude psychanalytique de l'anorexie mentale*. Paris : P.U.F.

KHANTZIAN, E.J. (1985a). The self-medication hypothesis of addictive disorders. *American Journal of Psychiatry,* 142, 1259-1264.

KHANTZIAN, E.J., MACK, J. E. (1985b). Self-preservation and care of the self: Ego instinct reconsider. *Psychoanal. Study Child*, 38, 209-232.

KHANTZIAN, E.J., TREECE, T. (1985). DSM-III psychiatric diagnosis of narcotic addicts: recent findings. *Archives of General Psychiatry*, 42, 11, 1067-1071.

KIENHORST, C.W., DE WILDE, E.J., VAN DEN BOUT, J., DIEKSTRA, R.F. et al. (1990a). Characteristics of suicide attempters in a population-based sample of Dutch adolescents. *British Journal of Psychiatry*, 156, 243-248.

KIENHORST, C.W., DE WILDE, E.J., VAN DEN BOUT, B., VAN GROENOU, M.I. et al. (1990b). Self-reported suicidal behavior in Dutch secondary education students. *Suicide, Life-Threatening Behavior*, 20, 2, 101-112.

KLEINMAN, P.H., MILLER, A.B., MILMAN, R.B., WOODY, G.E. et al. (1990a). Psychopathology among cocaine abusers entering treatment. *Journal of Nervous, Mental Disease*, 178, 7, 442-447.

KLEINMAN, P.H., WOODY, G.E., TODD, T., MILMAN, R.B. et al. (1990b). Crack and cocaine abusers in outpatient psychotherapy. *National Institute on Drug Abuse: Research Monograph Series. Research Monograph,* 140, 24-35.

KOOB G.F. (1996). Drug Addiction: The Yin and Yang of Hedonic Homeostasis. *Neuron*, 16(5), 893-896.

KOOB, G. F., LE MOAL, M. (1997). Drug Abuse: Hedonic Homeostatic Dysregulation. *Science*, vol. 278, 3 oct., 52-58.

KOOB, G. F., LE MOAL, M. (2001). Drug Addiction, Dysregulation of Reward and Allostasis. *Neuropsychopharmacology*, 24, 2, 97-129.

KOSTEN, T. R., ROUNSAVILLE, B. J., KLEBER, H.D. (1982). Ethnic and gender differences among opiate addicts. *Int. J. Addict*, 20, 1143-1162

KOSTEN, T.R., ROUNSAVILLE, B.J. (1986). Psychopathology in opioid addicts. *Psychiatric Clinics of North-America*, 9, 3, 515-532.

KOSTEN, T.A., KOSTEN, T.R., ROUNSAVILLE, B.J. (1989). Personality disorders in opiate addicts show prognostic specificity. *Journal Substance Abuse Treatment*, 6, 163-168.

LAGACHE, D. (1951). Un ménage de toxicomanes. *L'Évolution Psychatrique*, 3, 267-294.

LANDRY, M., COURNOYER, L. G., BERGERON, J., BROCHU, S. (2001). Persévérance en traitement pour toxicomanie en centre de réadaptation : Effets de la comorbidité, de la structure du traitement et du profil biopsychosocial. *Science et Comportement*, 28, 3, 115-143.

LE POULICHET, S. (1987). *Toxicomanie et psychanalyse. Les narcoses du désir*. Paris : P.U.F.

LE POULICHET, S. (2000). *Les addictions*. Paris : P.U.F.

LE POULICHET, S. (2000). De la « substance psychique » au paradigme de l'addiction. In: S. LE POULICHET (Ed), *Les addictions*. Paris : P.U.F., 121-132.

LOONIS, E. (1999 a). Iain Brown: un modèle de gestion hédonique des addictions. *Psychotropes*, 5, 3, 59-73.

LOONIS, E. (1999 b). Sommes-nous tous des addictés ? *Revue de Psychologie de la Motivation*, 27,1, 46-63.

LOONIS, E. (2001 a). Les modèles économiques des addictions. *Psychotropes*, 7, 2, 7-22.

LOONIS, E. (2001 b). L'article d'Aviel Goodman : 10 ans après. Documents OFDT, http://bit.ly/2NLWLwh.

LOONIS, E. (2002). De la gestion hédonique, prolégomènes à une hédonologie. *Psychologie Française*, 47, 4, 83-93.

LOONIS, E. (2014 a). *Théorie Générale de l'Addiction, introduction à l'hédonologie*. Éditions Nègrefont.

LOONIS, E. (2014 b). *Structures et fonctions des fantaisies sexuelles*. Éditions Nègrefont.

LOONIS, E. (2015). *La gestion hédonique, prolégomènes à une hédonologie humaine*. Éditions Nègrefont.

LUDENIA, K. (1973). Personality characteristics of drug abusers. *Diss. Abstr. Int.*, 33, 6063B.

MAGOUDI, A. (1985). Revue critique de la littérature analytique sur les toxicomanies. *Psychiatrie de l'Enfant*, 28, 1, 259-293.

MAGOUDI, A. (1986). Structure névrotique et toxicomanie. In: C. FERBOS, A. MAGOUDI, *Approche psychanalytique des toxicomanies*. Paris : P.U.F., 107-120.

MARLOW, R.M., WEST, J. A., et al. (1992). Cocaine and speedball users: Differences in psychopathology. *Journal of Substance Abuse Treatment*, 9, 4, 287-291.

MARLOWE, D.B., HUSBAND, S.D., BONIESKIE, L.M., KIRBY, K.C. et al. (1997). Structured interview versus self-report test vantages for the assessment of personality pathology in cocaine dependence. *Journal of Personality Disorders*, 11, 2, 177-190.

MARSH, D.T., STILE, S.A., STOUGHTON, N.L., TROUT-LANTEN, B.L. (1988). Psychopathology of opiate addiction: comparative data from MMPI and MCMI. *Am J Drug Alcohol Abuse*, 14, 17-27.

MARX, N. (1923). Beiträge zur Psychologie der Kokainomanie. *Z. Neurol. Psychiat*, 80,5, (Abstract: *Int. Z. Psychoanal.*, 9, 225-226.

MASSERMAN, J.H., JACQUES, M.G., NICHOLSON, M. R. (1945). Alcohol as a preventive of experimental neuroses. *Q J Stud Alc,* 6, 281-299.

MAYBAUM, L., CROCKFORD, D. (1999). Electroconvulsive therapy, personality structure, and suicide. *Canadian Journal of Psychiatry*, 44, 9, 922-923.

McAULIFFE, W.E., ALBERT, J., CORDILL-LONDON, G., MCGARRAGHY, T.K. (1990). Contributions to a social conditioning model of cocaine recovery. *International Journal of the Addictions*, 25, 1141-1177.

McDOUGALL, J. (1982). *Théâtre du Je*. Paris : Gallimard.

McDOUGALL, J. (1996). *Éros aux mille et un visages*. Paris : Gallimard.

McDOUGALL, J. (2001). L'économie psychique de l'addiction. In: J. McDougall, *Anorexie, Addictions et fragilités narcissiques*, Monographies de psychopathologie, Paris : P.U.F., 11-36.

Mc CLELLAND, D.C., KOESTNER, R., WEINBERGER, J. (1989). How do self-attributed and implicit motives differ? *Psychological Review,* 96, 690-702.

Mc KIM, W. A., MISHARA, B.L. (1987). *Drugs and Aging.* Toronto: Butterworlte.

Mac LELLAN A.T., LUBORSKY L., WOODY G.E. (1980). An Improved Diagnostic Evaluation Instrument for Substance Abuse patients: The Addiction Severity Index (ASI*). J.Nerv.Ment.Dis.*, 168, 26-33.

Mac LELLAN, W.G.E., O'BRIEN, C.P. (1979). Development of psychiatric illness in drug abuse: possible role of drug preference. *N. Engl. J. Med*, 310, 1310-1313.

MELMAN, C.H. (1989). Un héroïsme de masse. *Autrement*, L'esprit des drogues, 106.

MEYER, R. E. (1986). *Psychopathology and addictive disorders*. New York, NY, U.S.: Guilford Press. (1986). xiii, 362 pp.

MIJOLLA, A., SHENTOUB, S.A. (1973). *Pour une psychanalyse de l'alcoolisme*. Paris : Payot.

MILAN, A.T. (1995). Approche psychanalytique d'une recherche à propos de l'addiction. *Cliniques Méditerranéennes*, 47/48, 193-202.

MILAN, T.A., DE GREGORIO, M.E. (2000). La crisis contemporánea, las transformaciones de la subjectividad y su impacto en las patologías actuales. *Revista Intercontinental de Psicoanálisis Contemporáneo*, 2, 2, 53-58.

MILBY, J.B. et al. (1996). Psychiatric comorbidity: prevalence in methadone treatment. *American Journal of Drug and Alcohol Abuse*, 22, 1, 95-107.

MILKMAN, H., FROSCH, W. (1973). On the preferential abuse of heroin and amphetamines. *Journal of Nervous and Mental Disease*, 156, 4, 242-248.

MILLON, T. (1994). *Manual for the MCMI – III*, Minneapolis, MN: National Computer Systems.

MILLON, T., KOTIK-HARPER, D. (1995). The relationship of depression to disorders of personality. In: E.E. BECKHAM, W.R. LEBER, (Eds), *Handbook of depression* (2nd ed), New York, NY, U.S.: Guilford Press, 107-146

MINTZ, I. (1977). A note on the addictive personality: Addiction to placebos. *American Journal of Psychiatry*, 134, 3, 327.

MORALES, M. (1986). Tests projectifs, structure et toxicomanie. In: C. FERBOS, A. MAGOUDI, *Approche psychanalytique des toxicomanes*, Paris: P.U.F., 169-212.

MUSSELMAN, D.L., KELLER, M. (1995). Prevalence and Improvement in Psychopathology in Opioid Dependent Patients Participating in Methadone Maintenance. *Journal of Addictive Diseases*, 14, 3, 67-82.

NACE, E.P. (1989a). Personality disorder in the alcoholic patient. *Psychiatric Annals,* 19, 5, 256-260.

NACE, E.P. (1989b). Substance use disorders and personality disorders: Comorbidity. *Psychiatric Hospital*, 20, 2, 65-69.

NACE, E.P. (1990). Substance abuse and personality disorder. Special Issue: Managing the dually diagnosed patient: Current issues and clinical approaches, *Journal of Chemical Dependency Treatment,*3, 2, 183-198.

NELSON, C. B., REHM, J., USTUN, T.B., et al. (1999). Factor structures for DSM-IV substance disorder criteria endorsed by alcohol, cannabis, cocaine and opiate users: results from the WHO reliability and validity study. *Addiction*, 94, 6, 843-855.

NESS, R., HANDELSMAN, L., ARONSON, M.J., HERSHKOWITZ, A. et al. (1994). The acute effects of a rapid medical detoxification upon dysphoria and other psychopathology experienced by heroin abusers. *Journal of Nervous, Mental Disease*, 182, 6, 353-359.

NETO, D. (1992). Neurotic personality structure and drug dependency. *Revista Portuguesa de Psicanalise*, 10-11, 57-65.

NURNBERG, H.G., RIFKIN, A., DODDI, S. (1993a). A systematic assessment of the comorbidity of DSM-III-R personality disorders in alcoholic outpatients. *Comprehensive Psychiatry*, 34, 6, 447-454.

NURNBERG, H.G., SIEGEL, O., PRINCE, R., LEVINE, P.E. et al. (1993b). Axis II comorbidity of self-defeating personality disorder. *Journal of Personality Disorders*, 7, 1, 10-21.

OLDHAM, J.M. (1991). *Personality disorders: New perspectives on diagnostic validity. Progress in psychiatry*, N° 20. Washington, DC, U.S.: American Psychiatric Association. 197 pp.

OURY, J. (1977). Drogue, psychose, langage. In A. VERDIGLIONE, *Drogue et langage*, Paris: Traces-Payot, 17-27.

PEDINIELLI, J. L., BERTAGNE, P., MILLET, C. (1987). Les pathologies addictives et le modèle de l'incorporation. *L'Information Psychiatrique,* 63, 1, 27-32.

PEDINIELLI, J. L., ROUAN, G., BERTAGNE, P. (1997a). *Psychopathologie des addictions*. Paris : P.U.F. Nodules.

PEDINIELLI, J. L., ROUAN, G., BERTAGNE, P. (1997 b). Addictions et dépendance. *Pratiques psychologiques,* 4, 5-12.

PEDINIELLI, J. L. et al. (2002a). Les paradigmes de l'addiction. In: L. FERNANDEZ, M. CATTEEUW, *Cliniques des addictions. Théories, évaluation, prévention et soins*. Paris : Nathan. Collection Fac, 43-56.

PEDINIELLI, J. L. et al. (2002 b). Cliniques addictives. In: L. FERNANDEZ, M. CATTEEUW, *Cliniques des addictions. Théories, évaluation, prévention et soins*. Paris : Nathan. Collection Fac, 57-80.

PEELE, S. (1980). Addiction to an experience: a social-psychological-pharmacological theory of addiction, *NIDA Research Monographs*, 30, 142-146.

PEELE, S. (1985). *The Meaning of Addiction*. Lexington, M.A.: Lexington Books.

PIERSMA, H.L. (1987a). The MCMI as a measure of DSM-III Axis II diagnoses: An empirical comparison. *Journal of Clinical Psychology*, 43, 5, 478-483.

PIERSMA, H.L. (1987b). Millon Clinical Multiaxial Inventory (MCMI) computer-generated diagnoses: How do they compare to clinician judgment? *Journal of Psychopathology, Behavioral Assessment*, 9, 3, 305-312.

PIRLOT, G. (1997). *Les passions du corps. La psyché dans les addictions et les maladies auto-immunes : possessions et conflits d'altérité*. Paris : P.U.F., Le Fil Rouge.

PIRLOT, G. (2019). *Psychanalyse des addictions*. Paris : Dunod, collection univers psy, 3ᵉ édition.

PULL, C.B., GUELFI, J. D. (1995). L'opérationnalisation du diagnostic psychiatrique. Intérêts et limites. In: J.D. GUELFI et al. *Psychopathologie Quantitative*, Paris : Masson, 1-8.

RADO, S. (1926). Les effets psychiques de l'intoxication : un projet de théorie psychanalytique de l'addiction aux drogues. In: J.L.. CHASSAING, *Écrits psychanalytiques classiques sur les toxicomanies*. Paris : Éditions de l'association freudienne internationale, 1998.

RADO, S. (1933). La psychanalyse des pharmacothymies. In: J. L. CHASSAING, *Écrits psychanalytiques classiques sur les toxicomanies*. Paris : Éditions de l'association freudienne internationale, 1998.

REPKO, G.R., COOPER, R. (1985). The diagnosis of personality disorder: A comparison of MMPI profile, Millon Inventory, and clinical judgment in a workers' compensation population. *Journal of Clinical Psychology*, 41, 6, 867-881.

REUCHLIN, M. (1992). *Introduction à la recherche en psychologie*. Paris : Nathan université. Collection Fac psychologie.

REYNAUD, M., PARQUET, P.J., LAGRUE, G. (2000). *Les pratiques addictives. Usage, Usage nocif et dépendance aux substances psychoactives*. Paris : Odile Jacob, 21-30.

REYNAUD, M. (2002). *Usage nocif de substances psychoactives : Indentification, des usages à risque, outil de repérage, conduites à tenir*. Rapport au Directeur Général de la Sant du groupe de travail présidé par le Pr Michel Reynaud. Paris : La Documentation Française.

ROBINSON, T. E., BERRIDGE, K. C. (1993). The neural basis of drug craving: an incentive-sensitization theory of addiction. *Brain Research Reviews*, 18, 247-291.

ROBINSON, S., WINNIK, H.Z. (1977). Amphetamine dependence: Psychodynamic aspects, *Israel Annals of Psychiatry and Relates Disciplines*, 15, 4, 375-388.

RODRIGUEZ-PIEDRABUENA, J.A. (1996). Personalidad y adicción. In *Por qué nos drogamos ¿ Del poder y otras adiciones ? Estudio psicoanalítico*. Madrid : Edición castellana, Editorial Biblioteca Nueva.

ROQUES, B. (1999). *La dangerosité des drogues*. Paris : Odile Jacob.

ROSENFELD, H.A. (1961). De la toxicomanie. *Revue Française de Psychanalyse*, 25, 885-899.

ROSENFELD, D. (1974). Drug addiction, narcissistic omnipotence, skin disorders, and corporal outline: Notes on group dialectics. *Revista de Psicoanálisis*, 31, 1-2, 365-402.

ROSS, H.E., GLASER, F.B., GERMANSON, T. et al., (1988). The prevalence of psychiatric disorders in patients with alcohol and other drug problems. *Archives of General Psychiatry*, 45, 11, 1023-103.

ROUNSAVILLE, B.J., WEISSMAN, M.M., KLEBER, H.D., WILBER, C. (1982). Heterogeneity of psychiatric diagnosis in treated opiate addicts. *Archives of General Psychiatry*, 39, 2, 161-166.

ROUNSAVILLE, B. J., EYRE, S.L., WEISSMAN, M.M., KLEBER, H.D. (1983). The antisocial opiate addict. *Advances in Alcohol and Substance Abuse*, 2, 4, 29-42.

ROUNSAVILLE, B.J., KOSTEN, T.R., WEISSMAN, M.M., KLEBER, H.D. (1986). Prognostic signifiance of psychopathology in treated opiate addicts: a 2.5 year follow-up study. *Archives of General Psychiatry,* 43, 739-745.

SAMUELS, J.F., NESTADT, G., ROMANOVSKI, A.J., FOLSTEIN, M.F., MCHUGH, P.R. (1994). DSM-II personality disorders in the community. *American Journal of Psychiatry*, 151, 1055-1062.

SAWITT, R.A. (1963). Psychoanalytical studies on addiction ego structure in narcotic addiction. *Psychoanalytic Quarterly*, 32, 43-57.

SLAMA, K. (1995). Actions publiques et prévention dans le monde. In *Cours du diplôme de Tabacologie*. Paris, Université Paris XI, Faculté de Médecine Paris-Sud.

SPERANZA, M., CORCOS, M., LOAS, G., GUILBAUD, O., STEPHAN, P., TAÏEB, O., PEREZ-DIAZ, F., PATRINATI, S., JEAMMET, PH. (2003). Alexithymie et dépression dans les troubles des conduites alimentaires. In: M. CORCOS, M. FLAMENT, Ph. JEAMMET, *Les conduites de dépendances. Dimensions psychopathologiques communes*. Paris : Masson.

SPOTTS, V. J., SHONTZ, F. C. (1991). Drug misuse and psychopathology: a meta-analysis of 16 PF research. *The International Journal of the Addictions*, 26, 923-944.

SPROSS, S.M. (1999). A study of the contributions of narcissism and psychopathy to addiction severity. (African-Americans, Hispanics). *Dissertation Abstracts International: Section B: The Sciences & Engineering,* 60 (6-B), 3003.

STEPHAN, M., SPERANZA, M., CORCOS, M., LOAS, G., GUILBAUD, O., TAÏEB, O., PEREZ-DIAZ, F., DUGRÉ-LE-BIGRE, C., JEAMMET, Ph. (2003). Alexithymie et conduites de dépendance : comparaison inter-groupes. In: M. CORCOS, M. FLAMENT, Ph. JEAMMET, *Les conduites de dépendances. Dimensions psychopathologiques communes.* Paris : Masson.

STIFFMAN, A.R. (1989). Suicide attempts in runaway youths. *Suicide & Life-Threatening Behavior,* 19, 2, 147-159.

STRAIN, E.C., STITZER, M.L., BIGELOW, G.E. (1991a). Early treatment time course of depressive symptoms in opiate addicts. *Journal of Nervous & Mental Disease,* 179, 4, 215-221.

STRAIN, E.C., BROONER, R.K., BIGELOW, G.E. (1991b). Clustering of multiple substance use and psychiatric diagnoses in opiate addicts. *Drug & Alcohol Dependence,* 27, 2, 127-134.

SULLIVAN, M., VERHULST, J., RUSSO, J., ROY-BYRNE, P.P. (1993). Psychotherapy vs. Pharmacotherapy: Are psychiatrists polarized? A survey of academic and clinical faculty. *American Journal of Psychotherapy,* 47, 3, 411-423.

SZTULMAN, H. (1994). Déception, dépression essentielle et illusion chez les patients états-limites. *L'Évolution Psychiatrique,* 59, 1, 13-21.

SZTULMAN, H. (1995). *Entre Névroses et Psychoses. Une nouvelle pathologie : les états limites.* Non publié. 105-106.

SZTULMAN, H. (1997). Entre addiction et ordalie, les toxicomanes. *Adolescence,* 15, 2, 57-65.

SZTULMAN, H. (2001). Vers le concept de personnalités limites addictives. *Annales médico-psycho*logiques, 159, 3, 201-207.

SZTULMAN, H. (2010). Personnalités limites addictives. Une relecture plurielle. *Pensées plurielles,* 1,23, 37-51.

TAÏEB, O., CORCOS, M., LOAS, G., SPERANZA, M., GUILBAUD, O., FARGES, F., PEREZ-DIAZ, F., DUGRE-LE-BIGRE, C., JEAMMET, Ph. (2003). Alexithymie et dépression dans les conduites de dépendance à l'alcool. In: M. CORCOS, M. FLAMENT, Ph. JEAMMET, *Les conduites de dépendances. Dimensions psychopathologiques communes.* Paris : Masson.

TARKA, S.M. (1982). The toxicology of cocoa and methylxanthines: a review of the literature. *Crit Rev Toxicol,* 9, 275-312.

TASSIN, J.P. (1998). Drogues, dépendance et dopamine. *La Recherche,* Février, 306, 48-53.

TEDLOW, J.R., FAVA, M., UEBELACKER, L.A., ALPERT, J.E. (1996). Are study dropouts different from completers? *Biological Psychiatry,* 40, 7, 668-670.

TIMSIT, M., LEDUC, L. (1981). Identification d'un profil Rorschach limite dans les protocoles de cinquante usagers de drogues dures incarcérés. *Bull. Soc. Franç. du Rorschach et des Méth. Proj.,* 32, 33-55.

THOMAS, V.H. (1996). Personality disorders and substance abuse: Patterns of comorbidity in an inpatient treatment population. *Dissertation Abstracts International: Section B: The Sciences & Engineering*, 56 (12-B), 7081.

THOMAS, P., AMAD, A., FOVET, T. (2016). Schizophrénies et addictions : les liaisons dangereuses. *L'Encéphale,* 42, 3, supplément 1, S18-S22.

THOMBS, D.L. (1994). *Introduction to addictive behaviours*. New York: Guilford Press.

TRULL, T.J., MCCRAE, R. R. (2002). A five-factor perspective on personality disorder research. In: P. T. COSTA, J. R., T.A. WIDIGER (Eds), *Personality disorders and the five-factor model of personality.* (2nd ed.), Washington, DC, U.S.: American Psychological Association, 45-57.

VAGLUM, P. (1999). The narcissistic personality disorder and addiction. In J. DERKENS, C. MAFFEI, (Eds) et al., *Treatment of the personality disorders,* Dordrecht Netherlands : Kluwer Academic Publishers, 241-253.

VAILLANT, G. E., MILOFSKY, E S. (1982). The etiology of alcoholism: A prospective viewpoint. *American Psychologist, 37*, 5, 494-503.

VALLERAND, R.J., HESS, U. (2000). *Méthodes de recherche en psychologie*. Paris : Gaëtan Morin.

VALLEUR, M., MATYSIAK, J.C. (2002). *Les addictions. Dépendances, toxicomanies : repenser la souffrance psychique*. Paris : Armand Colin.

VALLEUR, M., MATYSIAK, J.C. (2003). *Sexe, passion et jeux vidéo. Les nouvelles formes d'addiction*. Paris : Flammarion.

VAN SCHOOR, E., (1992). Pathological Narcissism and Addiction. A Self Psychology Perspective. *Psychoanal.,* 6, 3, 205-211.

VAN DAMME, P. (2006). Dépression et addiction. *Gestalt*, 2,31, 121-135.

VAVASSORI, D. (2002). *Étude psychopathologique des comportements de consommation (usage, abus, dépendance) de substances psychoactives : construction d'un modèle multidimensionnel de la dépendance psychopathologique*. Thèse de Doctorat. Université Toulouse le Mirail, UFR de Psychologie.

VENISSE, J. L., RAULT, A., SANCHEZ, M. (1989). Conduites addictives - Objet de l'addiction. *Psychologie médicale,* 21, 12, 1767-1770.

VENISSE, J. L., MAMMAR, N. (1999). Addiction. In: D. RICHARD, J. L. SENON, *Dictionnaire des Drogues, des toxicomanies et des dépendances*. Paris : Larousse-Bordas, 6.

VERHEUL, R., VAN DEN BRINK, W., HARTGERS, C. (1995). Prevalence of personality disorders among alcoholics and drug addicts: an overview. *Eur Addict res*, 1, 166-177.

VERHEUL, R., HARTGERS, C., VAN DEN BRINK, W., KOETER, M.W.J. (1995). The effect of sampling, diagnostic criteria and assessment procedures on the observed prevalence of DSM-III-R personality disorders among treated alcoholics. *Journal of Studies on Alcoholism,* 59, 2, 227-236.

WEISS, R. D., POPE, H.G., MIRIN, S.M. (1985). Treatment of chronic cocaine abuse and attention deficit disorder, residual type, with magnesium pemoline. *Drug & Alcohol Dependence*, 15, 1-2, 69-72.

WEISS, R.D., MARTINEZ-RAGA, J., HUFFORD, C. (1996). The signifiance of a coexisting opioid use disorder in cocaine dependence: An empirical study. *Am. J. of Drug and Alcohol Abuse*, 22, 2, 173-184.

WETZLER, S., DUBRO, A. (1990). Diagnosis of personality disorders by the Millon Clinical Multiaxial Inventory. *Journal of Nervous & Mental Disease*, 178, 4, 261-263.

WIDLÖCHER, D. (1995). Principes généraux. In: O. BOURGUIGNON, M. BYDLOWSKI, *La recherche clinique en psychopathologie*. Paris : P.U.F., Le fil rouge, 9-33.

WURMSER, L. (1974). Psychoanalytic considerations of etiology of compulsive drug use. *Psychoanalytic Ass*, 22, 820-843.

ZAFIROPOULOS, M. (1988). Le toxicomane n'existe pas. *Analytica, Cahiers de recherche du champ freudien*. Paris : Navarin Éditeur.

ZAFIROPOULOS, M., DELRIEU, A. (1996). *Le toxicomane n'existe pas*. Paris : Anthropos.

ZINBERG, N.E. (1975). Addiction and ego function. *Psychoanal. Stud. Child.*, 30, 567-588.

ZUBEK (ed.). *Sensory deprivation: Fifteen years of research*. Appleton-Century-Crofts, New York, NY.

ZUCKERMAN, M. (1979). *Sensation Seeking: Beyond the Optimum Level of Arousal*. Lawrence Erlbaum Associates, Hillsdale, NJ.

ZUCKERMAN, M., BONE, R.N., NEARY, R. et al. (1994 a). What is the sensation seeker? Personality trait and experience correlates of the sensation-seeking scales. *Journal of Consulting and Clinical Psychology*, 39, 308-321.

ZUCKERMAN, M. (1994 b). *Behavioral Expressions and Biosocial Bases of Sensation Seeking*. Cambridge University Press, Cambridge, U.K.

ADDICTIONS ET NARCISSISME

1. Addictions, troubles de la personnalité narcissique, narcissisme
1.1. Addictions et troubles de la personnalité narcissique
1.2. Addiction et narcissisme
1.3. Apports et perspectives
2. Addiction tabagique et troubles de la personnalité narcissique, narcissisme
2.1. Dépendance tabagique, addiction à la nicotine, addiction tabagique
2.1.1. Définitions de la dépendance tabagique
2.1.2. L'addiction à la nicotine
2.1.3. L'addiction tabagique
3. Tabagisme, addiction tabagique et narcissisme, disposition narcissique
3.1. Tabagisme, addiction tabagique et troubles de personnalité narcissique
3.2. Tabagisme, addiction tabagique et narcissisme
3.3. Recherches entreprises
Bibliographie

1. ADDICTIONS, TROUBLES DE LA PERSONNALITÉ NARCISSIQUE, NARCISSISME

1.1. Addictions et troubles de la personnalité narcissique

Les travaux empiriques concernant l'association des addictions et des troubles de personnalité narcissique (TPN) sont peu nombreux. Ils se centrent principalement sur la détermination de la prévalence des troubles ou des traits de personnalité narcissique (PN) en fonction des modes de recrutement (sujets addictés, sujets non addictés, hospitalisés ou non hospitalisés en service de médecine générale, en ambulatoire ou en services de soins spécialisés - psychiatrie, par exemple, communautés thérapeutiques) et des méthodes d'analyse (M.C.M.I., S.C.I.D. II, P.D.Q.[69], DSM interview, S.A.D.S., ...).

Les quelques études à notre disposition sont conduites à partir :

- d'outils dont la validité et la pertinence ont été éprouvées (P.D.Q., DSM interview, S.C.I.D. II, S.I.D.P., S.A.D.S....) ;
- d'échantillons représentatifs de la population étudiée (sélection de l'échantillon, taille de l'échantillon garantissant la puissance de l'étude d'un point de vue statistique).

Les taux de prévalence de TPN varient de 0 à 0,4 % (taux de prévalence moyen : 0,15 %) en fonction des outils utilisés et des sous-groupes de population

---

[69] PDQ = Personality Disorder Questionnaire.

sélectionnée – population tout venant de sujets non hospitalisés et non addictés – population I (Reich et al., 1989 ; Zimmerman, Coryell, 1990 ; Maier et al., 1990 ; Samuels et al., 1994 ; Modlin et al., 1994 ; Black et al., 1995). Le taux de prévalence de TPN est faible dans cette population.

Les taux de prévalence de TPN varient de 0,2 à 32 % (taux de prévalence moyen : 6,87 %) en fonction des outils utilisés et des sous-groupes de population sélectionnée — population de sujets addictés (alcool, opiacés, cocaïne, polytoxicomanies) — population II (Khantzian,Treece, 1985 ; Vaglum, Vaglum, 1985 ; Kosten, Rounsaville, 1986 ; Poldugro, Forti, 1988 ; Yates et al., 1989; Clerici et al., 1989 ; Nace et al., 1991 ; De Jong et al., 1993 ; Rousar et al., 1994 ; Cacciola et al., 1996 ; Brooner et al., 1997 ; Barber et al., 1996). Le taux de prévalence de TPN dans cette population II est beaucoup plus élevé que dans la population I.

Les auteurs indiquent qu'il existe une relation spécifique entre les TPN et l'addiction et que les sujets addictés utilisent la substance comme automédication physique et psychique.

Les taux de prévalence de TPN varient de 0,9 à 6,5 % (taux de prévalence moyen : 3,62 %) en fonction des outils utilisés et des sous-groupes de population sélectionnée – population de patients psychiatriques non addictés (par comparaison avec une population de sujets addictés en traitement) – population III (Koenigsberg et al., 1985 ; Pfohl et al., 1986, Alanes, Torgersen, 1988 ; Nakao et al., 1992 ; Loranger et al., 1994 ; First et al., 1995 ; Mattarah et al., 1995). Le taux de prévalence moyen de TPN est deux fois moins important dans la population III que dans la population II.

Le taux de prévalence de traits de PN diagnostiqués par le MCMI varient de 38,2 à 68,1 % (taux de prévalence moyen : 60,5 %) en fonction des outils utilisés et des sous-groupes de population sélectionnée — population de sujets addictés (alcool, toxicomanies, polytoxicomanies, sous traitement de substitution : méthadone) — population IV (Mc Mahon et al., 1984 ; Stark, Campbell, 1988 ; Marsh et al., 1988 ; Ranvdal, Vaglum, 1991 ; Brown, 1992 ; Simonsen et al., 1992). Le taux de prévalence des traits de PN sont élevés dans la population IV.

Malgré ces quelques études, la prévalence de la PN reste mal connue, les données la concernant sont peu nombreuses et varient, comme nous avons pu le voir, selon le type d'instrument de mesure utilisé, les critères diagnostiques auxquels il se réfère, le mode de passation auto ou hétéro-évaluation et la sélection de l'échantillon (Jackson et al., 1991). Comparée aux autres organisations pathologiques de la personnalité, la PN semble compter parmi les moins fréquentes des personnalités pathologiques en population psychiatrique. Selon Kaplan et Sadock (1998), la prévalence est estimée autour de 1 % dans la population générale. Elle varie de 2 à 16 % dans la population psychiatrique.

La question de la prévalence selon le sex-ratio est, elle aussi, controversée. Pour certains, cette prévalence serait la même dans les deux sexes (Blackburn, Cottraux, 1995 ; Kaplan, Sadock, 1998). Pour d'autres (Akhtar, 1982, 1989 ; Golomb et al., 1995), la PN serait plus fréquente chez l'homme. Pour Akhtar (1996), il pourrait s'agir d'un biais lié au fait que les descriptions de narcissiques se sont longtemps appuyées sur celles de patients suivis en analyse au bénéfice d'un recrutement masculin. Il formule également l'hypothèse que les modes d'expression symptomatiques sont influencés par les cadres culturels et sociologiques, qui n'ont pas le même impact chez l'homme et chez la femme. Ainsi, le même type de symptômes serait plutôt étiqueté hystérie chez la femme et PN chez l'homme. Pour cet auteur, le sexe influencerait l'évolution de cette pathologie et le pronostic.

Quant à l'évolution de la PN, les données sont encore peu nombreuses. Selon Gunderson (1988), le diagnostic est rarement porté à l'adolescence, il l'est ensuite dans une large gamme d'âges chez l'adulte, ce qui suggère une certaine stabilité du trouble à long terme. Pourtant, plusieurs auteurs soulignent la vulnérabilité particulière des PN aux addictions, aux crises du milieu de la vie et le fait qu'ils tolèrent mal le vieillissement, les atteintes à leur intégrité corporelle, les situations d'échec ou les déceptions particulièrement mal ressenties à l'âge mûr, que celles-ci soient professionnelles ou sentimentales (Blackburn, Cottraux, 1995 ; Kaplan, Sadock, 1998 ; Vaglum, 1999).

En outre, une étude prospective sur trois ans de 20 sujets narcissiques pose la question de la stabilité de cette pathologie (Stuart et al., 1998). Mesurés à l'aide d'un entretien semi-structuré, le DIN (Diagnostic Interview for Narcissism), les scores de PN diminuent chez 60 % des sujets. Il faut noter que la quasi-totalité des sujets inclus dans l'étude, améliorés ou non ont suivi une psychothérapie pendant au moins un an durant cet intervalle de trois ans. L'amélioration se manifeste par une vision plus réaliste de soi, avec un moindre recours à des fantaisies de grandeur. Pour les auteurs, un des facteurs pouvant expliquer ces changements chez certains sujets narcissiques, serait la survenue de certains événements de vie tels que l'établissement de relations durables ou bien la confrontation à des échecs et des désillusions qui ont permis au sujet d'adopter une attitude plus réaliste. Néanmoins, les auteurs soulignent la taille réduite de l'échantillon, le temps bref de suivi et la nécessité de poursuivre les recherches dans ce domaine.

La question de la stabilité de cette pathologie est également posée pour les sujets addictés intégrés dans des programmes de traitement. La réponse à cette question nécessite que des travaux complémentaires soient conduits en considérant une multiplicité de facteurs (facteurs psychologiques, psychopathologiques, facteurs biologiques et génétiques, facteurs environnementaux et psychosociaux)[70].

---

[70] Seuls les facteurs génétiques, environnementaux et psychosociaux faisant peu/moins l'objet de travaux sont présentés à titre d'exemples.

Si les études sur les TP et des facteurs génétiques sont bien documentées, malheureusement les études génétiques publiées sur les TP et addictions (Baker, 1986 — alcool et drogues ; Mirin et al., 1989 – alcoolisme) ou TPN et addictions sont rares en psychopathologie. Certains auteurs, comme Alenen (1978), indiquent qu'il est nécessaire de prendre en compte les facteurs génétiques, mais également les processus interactionnels familiaux.

Concernant *les facteurs biologiques/génétiques*, l'association TPN et addictions pourrait être due à des troubles biologiques. Cette vulnérabilité biologique (réactivité physiologique du sujet à certaines substances qui pourrait expliquer le choix préférentiel de la substance) serait induite génétiquement ou écologiquement. Elle aurait une incidence sur le développement des fonctions du soi, la régulation des affects, la désinhibition et le contrôle de l'impulsion (Vaglum, 1999).

Du côté des *facteurs environnementaux et/ou psychosociaux*, l'association TPN (et d'une manière plus large, TP) et addictions pourrait être due à des facteurs environnementaux et/ou psychosociaux (Vaglum, 1999). Si les études sur les TP, les facteurs environnementaux et addictions sont bien documentés (Stone, 2000 — alcoolisme ; Volavka, 1999 — violence ou comportements violents et toxicomanies ; Nesca et al., 1999 — psychopathie et toxicomanies (étude de cas d'une femme psychopathe âgée de 30 ans) ; Hawton, 1994 ; Brent, 1995 — suicide ou comportements suicidaires et toxicomanies ; Wonderlich, 1994 et Venturello, 2002 — boulimie ; Martinez de Bagattini, 1997 — anorexie et boulimie ; Adler, Lidberg, 1995 — meurtriers et alcool et/ou autres drogues (adultes) et Labelle, 1991 — comportements anti-sociaux et meurtriers et polytoxicomanies (adolescents) ; Baker, 1986 – alcool et drogues), celles concernant l'association TPN, facteurs environnementaux et/ou psychosociaux et addictions sont très rares :

Ferronha (1999) présente et discute les déterminants psychiques et sociologiques pouvant expliquer l'augmentation des TPN dans nos sociétés occidentales. Il suggère notamment que cette augmentation est liée aux changements sociaux et culturels de nos sociétés à la suite de la réification de la consommation des drogues et notamment des narcotiques.

Wolf (1998) présente un modèle théorique de l'agression et/ou addiction sexuelle permettant de comprendre les origines et le maintien de celle-ci. Il fait l'hypothèse d'une liaison entre les expériences développementales et environnementales spécifiques et l'agression et/ou addiction sexuelle. Les expériences précoces peuvent favoriser le développement du comportement d'agression et/ou d'addiction sexuelle et influencer les attitudes et comportements. Les facteurs de l'environnement transitoires ou les états internes peuvent agir comme des désinhibiteurs du comportement d'agression et/ou d'addiction sexuelle. Le profil de personnalité de l'agresseur mis en évidence par Wolf renvoie à la description d'un trouble du caractère présentant la symptomatologie suivante : préoccupation sexuelle excessive, dépression chronique, troubles du narcissisme, tendances à la rumination, perceptions déformées de l'environnement.

Les seuls travaux (en grande majorité théorique) à notre disposition concernent les TPN et/ou le narcissisme et les facteurs environnementaux et/ou psychosociaux (Abadi, 2001 - stress et frustration ; Baumeister et al., 1999 — recherche de sensations (via des actes violents sadiques) ; Livesley et al., 1993 ; Livesley, 1998 ; Svrakic, 1991 — personnalités limites, anti-sociales et déviantes ; Rousso, 1985 — incapacité physique ; Mollon, Parry, 1984 — dépression et estime de soi ; Kuha, 1981, 1986 — stress, tuberculose pulmonaire, maladie coronarienne ; Howe, 1931 – masturbation; Boltz, 1926 – schizophrénie).

La question du diagnostic différentiel (les critères de PN ne sont pas exclusifs entre eux ni spécifiques d'une catégorie) [71] se complique par l'existence d'une comorbidité qui concerne les autres types de personnalités du cluster B (Sabran, Féline, 2002). Il y aurait une forte co-occurrence entre les narcissiques, les états limites et les hystériques appelées *« comorbidité intracluster »* (Stuart et al., 1998) ou encore « similarité intracluster » (Holdwick et al., 1998).

Ces similarités s'expriment par présentation hyperexpressive, des passages à l'acte impulsif et un comportement imprévisible. Les relations interpersonnelles sont particulièrement perturbées chez ces patients qui attendent et exigent des autres, mais se montrent peu empathiques ni soucieux des autres en retour, avec une tendance à exploiter autrui qui génère de fréquents conflits.

Dans une étude de suivi sur quinze ans de patients présentant une personnalité limite soit pure, soit associée à des traits de personnalité anti-sociale, soit associée à des traits de PN, Mc Glashan et Heinssen (1989) montrent assez peu de différences entre ces trois groupes.

On ne dispose pas encore d'études systématiques de la comorbidité de la PN avec une pathologie de l'axe I. Il est probable que les sujets souffrant d'une PN soient exposés aux complications habituelles des pathologies de la personnalité, une décompensation, un trouble anxieux ou encore une ou des addictions. Les narcissiques seraient plus vulnérables à des périodes critiques de leur vie, en particulier lorsqu'ils subissent des événements qui les rendent particulièrement fragiles comme le chômage, une faillite ou un échec (Blackburn, Cottraux, 1995).

En ce qui concerne les *troubles de l'humeur*, la prévalence d'un tel trouble chez les sujets narcissiques n'a pas été spécifiquement étudiée. Mais plusieurs auteurs ont

---

[71] Il se pose avec les personnalités du cluster B (personnalité anti-sociale, borderline, hystérique).

mené des études en comparant la prévalence des personnalités pathologiques dans des échantillons de patients souffrant d'un trouble unipolaire versus des sujets indemnes de l'axe I. Aucun ne retrouve de différence de prévalence entre les deux groupes en ce qui concerne la PN (Solomon et al., 1996 ; Ucock et al., 1998). Cela ne signifie pas pour autant qu'il faille éliminer cette hypothèse si l'on considère la faible prévalence de la PN. Chez les narcissiques, la dépression majeure peut survenir à l'approche de l'âge mûr, quand la conscience des limites physiques et des altérations apparaît et provoque de la détresse.

Comparant la prévalence d'un trouble de l'axe II dans quatre groupes souffrant respectivement de schizophrénie, d'accès maniaques, de maladie unipolaire de l'humeur ou de troubles variés, Jackson et al. (1991) ne mettent pas en évidence d'association significative avec le PN, même dans le groupe souffrant d'un accès maniaque. Dans une importante étude de comorbidité entre les troubles de l'axe I et de l'axe II parmi 200 patients psychiatriques, Oldham et al. (1995) trouvent une association significative entre les personnalités du cluster B et une toxicophilie. Celle-ci serait plus fréquente chez les narcissiques, notamment avec des substances stimulantes pour augmenter leur niveau de fonctionnement et leurs performances, mais cette assertion reste à confirmer. On peut citer l'étude de Porcerelli et Sandler (1995) qui s'intéresse à la psychopathologie des utilisateurs de stéroïdes. Comparant les scores narcissiques de body-builders, utilisateurs ou non de stéroïdes, leurs résultats montrent des scores significativement supérieurs chez les utilisateurs, mais ces résultats ne précisent pas la nature de ce lien entre narcissisme pathologique et utilisation de stéroïdes. Yates et al. (1996) constatent un fort taux de personnalités anti-sociales chez les body-builders utilisateurs de stéroïdes, ce qui peut être un biais dans l'étude précédente, en raison de la comorbidité entre les PN et anti-sociales.

Par ailleurs, la préexistence d'une PN pourrait exacerber l'expression clinique d'un stress post-traumatique, car la PN constituerait une vulnérabilité particulière qui augmenterait la détresse causée par un traumatisme, même de faible intensité (Johnson, 1995).

Les travaux empiriques concernant l'association addiction(s) — sans distinction des addictions — et troubles de personnalité narcissique (TPN) traitent surtout des thèmes de recherche concernant par exemple :

- les violences domestiques, les addictions (drogues, alcool) en relation avec les facteurs macrosociaux, les systèmes familiaux, l'apprentissage social, et les facteurs biologiques et psychologiques (dont le narcissisme) (Harmon, 2002 ; Kuhn, 2000) ;
- l'impulsivité ou d'autres troubles du contrôle des impulsions (pyromanie, kleptomanie, jeu pathologique, trichotillomanie, paraphilies, addictions sexuelles) et TP (narcissique, borderline, anti-sociale et histrionique) — étiologie génétique et neurobiologique (Hollander, Rosen, 2000) ;

– la psychopathie (Spross, 1999) ;
– la culture du narcissisme à travers le consumérisme et les manifestations qu'elle entraîne qui s'expriment dans les comportements d'addiction « *aux drogues* » (drogues diverses, alcool), et/ou « *sans drogues* » (sexe, jeu, achats compulsifs, aliments) (Starace, 2002) ;
– les troubles du comportement sexuel et/ou addiction sexuelle et narcissisme chez des membres du clergé (Lester, 2001) ;
– les sujets addictés détenus porteurs du VIH et réactivations de problèmes psychologiques en rapport avec le narcissisme, les craintes de castration et l'instinct de mort (Benezech et al., 1988).

Les travaux empiriques concernant l'association addiction(s) — avec distinction des addictions — et troubles de personnalité narcissique (TPN) traitent surtout des thèmes de recherche concernant l'alcoolisme ; les troubles du comportement alimentaire ; la boulimie, l'anorexie. Les autres addictions font l'objet de peu de travaux empiriques.

1.2. Addiction et narcissisme

Les travaux le plus souvent théoriques[72] (et plus importants que les travaux empiriques sur l'association addiction(s) et TPN) concernant l'association addiction(s) — avec ou sans distinction des addictions — et le narcissisme sont des études psychodynamiques psychanalytiques. Le matériel clinique (études de cas par exemple) donne accès à l'approche psychodynamique de la personne, à la compréhension de la personnalité des sujets addictés et au traitement de ce TP.

Les études traitent par exemple :

– des dimensions dépressives narcissiques en particulier de nature maniaco-dépressive sous-jacente à la conduite alcoolique et organisatrices du recours et du maintien de la conduite à visée anti-dépressive (Clark, 1919 ; Kielhoz, 1923) ;
– du narcissisme pathologique et/ou des pathologies du soi chez les sujets addictés (Kohut, 1974 ; Bogicevic, 1981 ; McDougall, 1982 ; Valls, 1988, 1989 ; Derby, 1992 ; Van Schoor, 1992 ; Johnson, 1993 ; Wittstein, 1996 ; Springham, 1999 ; Mendes Pedro, 2001 ; Baumeister, Vohs, 2001[73]) ;
– du narcissisme primaire et/ou secondaire chez les sujets addictés (Wallace, 1974 ; Fain, 1981 ; Cohen, 1981 ; Noiville, 1982) ;
– du narcissisme brisé (Olievenstein, 1982, 1987 ; Ferrucci, 1995) ;

---

[72] Discussions théoriques par exemple. Les implications pour le traitement des troubles narcissiques et particulièrement des addictions sont discutées par les auteurs.
[73] De l'addiction comme modèle d'auto-régulation du narcissisme pathologique.

- du narcissisme positif et du narcissisme négatif et du pouvoir de l'addiction chez les poètes contemporains et les philosophes grecs anciens (Solis Garza, 1996) ;
- du narcissisme normal et du narcissisme pathologique (défenses contre les émotions d'amour et de haine) (Wurmser, 1987[74]) ;
- de la névrose d'impulsion (Abraham, 1908 ; Freud, 1930 ; Rado, 1933 ; Fénichel, 1945) ;
- de la névrose narcissique chez les sujets addictés (Simmel, 1929) ;
- de la névrose de transfert chez les sujets addictés (Wallace, 1974) ;
- de l'addiction comme défaillance ou trouble spécifique de l'organisation narcissique de la personnalité (Wurmser, 1982 ; Voigtel, 2000) : carences de l'intériorisation, Brusset (1991) et Jeammet (1991a, 1995, 1997, 2002, 2003 c) ; problème des assises corporelles narcissiques (Marinov, 2001) ; dysrégulations/désordres narcissiques (Rado, 1926 ; De Biase, 1985 ; Brusset (1991) et Jeammet (1991a, 1995, 1997, 2002, 2003 c) ; fixations durant la phase de séparation-individuation (Johnson, 1993) ; fixation durant la phase narcissique du développement psychosexuel (Fenichel, 1945, 1994 ; Gerard, 1955) ; fixation et/ou régression au stade oral du développement psychosexuel (Gerard, 1955 ; Clerici et al., 1986) ; défaillance des relations d'objet (Balint, 1968 ; Wallace, 1974 ; Cohen, 1981 ; Derby, 1992 ; McCarthy, 1997 – à l'adolescence) ; échec de l'objet soi et des ses fonctions (Kohut, 1974, 1977, 1978 ; Grosch, 1994) ; échec de l'identité (Magoudi, Nastasi, 1988) ;
- du narcissisme comme facteur de prédisposition à l'addiction (Wurmser, 1982 ; Vaglum, 1999) ;
- de l'économie addictive comme protection [préservation ou restauration du narcissisme (restauration de la cohésion du soi par exemple, Woodham, 1987) – colmatage d'une blessure narcissique, Charles-Nicolas (1985) et d'un défaut dans la structure psychologique du soi, Kohut (1974, 1977, 1978), pertes narcissiques intrapersonnelles, Skolnick (1979), protection contre une frustration ou un environnement hostile, Kernberg (1984)] contre l'effondrement psychique (Noaille, 2001), la dépression et la psychose (Winnicott, 1969) ; la dépression, l'anxiété (Vieira, 1997), la faible estime de soi (Wiseberg et al., 1975 ; Corman, Khantzian, 1976), contre des sentiments douloureux et pour faire face à des responsabilités dans le monde extérieur (Chein, 1964) ;
- de l'impact de la crise narcissique et des affects écrasants chez les sujets addictés et de l'élaboration de mécanismes de défense pour lutter contre ces affects en particulier : le déni, le clivage, l'externalisation (Wurmser, 1994). [L'addiction étant pour cet auteur un exemple de mécanisme de défense primitif qui peut affaiblir les défenses majeures] ;

---

[74] Des cas cliniques sont présentés pour illustrer la théorie.

- de l'expression du fantasme narcissique au TAT à partir des réponses à ce test projectif chez des adolescents et des sujets âgés présentant des addictions, des TP (psychopathies, états limites), des troubles du comportement alimentaire (Brelet-Foulard, 1994) ;
- des relations interpersonnelles chez les sujets narcissiques addictés (Svarick, 1989) ;
- de l'examen des relations entre le narcissisme et la passion addictive à partir des écrits de S. Freud, P. Aulagnier, J. Kristeva (Silva Bento, 1994) ;
- de l'addiction comme jouissance non sexuelle (Rappard, 1985) ;
- du rôle de l'addiction sur l'impuissance psychique (rétablir un sentiment de puissance interne et contrôler l'impuissance psychique) et sur l'expression de la rage narcissique (laquelle produit une impuissance traumatique écrasante)[75] — Dodes (1995) ;
- des transformations de la subjectivité dans la société moderne et de leur relation avec la théorie et la clinique de la psychopathologie narcissique en rapport avec les addictions et notamment du lien existant entre la culture du narcissisme généralisée à la consommation et à la promotion de l'addiction comme fuite de la subjectivité (Milan, De Gregorio, 2000) ;
- de la clinique psychanalytique des sujets addictés à partir de la présentation d'études de cas (Wurmser, 1974, 1984 - traitement psychanalytique des addictions et implications par rapport au concept de narcissisme ; Lopez-Corvo, 1995 — représentation du soi divisé dans les thérapies psychanalytiques avec des patients addictés narcissiques ; Springham, 1999 — art-thérapie auprès de patients narcissiques addictés aux drogues ou à l'alcool ; Pierini, 1998 ; Derby, 1992, Golberg, 2000 – psychothérapies d'inspiration analytique avec des patients addictés et analyse de la position subjective de l'analyste) ;
- des changements psychiques durant l'adolescence [76], incluant les régressions narcissiques, les crises identitaires sexuelles (perversions sexuelles par exemple), les addictions, les activités délinquantes ou criminelles, et ayant des effets ultérieurs sur la vie des sujets (Gomez, Tebaldi, 1991).
- du rôle de la communication transgénérationnelle (communication entre des parents nés dans les années 60 et de leurs filles[77]), sur la sexualité de ces jeunes filles addictées à l'âge adulte et sur leur narcissisme (implications psychanalytiques) (Cunha Neves, 1997) ;
- de l'examen clinique et psychologique du comportement auto-destructeur (tendances agressives et auto-agressives, effets des drogues sur ces

---

[75] À partir des travaux de Khantzian, Wurmser, Krystal, Ornstein, Myers.

[76] Une étude de cas d'un garçon de 18 ans illustre ce travail théorique.

[77] Communication le plus souvent rompue avec la mère conduisant aux addictions pour soulager le sentiment de solitude et l'absence de repères.

tendances) de 50 adolescents addictés âgés de 15 ans non hospitalisés et sous traitement à l'hôpital[78] (Gusikov et al., 1997) et d'un modèle théorique de l'agression et/ou addiction sexuelle (Wolf, 1998) ;

— du déséquilibre temporel (manque de perspective passée, présente et future) dans la dépression, les addictions et le narcissisme à partir des théories de la personnalité, de la temporalité (Rappaport, 1990).

— du narcissisme des petites différences (Alléon et al., 2003 — en référence à Cosnier (1987) et Diatkine (2000)

Les travaux concernant l'association addiction(s) — avec distinction des addictions — et narcissisme traitent surtout des thèmes de recherche concernant : l'alcoolisme ; les troubles du comportement alimentaire, la boulimie, l'anorexie, problèmes de poids, l'obésité, l'alimentation. Les autres addictions font l'objet de peu de travaux.

Il faut aussi signaler que, dans la théorisation de Loonis (1997), la question du narcissisme est présente, mais n'a pas fait l'objet de publication spécifique : c'est bien au travers de l'action et de la mise en place de son système d'actions que l'enfant construit sa personne étaye son narcissisme. À partir de l'étayage extérieur produit par ses parents, la richesse et la constance des stimulations qu'il reçoit, des incitations qui lui sont prodiguées, il élabore son propre système d'actions qui devient peu à peu étayage autonome pour sa personne. C'est grâce à ce système qu'il pourra gérer lui-même ses sources de stimulations, les rechercher ; sa dépression ou ses vécus dysphoriques. L'ensemble de ces compétences sont à la base de son narcissisme. Les « *bons* » étayages permettent à l'enfant de construire ses propres ressources de gestion hédonique pour développer sa pensée, des connaissances, des compétences, un entraînement à l'action, au langage, à la communication. Quand l'étayage vient à faillir, l'enfant se retrouve seul avec lui-même et c'est l'occasion pour lui de mettre à profit ses apprentissages, les structures de son système d'actions en formation. À partir de ses premières ébauches de stratégies, l'enfant commence à mettre en place une aire transitionnelle, avec des objets transitionnels (Winnicott, 1971), une imagination, des fantasmes, une pensée élaborée et créatrice. Il s'établit une confiance de base en la possibilité de retour à l'étayage, et c'est à partir de cette confiance que se renforce le narcissisme. Par contre, dans le cas des sur ou sous étayages, l'enfant parviendra mal à élaborer sa pensée. Il ne peut acquérir sa confiance dans les autres et dans lui-même pour pouvoir assumer seul sa souffrance psychique. Ses

---

[78] Le matériel clinique permet de mettre en évidence : un narcissisme déficient et destructeur, un conflit interne du moi, un comportement d'agression augmentant avec l'usage régulier et prolongé de l'addiction et conduisant à la suppression ou à la diminution des tendances agressives et à un meilleur contrôle de soi lors de l'installation habituelle dans l'addiction.

élaborations psychiques tournent court vers une pensée-acte, répétitive, compulsive qui est utilisée comme un simple objet source de stimulations. Le défaut de ces stimulations précoces, ou d'autres difficultés en lien avec une atteinte du narcissisme du sujet entraînent une faiblesse dans l'organisation du système d'actions. Celui-ci restera une construction fragile présentant des traits typiques de l'addictivité (investissement massif d'un nombre réduit d'actions), du manque de variété. L'analyse du système d'actions peut être entièrement réinterprétée en termes de narcissisme. Les conséquences d'un système d'actions inconsistant et désorganisé concernent le besoin d'étayage, l'addictivité (utiliser des stratégies d'actions pour lutter contre la dysphorie) et les tendances anaclitiques (utiliser les autres comme étayage du moi). C'est l'inconsistance du système d'actions qui place le sujet dans une position d'insécurité quant à gérer ses états hédoniques et sa dysphorie. Cette insécurité et ses sentiments d'impuissance se retrouvent dans la baisse de l'estime de soi. Ainsi, pour Loonis (1997), la constitution du système d'actions par l'étayage précoce est concomitante de la construction du narcissisme.

1.3. Apports et perspectives

Contrairement aux propos de certains auteurs (Guelfi et al., 2002), la description des différents types d'addictions et de l'existence d'une pathologie et/ou de TP associés dans lequel elle se développe n'est pas abandonnée : alcool et troubles des comportements alimentaires[79]).

Il semble aux vues des travaux de la littérature internationale que les addictions faisant l'objet de travaux empiriques et théoriques en lien avec les TPN et/ou le narcissisme, sont celles pour lesquelles les implications cliniques sont les plus développées.

> C'est le cas pour l'alcool où les traitements des troubles narcissiques chez les sujets alcooliques donnent de bons résultats (cf. par exemple, le programme d'aide spécifique (traitements en 12 étapes) du modèle des Alcooliques Anonymes conçu pour les sujets addictés avec des TPN ; les programmes de traitement des addictions élaborés à partir du modèle de la psychologie du moi (Vaglum, 1999) ou les programmes de traitement des addictions en communauté thérapeutique (Ravndal et Vaglum (1994), que ces programmes soient individuels ou groupaux.

Cependant, des travaux de recherches doivent être conduits ou répliqués pour mettre en évidence l'efficacité de ces traitements, c'est-à-dire en quoi le traitement

---

[79] Même s'il faut reconnaître que les recherches en psychopathologie s'orientent actuellement de plus en plus vers l'étude des poly-addictions. L'association entre elles et les TP aboutissent à considérer l'intrication de multiples facteurs intervenant dans le déterminisme des addictions : facteurs de vulnérabilité génétiques, biologiques, socioculturels et psychopathologiques.

visant à la réduction des TPN peut avoir un effet positif sur l'évolution de l'addiction (sevrage) ?).

Pour les thérapies cognitives et comportementales (TCC), si les implications cliniques des TCC sont connues et font l'objet de nombreux travaux dans le champ des addictions (tabac/sevrage tabagique, alcool, autres drogues), les études actuellement disponibles concernant les TCC et leur impact à la fois sur les TPN et sur les addictions sont peu nombreuses (Dougher, 2000 ; Linehan, 2000 — addictions et TP ; Carroll et al., 1987 – cocaïne et TPN ; Avants et al., 1994 — cocaïne/méthadone et personnalité anti-sociale ; Newhill, Mulvey, 2002 — addictions et personnalité anti-sociale ; Crits-Christoph, 2002 ; Saper, 2002 ; Babiss, 2001; McMain et al, 2001 ; Dimeff et al., 2000 ; Koerner, Linehan, 2000, Linehan, 1999 ; Simpson et al., 1998 ; Tan, 1987 ; Price, 1986 - addictions et personnalité borderline).

En moins de dix ans, le nombre des études utilisant les critères diagnostiques des classifications internationales DSM et CIM s'est accru de façon spectaculaire. Il en va de même pour le nombre des études contrôlées faisant appel à des critères rigoureusement définis. Néanmoins, ces études, aussi rigoureuses soient-elles, ne permettent pas encore de départager clairement les avis en ce qui concerne le caractère péjoratif des TP sur les psychothérapies en général et, d'autre part, ne permettent pas de trancher la question de savoir si les TCC sont véritablement efficaces sur le trouble de l'axe II, comme elles le sont de façon démontrée sur les troubles de l'axe I, du moins à court et moyen terme.

Les séries sont encore trop limitées et ne concernent pas des groupes de TP suffisamment homogènes. Les données empiriques apportent maintes confirmations de l'utilité d'une approche comportementale et cognitive des TP, mais ces études de cas uniques ne sont jamais clairement démonstratives, même si pour les patients et leur entourage seul compte le résultat, à savoir l'allégement des souffrances consécutives aux TP.

L'intérêt croissant porté à ce domaine par différents professionnels de la santé mentale, l'impact des TP sur les coûts médico-sociaux, les retours sur investissements qu'on peut raisonnablement escompter à cet égard, devrait promouvoir des recherches cliniques évaluant l'impact des TP sur les psychothérapies, notamment cognitives et comportementales, dont la méthodologie privilégie particulièrement l'évaluation, mais également des recherches cliniques évaluant l'impact des TCC à la fois sur les TP et sur les addictions.

Pour les psychothérapies analytiques ou la psychanalyse, si les implications cliniques des psychothérapies analytiques ou de la psychanalyse sont connues et font l'objet de nombreux travaux dans le champ des addictions (tabac/sevrage tabagique, alcool, autres drogues), les études actuellement disponibles concernant les psychothérapies analytiques ou de la psychanalyse et leur impact à la fois sur les TPN et sur les addictions sont peu nombreuses et présentent généralement des études de cas comme illustrations des implications des psychothérapies (Goldberg, 2000 ; Kosameh, 1997 ; Vieira, 1997 ; Cunha Neves, 1997 (sexualité) ; Gustafson, 1997, Grosch, 1994 ; Johnson, 1993 ; Van Schoor, 1992 (alcool) ; Fortunato, 1997 – paraphilies – ; Clerici et al., 1986 (héroïne) ; Skolnick, 1979 (douleur) ; Corman, Khantzian, 1976 – méthadone – addictions et psychothérapies psychanalytiques ; Lopez-Corvo, 1995 ; Derby, 1989; Wurmser, 1984 ; Wallace, 1974 – névrose – ; Lizarazo et al., 1964 - addictions et psychanalyse).

Il existe également peu d'études disponibles concernant les autres psychothérapies et leur impact à la fois sur les TPN et sur les addictions (Springham, 1998, 1999 ; Battegay, 1988 – alcool/autres addictions et groupes d'art-thérapie ; Braun, 1993 (résilience), McCarthy, 1997 — addictions et psychothérapie interpersonnelle ; Pierini, 1998 — addictions, thérapies familiales, névrose ; Rappaport, 1990 — addiction et psychothérapie de conseil (avec une perspective temporelle : effet du temps sur la personnalité) ; Carroll et al., 1987 — cocaïne et association de plusieurs psychothérapies (thérapie cognitive, familiale, autres techniques psychothérapiques) ; Soyka, Schuetz, 1997 (hypnotiques), Yeager et al., 1992 (alcool/autres addictions), Corcoran, Longo, 1992 (anabolisants, stéroïdes), Benezech (1988) — addictions et autres psychothérapies non spécifiées ; Donat, 1988 - alcool/autres addictions et psychothérapie médicale ; Cordeiro, 1972 – addictions et relaxation).

> La revue de la littérature non exhaustive concernant l'association entre TPN et/ou narcissisme et addictions permet de montrer que des recherches doivent être conduites et/ou poursuivies dans les domaines où les études sont peu nombreuses : prévalence, sex-ratio, facteurs de vulnérabilité et/ou de protection, évolution de la pathologie en fonction des prises en charge médicales ou psychothérapiques, efficacité des psychothérapies…

2. ADDICTION TABAGIQUE ET TROUBLES DE LA PERSONNALITÉ NARCISSIQUE, NARCISSISME

2.1. Dépendance tabagique, addiction à la nicotine, addiction tabagique

2.1.1. Définitions de la dépendance tabagique

Étudier la dépendance tabagique implique de s'intéresser à deux types de dépendance qui apparaissent étroitement intriqués (Demaria et al., 1990), la dépendance pharmacologique — à la nicotine ou addiction à la nicotine (pour une revue détaillée, cf. Fernandez, 1997) et la dépendance psychologique et comportementale au tabac. La dépendance psychologique et comportementale est constante. Elle est liée aux rites, aux habitudes individuelles et sociales qui ont créé progressivement de véritables réflexes conditionnés (dépendance gestuelle). Ces phénomènes psychologiques sont entretenus et amplifiés par les propriétés psychoactives de la nicotine qui induisent l'apparition de diverses sensations ressenties comme positives à court terme, menant à un renforcement de la conduite tabagique :

— sensation de plaisir et stimulation des fonctions intellectuelles (concentration, vigilance, sélectivité de l'attention, mémoire à court terme) ;
— régulation de l'humeur avec, chez certains, détente dans les situations difficiles (action anxiolytique) ou chez d'autres, stimulation à long terme (action anti-dépressive) ;
— action antinociceptive (réduction de la douleur) ;
— régulation de l'appétit, la cigarette servant de « *coupe-faim* » (Lagrue, 1997).

Pour Ashton et Stepney (1982), le tabac est donc un excellent outil psychologique. Il peut avoir à court terme des effets psychologiques bénéfiques. Fumer constitue donc une façon intéressante de manipuler son état psychologique. Les fumeurs deviennent dépendants de cette « *méthode rapide* » de contrôle psychologique.

La dépendance psychologique est en rapport avec la personnalité du fumeur : dépression (Hughes et al., 1986 ; Glassman et al., 1990 ; Anda et al., 1990 ; Kendler et al., 1993 ; Breslau et al., 1993), schizophrénie (Materson et al., 1984 ; Hughes et al., 1986 ; Lohr et al., 1992 ; Goff et al., 1992) et les comportements qu'il a acquis depuis sa première cigarette. Si elle a eu à l'origine une valeur initiatique chargée de symboles, peu à peu l'acte de fumer s'est ancré dans la vie quotidienne, personnelle et sociale du fumeur. Des associations se sont établies entre la cigarette et certaines circonstances de la vie. Pour de nombreux auteurs, la dépendance psychologique apporte des significations supplémentaires à l'acte de fumer. « *La cigarette et l'acte de fumer sont à même de représenter, de symboliser un grand nombre de notions, des phantasmes, des expériences qui caractérisent le développement psychique de l'enfance. La transposition telle quelle dans l'expérience du tabac des scènes infantiles est frappante : on a souvent l'impression que ce sont des fragments entiers de vécu qui sont répétés avec un minimum de transformation, le polymorphisme symbolique de la cigarette repéré dès les premiers temps de la psychanalyse est certainement une des bases du succès de cette habitude, car chacun quelles que soient ses fixations, peut trouver le moyen d'y retourner et de les repérer via la cigarette* » (Lesourne, 1984).

En ce qui concerne la dépendance comportementale, nous pouvons dire que la consommation d'une cigarette est un rituel bien établi, bien rodé par l'habitude et nécessite toute une série de gestes incontrôlés qui sont les fruits d'un automatisme inconscient : recherche du paquet dans la poche ou le sac à main, ouverture, choix d'une cigarette, sortie de la cigarette, recherche du briquet ou des allumettes, allumage, inspirations, expirations, puis extinction dans le cendrier ou sous la semelle, sans compter tout ce que le fumeur fait pendant les huit minutes environ que dure la combustion. Répété cinq, dix ou quinze mille fois par an, ce rituel devient entièrement automatique et peut ainsi échapper à la conscience du fumeur. La répétition des gestes du fumeur est probablement liée à la courte demi-vie de la nicotine qui implique un réapprovisionnement fréquent, crée et entretient un automatisme gestuel. Ces gestes sont nécessairement associés à une foule de circonstances de la vie et à des stimuli environnementaux agissant comme autant de renforçateurs secondaires (fumer en attendant l'autobus, en descendant du métro, en regardant la télévision…). La survenue des circonstances dans lesquelles le fumeur allume habituellement une cigarette — et qui sont liées en grande partie à ce qu'il recherche — déclenche en lui le processus aboutissant à la consommation d'une nouvelle cigarette, quelle que soit son envie de tabac au moment présent, et même s'il a décidé de ne plus fumer. À côté du maniement de cigarette, qui est un exercice automatique de motricité (la prendre, l'allumer, la tenir, la poser, la fumer, l'éteindre), la gestualité dans l'activité tabagique interroge sur la signification psychologique du geste (Lesourne, 1984 notamment) et sur le rôle de la motricité et notamment de l'agrippement, de cramponnement (Hermann, 1972) et d'objet transitionnel (Winnicott, 1971)[80].

2.1.2. L'addiction à la nicotine

En 1988, le ministre de la Santé américain publie un rapport concernant le tabagisme (*Surgeon General Report's*) intitulé « *Nicotine Addiction* » (addiction à la nicotine). Ce rapport couvre six thèmes majeurs :
1) la pharmacocinétique, la pharmacodynamie et le métabolisme de la nicotine ;
2) les sites et les mécanismes d'action de la nicotine ;
3) l'usage du tabac considéré comme une forme de dépendance ;
4) la comparaison de l'usage du tabac avec d'autres dépendances ;
5) une revue des effets additionnels de la nicotine susceptibles de promouvoir son utilisation ;
6) une revue des traitements de la dépendance tabagique.

Les principales conclusions du rapport qui s'appuient sur les définitions du concept de dépendance développées par l'Organisation Mondiale de la Santé (O.M.S.), l'Institut National Américain d'Abus de Drogues (N. I.D.A.) et l'Association des Psychiatres Américains (A.P.A.) sont :

1) les cigarettes et les autres formes de tabac sont addictives ;
2) la nicotine est la drogue contenue dans le tabac responsable de l'addiction ;

---

[80] Pour une revue détaillée, cf. Fernandez (1997, 2004).

3) les processus pharmacologiques et comportementaux qui déterminent l'addiction sont similaires à ceux qui déterminent l'addiction aux drogues telles que l'héroïne et la cocaïne (U.S.D.H.H.S., 1988 a et b).

Le critère d'addiction (ou de dépendance) inclut des critères primaires et additionnels que le rapport prend en compte. Les critères primaires sont :
1) un usage compulsif ou hautement contrôlé ;
2) des effets psychoactifs ;
3) un comportement renforcé par la drogue.

Les critères additionnels sont fonction du comportement addictif qui implique souvent :
4) des modèles d'usage stéréotypés ;
5) un usage en dépit des effets nocifs ;
6) la rechute suite à l'abstinence ;
7) des envies récurrentes de la drogue.

En dépit de la vaste portée de ce bilan et d'un large consensus dans le monde scientifique (des milliers de références compilées par les chercheurs dans ce rapport), des interrogations continuent à être exprimées concernant la nature addictive de la nicotine. Deux camps s'affrontent : d'un côté, les partisans de la « *Nicotine Addiction »*, de l'autre, les censeurs de l'hypothèse addictive de la nicotine. Les principaux arguments qui alimentent le débat sont :

1) Addiction ou habituation ?

La définition du concept d'addiction est au centre des polémiques. En 1964, le S.G.R. (*Surgeon General Report's*) donne une définition de la pratique tabagique qui distingue l'habituation de l'addiction : « *la pratique tabagique en terme médical et scientifique doit être qualifiée d'habituation pour la distinguer de l'addiction, les effets biologiques du tabac, du café et des autres breuvages contenant de la caféine… ne sont pas comparables à ceux produits par la morphine, l'alcool, les barbituriques et les autres drogues addictives puissantes* ». Les bases de cette distinction développées en 1964 ont été établies à partir des définitions de l'addiction et de l'habituation données par l'O.M.S.

À l'époque, l'addiction était définie comme « *un état périodique ou chronique d'intoxication produit par la consommation répétée d'une drogue (naturelle ou de synthèse). Ses caractéristiques incluaient : — un irrésistible désir ou besoin (compulsion) de continuer à prendre la drogue pour obtenir ses effets ; — une tendance à augmenter la dose ; — une dépendance psychique ou psychologique et généralement ; — une dépendance physique aux effets de la drogue ; — des effets nuisibles pour la personne et pour la société* ».

L'habituation au contraire était définie comme « *une condition résultant de la consommation répétée d'une drogue. Ses caractéristiques incluaient : — un désir (mais pas une compulsion) de continuer à prendre la drogue avec le sentiment de bien-être qu'elle engendre ; — une tendance ou non à augmenter la dose ; — un degré de dépendance psychique à l'effet de la drogue, mais une absence de dépendance physique et désormais un syndrome d'abstinence ; — des effets nuisibles sur l'individu plutôt que sur la société ».*

Ces deux définitions étaient utiles pour les censeurs de l'hypothèse addictive, car elles avaient l'avantage de faire une distinction entre les drogues auxquelles on est « *accroc* » (addiction) et les drogues auxquelles on est habitué (accoutumance). Selon ces opinions, la cocaïne, de même que la nicotine seraient des drogues auxquelles on s'habitue, mais auxquelles on n'est pas addicté (Stolerman, Jarvis, 1995). Ils critiquent ainsi le changement de position du S.G.R. concernant la définition de l'addiction à la nicotine qu'ils jugent inappropriée. Pour les partisans de la « Nicotine Addiction », ces définitions étaient désuètes et elles ont évolué au cours du temps en réponse à chaque profil de drogues et à chaque série d'utilisateurs. Elles privilégient différents axes théoriques (sociologique, biologique, clinique) qui représentent autant de façon d'aborder le problème. Les récentes définitions reconnaissent la difficulté d'adaptation de toutes les substances dans un cadre rigide. Concernées par la question du diagnostic et par la recherche d'une formulation qui permet aux drogues d'être considérées comme addictives ou non, elles veulent éviter les définitions sommaires concernant la nature de la dépendance en se centrant sur une variété de critères utiles pour définir l'addiction : usage compulsif ou hautement contrôlé, effet psychoactif, comportement renforcé par la drogue...

2) Intoxication

Concernant cette question, les censeurs de l'hypothèse addictive considèrent que la nicotine ne cause pas d'intoxication et n'est donc pas un trait essentiel de l'addiction. Par conséquent pour ces auteurs, la nicotine n'est pas une drogue, car la consommation de tabac, contrairement à celle de l'alcool, est rarement responsable d'une intoxication (Warburton, 1985). Même si la nicotine ne produit pas une intoxication apte à provoquer un état invalidant (Robinson, Pritchard, 1992) ou qui empêche l'individu d'accomplir des obligations majeures (Hughes, 1993), elle peut entraîner des sensations de vertige en l'absence de tolérance aiguë (West, Russel, 1987). Le sevrage peut induire des difficultés de concentration gênant éventuellement les performances dans le travail et une irritabilité susceptible de détériorer les relations familiales (Hughes et al., 1990). Les faits précédents amènent cependant les partisans de la « Nicotine Addiction » à abandonner le critère d'intoxication jugé non pertinent pour caractériser l'addiction (West, 1992 ; Stolerman, Jarvis, 1995).

3) Usage compulsif ou hautement contrôlé

Selon le S.G.R., « *l'usage compulsif ou hautement contrôlé indique qu'un comportement de recherche ou de prise de drogue est souvent commandé par une forte et irrésistible pulsion* » (U.S.D.H.H.S., 1988 a et b). Pour les partisans de la « *Nicotine Addiction* », de nombreux fumeurs peuvent être considérés comme addictés s'ils montrent un usage compulsif ou hautement contrôlé du tabac, c'est-à-dire une pulsion irrésistible à accomplir l'acte tabagique contre leur raison et contre leur volonté. Ainsi, le fumeur compulsif serait : — un sujet qui fume quotidiennement un nombre important de cigarettes (Smith, Browne, 1992) ; — un sujet qui est généralement fortement dépendant du tabac et qui signale toujours ou presque toujours une envie irrésistible de fumer quand il est sans cigarettes (Russel, 1978) ; – un sujet qui ne veut pas, ne sait pas, ne peut pas ou éprouve des difficultés à s'arrêter de fumer (rechutes) même dans le cas d'un tabagisme sévère apparenté à une maladie : laryngotomie, problèmes cardiaques, cancer du poumon.

Pour les censeurs de l'hypothèse addictive, il est difficile de dire où finit l'emploi régulier du tabac et où commence la compulsion. Les fumeurs n'expérimentent pas de puissantes envies de fumer tout le temps. Ils peuvent rester de longues périodes sans cigarettes. De nombreux fumeurs fument au travail et pas à la maison et vice versa. Beaucoup s'abstiennent de fumer durant de longues périodes, pour des raisons pratiques, religieuses ou sociales sans apparemment expérimenter aucune privation (Robinson, Pritchard, 1992), par exemple, les mineurs de fond qui ne peuvent pas fumer dans la mine (que dire alors de l'utilisation par les mineurs du tabac à priser comme substitut du tabac fumé ?) et les juifs orthodoxes qui ne fument pas pendant le Sabbat (que dire alors des rapports concernant les émeutes en Israël, il y a plusieurs années quand les usines de tabac étaient en grève ?) (Warburton, 1985, 1989 a et b) et il est donc déraisonnable de considérer que la nicotine est addictive.

4) Effets psychoactifs

Selon le S.G.R, pour différencier la dépendance à une drogue des comportements habituels non impliqués dans les drogues, il doit être démontré que la drogue induit des effets psychoactifs (euphorie, altération de l'humeur…). Il est vrai que la nicotine est psychoactive, mais la psychoactivité fait-elle de la nicotine ou d'une autre substance, une substance addictive ? Le S.G.R. considère la nicotine, l'héroïne et la cocaïne comme psychoactives, ce qui est vrai, mais très différentes dans leurs effets. L'héroïne provoque l'euphorie, altère la performance. La cocaïne altère le jugement (Goodman, Gildman, 1985). La nicotine, au contraire, améliore la performance, rend le consommateur plus alerte et réduit l'anxiété (Warburton et al., 1988). Pour Pomerleau et Pomerleau (1984), la nicotine a un profil pharmacologique qui s'accorde parfaitement avec son usage pour faire face à certaines situations. À la différence des autres drogues, la nicotine facilite la performance pour certaines tâches. Ainsi, en termes de critère psychoactif, elle a un mode comportemental d'action tout à fait différent de l'héroïne et de la cocaïne. L'usage répété de cocaïne entraîne des changements psychologiques : dépression, irritabilité, incapacité à expérimenter le plaisir, manque d'énergie et isolement social alors qu'il n'y a pas de changements psychologiques après l'usage de la nicotine toute une vie (Warburton, 1989 a et b).

Pour les censeurs de l'hypothèse addictive à la différence des partisans de la « *Nicotine Addiction* », le fait de montrer qu'une drogue est psychoactive ne permet pas d'établir si elle est addictive ou pas. De nombreuses autres drogues consommées tous les jours, théophylline dans le thé, théobromine dans les produits dérivés du cacao, caféine dans le café sont psychoactives. Sont-elles pour autant considérées comme addictives ?

5) Comportement renforcé par la drogue

Pour les partisans de la « *Nicotine Addiction* », avoir un comportement renforcé par la drogue signifie que l'activité pharmacologique de la drogue est satisfaisante pour entretenir l'auto-administration (U.S.D.H.H.S., 1988 a et b). Ils considèrent que toute addiction (y compris la nicotine est caractérisée par une auto-administration répétitive) a des effets de renforcement positif (plaisir, euphorie, hédonie, améliorations des performances intellectuelles...) sans lesquels il est improbable que l'auto-administration puisse se développer. Des preuves apportées par des études de discrimination de drogues et des systèmes de récompenses du cerveau montrent aussi que les mécanismes psychopharmacologiques de la nicotine ont de fortes ressemblances avec les mécanismes d'abus d'autres substances addictives classiques (Stolerman, Jarvis, 1995). Pour le S.G.R., en effet, « *... les processus pharmacologiques et comportementaux qui déterminent l'addiction au tabac sont similaires à ceux qui déterminent l'addiction aux drogues telles que l'héroïne et la cocaïne* » (U.S.D.H.H.S., 1988 a et b). Cette conclusion renvoie pour une large part au rôle joué par la nicotine comme renforçateur primaire dans les études d'auto-administration animales comme celles de la « *Conditioned Place Preference* ». Avec des drogues comme l'héroïne et la cocaïne, les rats et les singes peuvent être facilement dressés à appuyer sur un levier pour obtenir une injection (Ollat, 1995). Ce n'est pas le cas avec la nicotine (Warburton, 1989 a et b). Aussi, Golberg et Henningfield (1988) concluent que la nicotine peut agir comme un renforcement effectif chez les êtres humains et les animaux d'expérience, mais cela se fait sous un éventail limité de conditions environnementales. Les stimuli environnementaux jouent un rôle beaucoup plus important dans l'auto-administration de nicotine que dans l'auto-administration d'héroïne ou de cocaïne (Bozarth, 1990). Autrement dit, la nicotine est moins effective que la nourriture par exemple pour le dressage des animaux consistant à appuyer sur un levier et elle n'est certainement pas aussi puissante que l'héroïne et la cocaïne. Il y a donc des différences claires entre le comportement d'auto-administration des animaux concernant les drogues telles que la cocaïne ou l'héroïne et la nicotine ou la caféine (Griffiths et al., 1979). Globalement, les nombreuses études d'auto-administration comme celles de la « *Conditioned Place Preference* » montrent que « chez l'animal comme chez l'homme, les produits addictifs n'ont pas tous des effets plaisants et que certains ont même des effets aversifs ». De plus, « *elles ont souvent donné lieu à des* *résultats contradictoires dus en grande partie à des problèmes méthodologiques (conditions expérimentales, espèces et souches utilisées, doses administrées...) ».* La comparaison des profils pharmacologiques et des effets des produits addictifs chez l'homme permet de distinguer trois groupes : — celui des produits qui activent le système de récompense et qui ont des effets de renforcement positif : amphétamine, cocaïne, opiacés ; — celui des produits qui n'ont pas (ou peu) d'effets sur le système de récompense, mais exercent des effets de renforcement positif : nicotine, alcool, benzodiazépines ; — celui des produits qui n'ont apparemment pas d'effets de renforcement positif : cannabis, L.S.D.. , phencyclidine et barbituriques (<u>tableau II</u>, Ollat, 1995).

En référence à ces différents travaux, les censeurs de l'hypothèse addictive rejettent les découvertes des effets de renforcements de la nicotine qu'ils estiment peu convaincantes. Ils considèrent d'une part que la nicotine n'est pas addictive parce qu'elle est un faible renforçateur et d'autre part, que l'auto-administration de nicotine n'appuie pas l'argument de la nature addictive de la nicotine (Robinson, Pritchard, 1992).

La polémique a été relancée lorsque le comité d'experts sur les toxicomanies de l'O.M.S. a proposé le classement de la nicotine parmi les stupéfiants. « En octobre 1996, les neuf experts indépendants membres de ce comité s'étaient réunis à Genève pour effectuer un examen préliminaire du statut des médicaments de substitution au tabac à base de nicotine. La discussion sur les gommes et les patches à l'usage des fumeurs avait vite tourné court, leur propension à engendrer une dépendance n'ayant pas été jugée suffisante pour justifier leur classement parmi les produits psychotropes soumis à la convention de Vienne de 1971 ou parmi les stupéfiants figurant dans la convention dite *« unique »* de 1961. Les experts avaient en revanche été *« unanimes »* (...) pour considérer que le *« vrai problème était celui de la nicotine dans le contexte du tabac »* et qu'il était désormais *« envisageable d'examiner sous l'angle de la convention unique de 1961, le statut de la nicotine dans le tabac ».* *« La convention unique de 1961 sur les stupéfiants qui constitue le corpus commun des règles internationales en la matière, classe les différentes substances, en quatre tableaux, en fonction de leur intérêt thérapeutique. Le principe est schématiquement le suivant : seule l'utilisation médicale d'un produit inscrit sur la liste est autorisée, et tout autre type d'usage est prohibé, sauf s'il bénéficie d'une dérogation à titre expérimental. Dans l'hypothèse où la nicotine serait inscrite sur cette liste, seuls les produits destinés au sevrage tabagique, dont la visée est thérapeutique, pourraient être légalement utilisés »* (Folléa, 1997).

Tableau II : Profils pharmacologiques et effets comportementaux chez des rongeurs des produits addictifs chez l'homme (Ollat, 1995).

CLASSE	Effets sur les tests comportementaux		Profils pharmacologiques
	Auto-administration	Conditioned Preference Place	
PSYCHOSTIMULANTS			
*amphétamine	+	Plaisant	agoniste DA, NA
*cocaïne	+	Plaisant	agoniste DA, NA
*cannabis	±	Neutre	?
OPIACÉS	+	Plaisant	agoniste des récepteurs μ
HALLUCINOGÈNES			
*L.S.D..	–	Neutre, Aversif	agoniste 5HT2
*phencyclidine	+	Aversif	antagoniste NMDA
*kétamine	+	Aversif	antagoniste NMDA
*mescaline	?	?	agoniste DA, NA
NICOTINE	±	Plaisant, Neutre, Aversif	agoniste Ni (et DA)
SÉDATIFS			
*alcool	±	Plaisant, Neutre, Aversif	agoniste GABAA, antagoniste NMDA
*benzodiazépines	+	Plaisant	agoniste GABAA
*barbituriques	+	Aversif	agoniste GABAA

DA : dopamine — GABA : acide -amino-butyrique - 5HT : sérotonine — NA : noradrénaline - NMDA : N-méthyl-D-aspartate – acide aminé excitateur — .

+ : l'animal s'autoadministre le produit ; — : l'animal ne se l'administre pas ; ? : absence de données formelles.

De nos jours, une énorme littérature scientifique tend à prouver que la nicotine est responsable de la dépendance au tabac et de nombreuses études contrôlées ont démontré que la nicotine atténue les troubles ressentis à l'arrêt du tabac et augmente le pourcentage de succès. Cependant, les propriétés psychoactives de la nicotine font encore l'objet de controverses et il est difficile d'adhérer à ce consensus.

Dans une revue récente de la littérature, Heishman (1994) constate que la plupart des études publiées utilisent une méthodologie défectueuse (petits effectifs, absence de groupes placebo, absence de dosage de nicotine sérique couplé aux tests psychométriques). Les études bien conduites au plan méthodologique démontrent, cependant, la capacité de la nicotine à corriger les troubles cognitifs (attention, mémoire, apprentissage) induits par le sevrage chez les fumeurs. En revanche, la nicotine ne paraît pas améliorer les fonctions cognitives chez les sujets non-fumeurs ou chez les fumeurs non abstinents.

Les arguments expérimentaux ne sont pas absolument convaincants. En 1942, le chercheur américain Johnson s'est injecté de la nicotine, et a déclaré que cela lui donnait une sensation agréable. Mais il ne compara pas avec la solution placebo injectée sans qu'il connaisse le contenu réel de la seringue et ne devint jamais un adepte de la nicotine sous-cutanée. D'autres essais chez l'homme ont montré que des volontaires préféraient s'injecter de la nicotine plutôt que du sérum salé, mais on est surpris de constater qu'il s'agissait de polytoxicomanes, prêts à choisir tout ce qui pouvait leur apporter une sensation quelconque.

Les propriétés addictives de la nicotine sont mieux documentées par les expériences animales d'auto-administration (singes, rats ou souris).

Le principe consiste à implanter dans une veine un cathéter relié à un réservoir de nicotine. L'animal peut ainsi déclencher l'injection d'une dose de nicotine par appui sur un levier. La répétition fréquente et spontanée de ces injections définit le comportement d'auto-administration.

Les expériences conduites chez le singe démontrent la possibilité de déclencher un tel comportement avec la nicotine. Ce comportement d'auto-administration est aboli lorsque la nicotine est remplacée par du sérum physiologique ou associée à la mécamylamine (antagoniste nicotinique) (Goldberg et al., 1981). Cependant, la capacité de la nicotine à susciter ces auto-injections est très faible par rapport à ce que l'on peut obtenir avec la cocaïne ou les opiacés.

Après un an d'efforts, une équipe japonaise a réussi à faire fumer des singes (cf. Molimard, 2003). Il a d'abord fallu leur apprendre à aspirer à travers un tube : 1) un liquide sucré (récompense) distribué par une fontaine lorsque de l'air seulement arrivait par le même tube. 2) puis, on augmentait la force avec laquelle ils devaient aspirer l'air pour obtenir la récompense. 3) enfin, on faisait arriver la fumée. Deux singes sur quatorze ont ainsi appris à fumer. Un seul des deux singes fumait assez régulièrement. 4) on a remplacé la fumée de la cigarette normale par la fumée d'une cigarette faite de feuilles de tabac greffé de plants de tomates. Comme les alcaloïdes sont formés dans les racines, ces feuilles étaient exemptes de nicotine. On a alors observé une extinction du comportement, car le singe a délaissé rapidement le tube qui amenait la fumée. 5) En redonnant alors de la fumée de tabac véritable, le comportement reprenait très vite. Bien que basée sur un seul singe, cette expérience est démonstrative. Elle ne prouve cependant pas le rôle exclusif de la nicotine, car cette greffe a pu priver les feuilles de beaucoup d'autres composants du tabac. Par ailleurs, un protocole expérimental aussi lourd est en pratique inutilisable pour les études sur le tabac. Les travaux sur le singe sont très difficiles, extrêmement onéreux et se heurtent aux difficultés éthiques que soulèvent les études sur ces animaux.

La plupart des études sont réalisées chez le rat ou la souris. Malheureusement, on se heurte là aussi à de grandes difficultés. Pas question de faire fumer une mini-cigarette à un rat. On ne peut que l'enfumer.

Ivan Chouroulinkov, chercheur en cancérologie au CNRS de Villejuif, enfumait des rats pour étudier les cancers provoqués par la fumée. Une machine fumait artificiellement des cigarettes et emplissait de fumée fraîche une cuve cylindrique en plexiglas, munie d'une douzaine d'orifices latéraux. On faisait entrer des rats tête première dans des tubes étroits en plexiglas. Le fond du tube était percé du côté du nez et l'on fermait derrière le rat avec un gros bouchon percé. Ainsi, la fumée pouvait circuler autour de l'animal. On branchait alors les tubes sur la cuve à fumée. Chouroulinkov a d'abord pensé que les rats devenaient vite dépendants et en manque, car, alors qu'ils n'avaient pas été enfumés pendant le week-end, ils se précipitaient dans leur tube dès qu'on les sortait de leur cage. Pour en avoir le cœur net, une sorte de ratodrome fut construit : une boîte cylindrique, portant en étoile 6 tubes à rats. Un seul des tubes était relié au réservoir de fumée. Une dizaine de rats mâles et autant de femelles avaient été enfumés pendant trois mois dans l'étude de Chouroulinkov. On plaçait un rat dans la boîte et on observait son comportement. Dans un tel environnement, un rat obéit à sa nature qui est d'explorer tous les trous qu'il rencontre. C'est ce que firent les rats de l'expérience, mais ils se gardèrent de s'aventurer dans le seul qui donnait accès à la fumée. Quand on les poussait dans ce tube, ils faisaient une marche arrière effrénée pour sortir du tube. L'enfumage ne rendait pas les rats dépendants.
L'enfumage ne rend pas l'homme dépendant non plus. Les enfants qui font leurs devoirs dans l'atmosphère enfumée du bar-tabac des parents ne deviennent pas fumeurs plus souvent que les autres.

Pour devenir dépendant, il faut une démarche active, mue par le désir d'essayer une cigarette et de persister malgré les éventuelles sensations désagréables provoquées lors de l'initiation.

Pour l'expérimentation animale, il est plus facile d'utiliser la nicotine, d'autant qu'elle est miscible à l'eau et qu'on peut l'administrer en injections. Certains auteurs ont pu obtenir que des rats et même des souris s'injectent de la nicotine en appuyant sur des leviers placés dans 1eur cage. Mais c'est beaucoup plus difficile qu'avec la morphine ou la cocaïne. On utilise parfois des artifices, comme de rendre d'abord les rats dépendants de la cocaïne. Lorsqu'ils ont appris à presser le levier pour avoir la cocaïne, on la remplace par la nicotine.

Pendant quinze ans, Molimard (2003) a tenté d'obtenir que des rats s'injectent de la nicotine, même avec cet artifice, sans un seul succès. Est-ce une question de souche, de rats, de détails techniques qui lui ont valu autant d'échecs ? Pourtant, avec la même technique, il avait des rats qui se faisaient trois cents injections de cocaïne par jour. Mystères de l'expérimentation. C'est toujours le même problème. Un résultat expérimental publié dans les revues scientifiques doit pouvoir être reproduit par d'autres expérimentateurs pour être considéré comme décisif. De plus, l'interprétation donnée à des résultats positifs doit être irréfutable.

À titre d'exemples, il existe des travaux faisant état d'auto-injections de nicotine par des rats concluant qu'ils en étaient devenus dépendants. Mais les détails du protocole laissent place au doute. Alors qu'ils étaient à jeun depuis la veille, on les habituait d'abord à appuyer sur un levier avec comme récompense une boisson sucrée arrivant par une fontaine. Puis, dans les mêmes conditions, l'appui sur le même levier provoquait l'injection de nicotine. Ils se mettaient alors à se l'auto-administrer.

Hormis le fait que Molimard (2003) a personnellement tenté ce type d'expérience sans succès, ce qui peut relever de causes multiples, l'interprétation n'est pas aisée, sachant que la nicotine élève rapidement la glycémie. S'agit-il donc d'une réelle dépendance à la nicotine agissant sur les centres de récompense du cerveau, ou bien ces animaux affamés ont-ils appris que la nicotine leur apportait le même bien être que le petit déjeuner sucré ?

Un autre moyen de rechercher l'attachement possible d'un animal à un produit est *la préférence de place (conditioned preference place)*.

L'idée est simple. Deux cages communiquent par un sas. Leur décor est très différent pour que les rats ne les confondent pas. Dans l'une, le sol est lisse, les parois à pois noirs sur fond blanc. Dans l'autre, le sol est rugueux et les parois à rayures. On place un rat dans une des cages où on lui injecte simplement du sérum physiologique, qui est de l'eau légèrement salée à 9 g par litre pour que l'injection ne soit pas douloureuse. Le lendemain, on le met dans l'autre cage où on lui injecte le produit à étudier, dissous dans le sérum physiologique. On répète plusieurs jours de suite, le rat recevant toujours le même type d'injection dans la même cage. Après quoi, on place le rat dans le sas, libre d'aller dans l'une ou l'autre des cages. On compte le temps qu'il passe dans chacune d'elles. S'il est égal, on suppose que le produit est neutre, ne produisant ni attirance ni déplaisir. Si l'animal passe plus de temps dans la cage où il avait l'habitude de recevoir le produit, on suppose qu'il l'a ressenti comme agréable et souhaiterait en recevoir à nouveau. S'il évite cette cage, on suppose que recevoir le produit a été une expérience désagréable à ne pas renouveler.

Les rats passent ainsi beaucoup plus de temps dans une cage où ils ont reçu une injection de morphine. La nicotine donne des résultats contradictoires.

Certains auteurs ont trouvé qu'elle induit une préférence de place, d'autres nient catégoriquement qu'elle existe.

Les divers produits médicamenteux contenant de la nicotine, gommes, timbres, comprimés à sucer ou inhalateurs sont présentés comme des *« substituts nicotiniques »*, dans un souci d'établir un parallèle avec le traitement des héroïnomanes par la méthadone ou la buprénorphine *(Subutex@).* Il s'agit dans ces cas d'une réelle substitution d'un opiacé par un autre opiacé. Comme l'héroïne ou la morphine sont éliminées relativement rapidement de l'organisme, le réapprovisionnement doit être fréquent, alors que les opiacés de substitution persistent beaucoup plus longtemps, ce qui fait leur intérêt. On estime en effet que l'addiction à un produit est d'autant plus facile et intense que ce produit a une *demi-vie* courte. (la demi-vie est le temps nécessaire pour que la concentration dans le sang diminue de moitié). On comprend bien qu'un produit qui nécessite un réapprovisionnement très fréquent rend le comportement d'auto-administration rapidement très automatique. L'habitude du geste amplifie la sensation de besoin. La recherche du produit peut alors mobiliser toute l'énergie du sujet. *« Je ne me pouvais pas me lever le matin tant que je n'avais pas imaginé comment trouver les* quatre cents euros *qui m'étaient nécessaires pour me procurer ma dose d'héroïne quotidienne »* (propos d'une jeune toxicomane). Un produit à longue demi-vie rompt ce cycle comportemental infernal. Il permet une réinsertion sociale, la reprise d'un travail régulier. Mais ces médicaments de substitution sont des opiacés addictifs, de même nature que l'héroïne, ils font aussi l'objet de trafics clandestins. Parler de *« substituts nicotiniques »* me semble, comme Molimard (2003), un abus de langage. Cela sous- entend que la nicotine résumerait ce que cherche le fumeur dans le tabac. De plus, il n'a pas été besoin de faire de la publicité à la télévision ou de mettre des affiches sur les culs de bus pour que les héroïnomanes découvrent que le *Néocodion@* (codéine) ou le *Temgésic@* (buprénorphine) les soulageaient quand ils étaient en manque.
Ce sont évidemment des sujets très dépendants du tabac qui utilisent les différents médicaments à la nicotine pour tenter de s'arrêter de fumer. C'est chez eux qu'ils sont le plus actifs. On s'attendrait à ce que ces fumeurs deviennent très accrochés à cette forme d'apport de la molécule responsable de leur addiction, et aient des difficultés à s'en débarrasser. Il n'en est rien. Il n'y a pratiquement pas d'utilisateurs prolongés de timbres nicotiniques. Après deux ou trois mois de traitement, la grande majorité les abandonne sans problème. Les utilisateurs de gomme sont les plus nombreux à continuer. Près de la moitié continuent à la mâcher un an après avoir arrêté de fumer. Mais un pourcentage équivalent de sujets continuait à mâcher une gomme placebo ne contenant pas de nicotine. Tic masticatoire des adeptes du chewing-gum, peur de recommencer à fumer si l'on se prive de ce qui a aidé à arrêter, il y a beaucoup d'autres explications possibles à ces usages prolongés que de conclure hâtivement qu'ils sont une preuve de dépendance à la nicotine.

Un fumeur ne semble donc pas prêt à échanger sa cigarette contre de la seule nicotine. On ne peut identifier la puissante addiction au tabac à une seule addiction à la nicotine.

2.1.3. L'addiction tabagique

L'examen des travaux réalisés dans le cadre de l'addiction à la nicotine nous confronte à la question pourquoi le fumeur fume-t-il ? Mais aussi et surtout à la question que recherche le fumeur dans le tabac ?

En référence à Molimard (1995), l'individu fume du tabac contenant de la nicotine (ou chique du tabac, mâche des chewing-gums nicotinés, utilise des patches nicotinés) pour au moins **quatre raisons** :

1) la nicotine est un alcaloïde qui stimule les récepteurs neuronaux, elle induit la libération des catécholamines en particulier de la dopamine dans les structures cérébrales dites *« de récompense »* ;
2) la nicotine a des effets psychoactifs à la fois stimulants et relaxants ;
3) la nicotine calme les symptômes de sevrage nicotinique ;
4) la nicotine augmente le taux de succès du sevrage au tabac fumé.

Toujours selon Molimard (1995), on note : que les fumeurs modifient leur action de fumer apparemment pour obtenir un niveau agréable de nicotinémie ; que certains ex-fumeurs semblent être devenus dépendants de la gomme à la nicotine ; enfin que l'on a pu décrire des modèles animaux d'auto-administration de nicotine. Cependant, Molimard pose un certain nombre de réserves à ces données, car il apparaît que le fumeur recherche *« autres choses »* dans le tabac :

1) il y a de nombreuses autres substances mal connues dans le tabac ;
2) on n'a jamais observé de toxicomanie à base de nicotine purifiée ;
3) les modèles animaux de dépendance sont tous critiquables et peu fiables ;
4) le phénomène de titration peut signifier l'évitement d'une dose désagréable ;
5) cet effet aversif peut expliquer les succès thérapeutiques ;
6) les résultats thérapeutiques sont partiels ;
7) à long terme, ceux qui ne s'arrêtent pas de fumer ne deviennent pas idiots ;
8) le pourcentage de dépendants à la gomme est faible ;
9) on ne peut écrire l'identité : nicotine = tabac.

Nous sommes de l'avis de Molimard (1995), mais sa réponse à la question *« que recherche le fumeur dans le tabac ? »* est incomplète.

D'autres choses…, cela implique aussi de s'intéresser aux états psychobiologiques qui *« sont le résultat de véritables stratégies comportementales que les êtres humains mettent en place, aussi bien pour fuir la souffrance, le malaise, le stress, que pour trouver des états positifs de bien être »*. Ces états psychobiologiques sont *« le produit d'une multitude de processus biologiques, psychologiques et sociaux »*

(Loonis, 1997) et aux aspects psychopathologiques du tabagisme (automédication physique et psychique, recherche de plaisir, de stimulations, d'émotions fortes, forme particulière d'organisation des processus psychiques, aléas du développement de la personnalité, fragilités et dysrégulations narcissiques). C'est en faisant aussi appel au fonctionnement psychique qu'il est possible de comprendre ce qu'est l'addiction tabagique et non l'addiction à la nicotine.

L'addiction tabagique ne se pose pas en termes d'addiction à la nicotine, même si on doit tenir compte de la potentialité addictive de cette substance. Nous parlons d'addiction tabagique dans une perspective psychopathologique à partir du moment où :

- l'acte de fumer devient un besoin physiologique et psychique qui s'intériorise et qui s'ancre dans la vie quotidienne. Le sujet fume régulièrement, tous les jours, et sa consommation augmente. Il ressent le manque physique s'il cherche à contrôler le besoin physiologique et un malaise psychique s'il essaie de maîtriser le besoin psychologique.
- Le piège addictif se referme peu à peu et :
- le sujet est dans l'incapacité à mettre un terme à ce comportement.
- la diminution du tabagisme ne peut être obtenue en dépit de la connaissance des risques (de maladie, de mort).
- Comme pour la dépendance, l'addiction tabagique doit être comprise comme un processus complexe articulant à la fois une forme particulière de souffrance psychique et la prise systématique du produit-tabac.
- Les modalités de cette articulation constituent le processus d'addiction tabagique :
- l'addiction tabagique fait fonction d'automédication psychique, elle peut être employée pour apaiser les tensions (stress, angoisse), pour chasser une sensation de malaise psychique ;
- l'addiction tabagique est une voie d'accès au plaisir, aux émotions fortes, aux stimulations ;
- l'addiction tabagique est liée à la personnalité du sujet et à la relation qu'il entretient avec le produit et/ou l'objet de dépendance ;
- l'addiction tabagique introduit une forme particulière d'organisation des processus psychiques (recours à l'agir addictif au détriment de l'élaboration, mode particulier d'équilibre entre investissements narcissiques et objectaux, échec de la dimension identificatoire), car elle est une expérience psychique et corporelle ;
- l'addiction tabagique est aussi à rapporter à des aléas du développement de la personnalité (échec du processus de séparation-individuation, troubles dans les interactions mère-enfant, difficultés d'investissement du corps propre) ;

– enfin, l'addiction tabagique renvoie à des défaillances des régulations narcissiques et doit donc être située dans une pathologie évoquant l'axe narcissique.

3. TABAGISME, ADDICTION TABAGIQUE ET NARCISSISME, DISPOSITION NARCISSIQUE

Les principales addictions font l'objet de nombreux travaux théoriques et empiriques accessibles. De nombreux auteurs ont insisté sur le lien étroit entre les addictions et les TPN et/ou narcissisme pourtant très peu se sont vraiment intéressés à l'addiction tabagique et les TPN et/ou narcissisme.

3.1. Tabagisme, addiction tabagique et troubles de personnalité narcissique

Notre état des lieux et nos travaux concernant les approches des addictions, nous permettent de définir l'addiction tabagique ainsi :

« L'acte de fumer devient un besoin physiologique et psychique qui s'intériorise et qui s'ancre dans la vie quotidienne. Le sujet fume régulièrement, tous les jours et sa consommation augmente. Il ressent un manque physique s'il cherche à contrôler le besoin physiologique et un malaise psychique s'il essaie de maîtriser la besoin psychologique. Le piège addictif se referme peu à peu et :
— le sujet est dans l'incapacité à mettre un terme à ce comportement.
— la diminution du tabagisme ne peut être obtenue en dépit de la connaissance des risques (de maladie, de mort).
L'addiction tabagique doit être comprise comme un processus complexe, articulant à la fois une forme particulière de souffrance psychique et la prise systématique du produit-tabac. Les modalités de cette articulation constituent le processus d'addiction tabagique ».

Les travaux empiriques sur le tabagisme/addiction et TP sont rares (Kanost, 1997 ; Fernandez, 1997, 1998, 1999 ; Philipps, 1998) et divergents quant aux résultats obtenus par les deux études.

Kanost (1997) a réalisé une étude auprès de 195 adolescents addictés (alcool, tabac, autres drogues) âgés de 14 à 18 ans (New York et banlieue de New Jersey) à partir d'entretiens téléphoniques (PRIME-MD, questionnaire auto-administré pour évaluer les TP de l'axe I) et de l'entretien clinique structuré S.C.I.D.-II pour évaluer les TP. Les variables socio-économiques sont prises en compte (race, voisinage, revenus familiaux). Son hypothèse est la suivante : les adolescents utilisent certaines drogues plutôt que d'autres en fonction de leurs TP.

Les résultats montrent que :

– les adolescents présentant des TP anti-sociale et borderline sont addictés à plusieurs substances (alcool, tabac, autres drogues) ;

- les adolescents présentant une personnalité opposante consomment plus d'alcool ;
- les adolescents présentant des TP obsessionnelles compulsives ont tendance à augmenter leur consommation d'alcool ;
- les adolescents présentant des TP histrioniques ont tendance à augmenter leur consommation d'alcool et de tabac ;
- les adolescents présentant des TP narcissique et dépressive ont tendance à augmenter leur consommation de tabac.

Philipps (1998) a conduit une étude auprès de 126 mères d'enfants asthmatiques suivis pour l'asthme dans une unité mobile de traitement de l'université et dans un hôpital universitaire associé à la même université. Elle examine la relation existant entre le tabagisme maternel et la structure de PN. Les instruments d'évaluation utilisés pour l'étude sont les suivants : B.D.I. (Beck Depression Inventory) pour la dépression et N.P.I. (Narcissistic Personality Inventory — pour le narcissisme — exploitation d'autrui, autorité, valorisation de soi, vanité, auto-suffisance, désir de se faire remarquer, sentiment d'avoir droit). Les variables démographiques (statut marital, race, âge et revenus) sont contrôlées.

Les symptômes de dépression et les traits de PN sont comparés pour :
- les mères fumeuses avec des enfants asthmatiques (N = 46) ;
- les mères non fumeuses avec des enfants asthmatiques (N = 59) ;
- les mères fumeuses avec des enfants ne souffrant pas de maladies chroniques (N = 21).

Une analyse de covariance à deux facteurs (ANCOVA) avec le statut marital et le tabagisme maternel comme variables indépendantes et l'âge comme covariant et une analyse de variance multivariée (2x2) (MANOVA) sont utilisées pour examiner les différences en fonction des groupes sur les 7 sous échelles de N.P.I. Les résultats montrent que les mères fumeuses avec des enfants asthmatiques ne sont pas plus dépressives ou ne possèdent pas plus de traits de PN que les mères non fumeuses avec des enfants asthmatiques ou que les mères fumeuses avec des enfants ne souffrant pas de maladies chroniques.

Les divergences de résultats entre les deux études peuvent par exemple s'expliquer par :

- **l'hétérogénéité des sujets étudiés** (adolescents, adultes, âge, sexe, variables socio-démographiques et culturelles : état civil, râce, revenu…). L'hétérogénéité des sujets addictés du point de vue des troubles psychiatriques et la variabilité des troubles observés dépendent en partie du type de recrutement) ;
- **le mode de recrutement** — lieu du recrutement (New York, banlieue de New Jersey/campus universitaire) qui contribue à façonner l'objet de

recherche « *personnalités des sujets addictés* » dans le sens d'un appauvrissement de sa description et donc de sa compréhension ;
- **le moment de l'évaluation** peut constituer un biais méthodologique affectant les prévalences des troubles ;
- **la pertinence et la validité des outils utilisés pour mesurer les TP** (PRIME-MD, questionnaire auto-administré pour évaluer les TP de l'axe I et de l'entretien clinique structuré S.C.I.D.-II pour évaluer les TP/B.D.I. (Beck Depression Inventory) pour la dépression et N.P.I. (Narcissistic Personality Inventory – pour le narcissisme) et **la dépendance tabagique** (sévérité de la dépendance tabagique) ;
- **la présence ou non d'autres comorbidités psychiatriques** (TP/troubles de l'humeur ou dépression). La comorbidité trouble de l'humeur et TP révèlent la complexité des formes de dépression.

Fernandez (1997, 1998, 1999) a réalisé des études auprès de 50 fumeurs consultant pour sevrage tabagique et de 50 non-fumeurs afin d'explorer une piste explicative de la variabilité de l'addiction tabagique corrélée à une variabilité de la disposition narcissique, en examinant l'effet (en termes de degré et d'intensité) de la disposition narcissique sur le degré et l'intensité de l'addiction tabagique. Cette disposition narcissique (ensemble de traits de personnalité caractérisant les sujets narcissiques) a été évaluée avec un questionnaire de disposition narcissique (Q.D.N., 1997) construit à partir du DSM III-R et des travaux de Kernberg et le test projectif de l'arbre (grille de tracés au test de l'arbre évaluant la disposition narcissique, G.T.N.A., 1997, Fernandez, 2014). Les résultats (avec le Q.D.N.) montrent que les fumeurs ayant une disposition narcissique moyenne ou forte sont dépendants du tabac au niveau psychologique et comportemental. Autrement dit, plus les fumeurs sont narcissiques, plus ils sont dépendants psychologiquement du tabac. L'examen des relations entre le degré et l'intensité de la dépendance à la nicotine et le degré et l'intensité de la dépendance psychologique et comportementale au tabac révèle le fait suivant : les fumeurs ayant une disposition narcissique moyenne ou forte peuvent aussi être dépendants physiologiquement de la nicotine et donc présenter les deux dépendances associées.
D'une manière générale, ces résultats obtenus à partir d'outils d'évaluation homogènes, cohérents, fiables confortent l'argument selon lequel il existe une variabilité des effets de l'addiction tabagique en fonction de la variabilité de la disposition narcissique.

3.2. Tabagisme, addiction tabagique, narcissisme

Les travaux empiriques sur le tabagisme/addiction tabagique et le narcissisme sont très rares (Fernandez, 1997, 1998, 1999). Ils sont surtout théoriques et d'inspiration psychanalytique (Pirlot, 2019). Ils traitent du tabagisme comme une addiction, mais ne lient pas toujours cette addiction à une pathologie du narcissisme.

Freud était un grand fumeur[81] et le tabac, sous forme de cigares, a occupé une place importante dans sa vie, dans sa maladie et dans sa mort. Pourtant, il n'a presque rien écrit sur l'intoxication nicotinique. Dans ses écrits théoriques, il s'intéresse très peu à l'habitude de fumer et parle à l'occasion d'intoxications et/ou de « toxicologie endogène ». Dans « *Naissance de la psychanalyse* »[82] (Freud, 1897) et dans « *La sexualité dans l'étiologie des névroses* » (Freud, 1898), il évoque l'hypothèse que la dipsomanie et l'addiction pathologique au jeu constituaient des substitutions à des pulsions sexuelles non exprimées et contrôlées autrement. L'habitude de fumer va être abordée et apparaître comme un substitut au manque sexuel. Freud décrit l'habitude de fumer comme un dérivé de la masturbation qui, elle-même, correspondrait à un *« besoin primitif »*. Avec l'apparition du recours à la masturbation, vient s'ancrer dans le psychisme la première addiction (addiction primaire) : *« J'en suis venu à croire que la masturbation était la seule grande habitude, "le besoin primitif", et que les autres appétits tels que les besoins d'alcool, de morphine, de tabac, ne sont que les substituts, les produits de remplacement »* (Freud, 1897). L'addiction comme substitut de la masturbation dans cette conception révèle un dysfonctionnement de la sexualité, les désordres de la vie sexuelle entraînant une pathologie spécifique selon le modèle des névroses actuelles. Être intoxiqué du tabac, c'est faire dériver sur le tabac un besoin sexuel primitif qui n'est lui-même qu'une intoxication. Pour que se développe le besoin du toxique, il faut que s'engouffre dans le désir du toxique un besoin sexuel. Mais la spécificité de ce besoin sexuel est qu'il produit l'effet d'une addiction. Freud va encore plus loin puisqu'il affirme que le besoin sexuel est la conséquence de substances sexuelles qui agissent comme des drogues. Le besoin sexuel est dû *à « l'action de substances chimiques dans le corps qui exercent une excitation ou font naître un besoin, exactement comme les stupéfiants »* (Freud, 1905 b, remarquable intuition prémonitoire des découvertes ultérieures concernant les drogues endogènes et le système de récompense cérébrale, qui fondent les addictions comportementales, dont la sexualité addictive). Sexualité et addiction correspondent donc à deux besoins parfaitement homologues, enracinés dans le corps par la chimie cérébrale. Dans le problème de l'addiction, l'étiologie est sexuelle ; l'intoxication produit le même effet que le trouble de la libido. La référence demeure celle décrite dans les névroses actuelles. Les relations entre pulsions sexuelles et fonctions corporelles seront décrites par Freud en 1905a dans les « *Trois essais sur la théorie de la sexualité* ». Les premières satisfactions sexuelles vont s'étayer sur les fonctions corporelles nécessaires à la conservation de la vie (besoins). La sexualité ne deviendra autonome qu'une fois l'objet extérieur abandonné. Elle fonctionne alors sur un mode auto-érotique. La suggestion qu'une

---

[81] *« J'ai été un fumeur passionné (je voudrais l'être encore) »* (Freud, 1931). Il attribuait au cigare le rôle le plus important dans la maîtrise de soi-même et la ténacité au travail (Freud, 1931).
[82] Plus précisément dans deux lettres à Fliess en janvier et décembre 1897.

oralité constitutionnelle peut jouer un rôle dans l'addiction prend place dans les « *Trois essais sur la théorie de la sexualité* » (Freud, 1905a). Fumer est, pour Freud, la conséquence d'une tendance congénitale à l'érotisme oral et une pratique dérivée du suçotement. Après avoir parlé des enfants qui ont « *une sensibilité érogène de la zone labiale* », il écrit : « *Si cette sensibilité persiste, l'enfant sera plus tard un amateur de baisers, recherchera les baisers, et, devenu homme, il sera prédisposé à être buveur et fumeur* »[83]. Fumer apparaît dans ces termes comme une fixation à un stade de la sexualité infantile, une pratique auto-érotique. Cependant, il ne dit pas que tous les fumeurs ont une sensibilité orale particulièrement développée ni qu'une telle sensibilité conduit au tabagisme. Il ne dit pas non plus qu'une fixation orale ne peut résulter que d'une tendance congénitale.

La conception de l'addiction proposée par Freud s'articule sur le mode du refoulement. L'addiction qui a d'une part une origine génétique est d'autre part un avatar de la pulsion orale. La même année, Freud (1905 c) rédige « *Le mot d'esprit dans ses rapports avec l'inconscient* ». Le problème de l'addiction est abordé sous l'angle de l'économie psychique, l'intoxication étant comparable à la levée de l'inhibition (gaieté obtenue par intoxication), qui caractérise le mot d'esprit. Cela équivaut pour Freud à situer les addictions par rapport aux psychonévroses, à considérer les symptômes comme l'expression symbolique des conflits infantiles. L'intoxication dans « *L'introduction à la psychanalyse* » (Freud, 1917) est rattachée au modèle de la névrose actuelle, puis à celui des psychonévroses. Puis dans « *Deuil et mélancolie* », Freud (1915) évoquera le refoulement. L'addiction est alors comparée au versant maniaque de la psychose maniaco-dépressive.

Pour Freud (1928), l'addiction est aussi une protection contre la souffrance. Les addictions sont, pour lui, des « briseurs de soucis ». Le produit choisi désigne une place dans la psychopathologie. Même si Freud s'interroge dans ses articles concernant l'alcoolisme ou la toxicomanie, tantôt sur la métapsychologie des états psychotiques, tantôt sur le modèle organique des névroses, tantôt sur le principe de plaisir, il ne résout pas explicitement dans son œuvre la place nosographique des conduites addictives.

La théorie des addictions de Freud est complexe et ambiguë. Les addictions sont pensées d'une part selon le modèle quantitatif des névroses actuelles. Les symptômes résultent dans ce processus de l'absence ou de l'inadéquation de la décharge de la tension sexuelle. Ce sont les désordres de la vie sexuelle actuelle qui sont à l'origine des troubles dus à un excès ou une insuffisance à de la décharge. Les quantités d'énergie « en plus » ou « en moins » sont comme des corps étrangers dans le soma. Il n'y a pas d'élaboration psychique c'est le dysfonctionnement dans

---

[83] Concernant la question des auto-érotismes, nous avons pu voir qu'un rapprochement peut être fait entre les auto-érotismes primaires « carencés » et l'organisation narcissique (fragilisée) dans les addictions.

la quantité d'énergie qui est toxique. Le facteur à l'origine de la pathologie serait l'absence de décharge sexuelle dans la névrose d'angoisse tandis que dans la neurasthénie *« attribuable à un épuisement sexuel »* (Freud, 1897 : Manuscrit E), le soulagement inadéquat de la tension libidinale (masturbation par exemple) en est responsable. La source d'excitation, le facteur déclenchant du trouble, se trouve dans le domaine somatique tandis que dans l'hystérie et la névrose obsessionnelle il est dans le domaine psychique.

Dans cette logique quantitative, le problème des addictions est pensé comme un substitut de la masturbation. Le facteur psychique est exclu. La source de l'angoisse ne doit pas être recherchée dans les faits psychiques. Freud est resté fidèle à ce modèle somato-toxique qui ne prend pas en compte la dimension psychique : les symptômes de ces maladies ne sont pas déterminés psychiquement ni solubles par l'analyse, mais il faut les concevoir comme des conséquences toxiques directes du déterminisme sexuel perturbé. Le corps dont il est question dans cette élaboration théorique est physiologique. C'est un organisme qui doit atteindre un certain équilibre par un système de régulation de tensions *« corps - machine »* anatomique. De ce point de vue les névroses actuelles ne relèvent pas de la psychanalyse.

Parallèlement à cette référence biologique, Freud développe un autre modèle : *« une théorie psychologique de l'hystérie »*, une conception orale et narcissique de l'addiction, celle des psychonévroses. Elle suppose l'étayage. Les symptômes sont l'expression symbolique des conflits infantiles. Leur origine est à rechercher non dans le présent, *« dans les désordres de la vie sexuelle actuelle », mais dans « des événements de la vie passée »* (Freud, 1895).

Dans la toxicomanie comprise comme équivalent de la manie, c'est la projection mise en place qui situe le problème dans le domaine du symbolique. Les symptômes se laissent déchiffrer dans une relation transférentielle sexualisée. L'hystérie est à la base de cette conception : les événements de la vie passée ont leur importance ainsi que les rêves qui, interprétés, donnent accès à l'inconscient. Les addictions dans ce cas se situent dans le registre de la pathologie du refoulement, échec et retour du refoulé. Le corps a le statut du corps imaginaire.

Dans tout le parcours freudien, ces deux modèles vont co-exister avec pour point commun une symptomatologie qui découle de l'énergie sexuelle. Dans le cas des névroses actuelles, c'est le désordre dans la décharge de l'énergie qui est pathologique, dans le second c'est la libido qui peut connaître un point de fixation à un stade infantile qui l'est.

La démarche évolutionniste de Freud, en allant du plus simple au plus complexe, tente de donner une unité au modèle théorique en faisant précéder l'hystérie de conversion par la neurasthénie, l'hystérie d'angoisse par la névrose d'angoisse et la paraphrénie par l'hypocondrie. Il établit une correspondance entre les deux conceptions ; ce qui pose problème c'est de considérer « le symptôme de la névrose actuelle » comme « le noyau et le stade précurseur du symptôme psychonévrotique ». Cela équivaut à situer *« l'actuel avant le névrotique »* à *« mettre l'adulte avant l'enfant, le génital avant le prégénital »*, incohérence qui souligne l'impasse théorique dans laquelle est pris le problème des addictions dans la théorie freudienne.

Le tabac pour Fain et Braunschweig (1974) est à la source d'une addiction qui altère un soma tout en favorisant la vie sociale. Ils considèrent que l'enfant est en attente, en latence de sa première cigarette officielle. Ainsi un bébé à qui l'on donne une sucette pour se calmer est contrarié dans l'organisation d'un mouvement spécifique qui lui permettrait de conquérir tout seul son pouce, c'est-à-dire de mener son pouce à sa bouche. Ce don s'accompagne d'une promesse implicite *« plus tard, tu pourras le faire tout seul »*, sous-entendu qu'il s'agira d'abord d'une confiserie, ultérieurement d'une cigarette. *« Plus tard, tu t'achèteras tout seul des cigarettes »*. Les pensées et les tentatives clandestines qu'il a pendant cette attente vont déboucher sur le piège du *« néo-besoin »* qui a pour objet, en créant de nouvelles voies de satisfactions immédiates, de multiplier les expériences de satisfaction aux dépens de l'organisation mentale qui naît des auto-érotismes. L'érotisme oral, dont on parle à propos de cette addiction, serait une sorte de perversion de la fonction respiratoire. Fumer répète en fait, à travers un besoin créé de toutes pièces, une expérience de satisfaction et ne suit pas le frayage de la voie érotique. Pour cela, il eût fallu que l'excitation, liée à la privation du tabac, trouve après avoir été un moment retenue, sa propre voie de décharge (telles personnes qui, ayant cessé de fumer, rêvent, avec culpabilité et inquiétude, de retomber dans cette fâcheuse ornière). L'addiction apparaît comme une tentative désespérée, bien que vouée à l'échec, de s'étayer sur un néo-besoin contre-investi efficacement par un néo-objet. Le néo-besoin, organisé à l'avance, a pour mission de se charger des mêmes impératifs que les besoins vitaux dominés par les instincts de conservation. Les besoins vitaux (besoins primaires) impliquent la dépendance à l'objet réel qu'il soit humain (la dépendance est articulée à la mise en place par la mère et la société de néo-besoins), animal ou inanimé (chose, substance), psychique (idéal) ; ils donnent priorité au narcissisme secondaire. L'addiction serait en quelque sorte la mise en œuvre d'une pathologie du narcissisme caractérisée par la reviviscence des instincts et le réveil de la problématique de la séparation-individuation de l'enfance. Les besoins primaires concernent une dépendance vitale, leur satisfaction est impérative pour la survie même de l'individu (manger, boire, respirer, protection), cependant, il existe des besoins primaires (donc appartenant bien aux *« instincts »,* au répertoire des comportements naturels) qui peuvent faire l'objet d'une transformation en besoins secondaires, c'est-à-dire d'un besoin construit sur le conditionnement. Il s'agit des besoins sexuels (qui sont primaires sur le plan de la reproduction de l'espèce) et des besoins psychiques de stimulations (recherche de sensations, curiosité, recherche de complexité, etc., qui dérivent des pulsions exploratoires nécessaires à la survie). Les besoins secondaires, par conditionnement, habituation, addiction, finissent par devenir aussi, voire plus impératifs que les besoins primaires, qu'ils peuvent donc parfois surpasser, mettant ainsi en danger la survie. Pour Fain, on retrouve le problème des addictions dans le déficit économique notoire sur le plan de l'imaginaire.

Pour J. McDougall (1989), *« l'addiction, la boulimie, le tabagisme, certaines déviations sexuelles et certaines névroses caractérielles »* se situent parmi les actes symptomatiques qui s'apparentent à la somatique. La création psychosomatique a la fonction d'un acte, d'une décharge qui court-circuite le travail psychique. C'est un agir de qualité compulsive qui vise à réduire la douleur psychique pour compenser la *« carence dans l'élaboration psychique »* ou *« un déficit du symbolisme »*. Au lieu d'évacuer psychiquement le problème, « les sujets dans l'addiction éprouvent un besoin incontrôlable de médicaments, nourriture, tabac, alcool, opiacés ». L'auteur compare le besoin pressant de l'objet addictif à celui que ressent un enfant dans un grand état d'excitation. La cigarette aurait ainsi le rôle de pare-excitation comme la mère dans l'enfance, ou le statut d'objet transitionnel. Le principe de base, c'est que l'identité humaine se construit sur l'absence et l'indifférence : si la relation à la mère est trop *« tranquillisante »,* l'enfant sera plus tard attiré par la prise de toxique. Le problème est également lié au manque de mots : *« Les mots sont les digues les plus efficaces pour contenir l'énergie liée aux pulsions et aux fantasmes auxquels elles ont donné naissance en rapport avec les objets parentaux de la petite enfance »*. En l'absence de mots, l'addiction tabagique apparaît comme un moyen privilégié pour réduire les tensions.

À côté de la névrose ou de la psychose, J. McDougall délimite un espace « transitionnel et narcissique » : *« Le théâtre du corps »*. Le mot théâtre est choisi *« comme métaphore de la réalité psychique »* pour, précise l'auteur, marcher dans les pas d'Anna O ; elle évoque dans l'image du théâtre privé la technique de la libre association. *« La création du théâtre intérieur remonterait à l'enfance ; c'est ce qui a un effet sur la sexualité adulte actuelle »*. L'auteur, dans cette conception du corps, va se « focaliser » sur une explication du phénomène psychosomatique, d'un point de vue purement analytique, ce qui signifie qu'à l'origine du problème somatique, de l'addiction par analogie est postulée *« une sexualité des plus primitives dotée d'aspects sadiques et fusionnels considérés comme défense des vécus mortifères »*. Pour qualifier le symptôme psychosomatique, J. McDougall crée le terme *« d'hystérie archaïque »*. L'auteur souligne qu'en psychosomatique on est dans le domaine physique réel qui ne relève pas de la conversion hystérique. *« Les processus de pensée des somatisations cherchent à vider la parole de sa signification affective ; c'est le « corps qui délire » c'est-à-dire que « comme dans l'hystérie névrotique, l'hystérie archaïque va chercher des moyens infra- verbaux, moyens primitifs qui seront interprétés somatiquement » et si « l'histoire des analysants est celle de leur psycho-sexualité, c'est que les manifestations somatiques découlent de la sexualité »*.

Dans cette approche théorique, on retrouve le modèle freudien dans la référence économique, l'importance accordée à la sexualité infantile. J. McDougall décrira le fonctionnement propre aux patients somatisants « ni névrosés » « ni psychotiques »

« *ni déviants sexuels* », mais appartenant à la « *pseudo-normalité* ». Dans cette perspective psychosomatique, tout en insistant sur le fait que, dans la maladie organique, le corps réel est en jeu et la pathologie ne relève pas de la conversion hystérique, l'auteur, avec le concept d'« *hystérie archaïque* », malgré les précautions verbales prises, se réfère au corps libidinal. Le tabagisme est un comportement-décharge pour combler la carence dans l'élaboration psychique. À la place des mots, c'est le corps qui parle. Le langage corporel sera source d'interprétations psychanalytiques.

Pour Gutton (1984, 1987), les addictions révèlent des actes d'incorporation olfactive (*sniffing*), respiratoire (toxicomanie, tabagisme), cutanée (injection), anale génitale. L'addiction tabagique apparaît donc comme une série d'actes d'incorporation respiratoire. Ces actes expriment la dimension du plaisir sous des formes diverses qu'il est impossible de considérer comme renvoyant uniquement à la sphère orale. Ces pratiques d'incorporation évoqueraient des comportements marqués par l'avidité comme la boulimie, la potomanie, l'ingestion d'alcool, certaines tentatives de suicide et automutilations, les saignements auto-provoqués, certaines pharmacodépendances et certains comportements sexuels à l'adolescence. Ces incorporations réelles ont pour caractéristiques les aspirations impétueuses, l'avidité surprenante et la consommation effrénée. La particularité de ces comportements réside dans l'existence d'auto-érotismes qui supposent l'utilisation d'une zone corporelle et d'un objet extérieur.

Charles-Nicolas (1981 a et b, 1982, 1985) s'attache à montrer la relation passionnelle qui lie le sujet addicté à son objet drogue (comme la passion du fumeur pour sa cigarette). Pour Charles-Nicolas, la passion est cette relation forte, prégnante, vitale, qui projette le sujet addicté de tout son être vers l'objet drogue et qui implique la nécessité de la répétition de comportements ordaliques, à risque sévère, comme dans l'addiction tabagique. Les fumeurs toujours à la frontière entre la vie, la maladie et la mort ne risquent-ils pas leur santé ? Ce n'est pas pour devenir un surhomme qu'un fumeur se met en risque, met son corps en danger, mais c'est en fait pour être simplement en droit de vivre, pour être un homme, pour réussir à vaincre la mort. Pour Charles-Nicolas (1985), l'addiction est une protection contre autrui et vient colmater une blessure narcissique. Le sentiment d'inefficacité, d'impuissance des fumeurs face à la vie de dépendance, en raison de leur difficulté à trouver une identité, va les amener à rechercher un sentiment d'individualité à travers des actes singuliers marquant leur différence et leur conférant le sentiment d'exister. Certains fumeurs passent leur temps à se protéger d'autrui. Ils sont constamment menacés et s'occupent perpétuellement à amortir l'agression et l'intrusion possibles. Cette recherche de protection contre l'agression ou l'intrusion passe par la cigarette. C'est fréquemment que les fumeurs se précipitent sur leur cigarette après une blessure narcissique apparemment minime : une contrariété, un léger contretemps, un embouteillage sur la route, une phrase anodine...

Odile Lesourne (1984) introduit sa réflexion par la remarque que le fait de fumer ne se range pas parmi les symptômes névrotiques qui poussent à consulter et s'étonne que le tabac ne surprenne pas davantage les analystes, faisant partie d'une habitude dont on ne peut se défaire et qui de surcroît n'apporte à peu près aucun plaisir.

Dans l'introduction de son étude, l'auteur pose le problème du tabagisme en écrivant *« qu'il fait souffrir sans pour cela apporter une prime de plaisir qui justifie cette souffrance »*. Elle va ensuite exposer son projet, réfléchir à partir premièrement d'une enquête psychosociologique pour une vue d'ensemble du tabagisme et deuxièmement de l'analyse clinique d'entretiens enregistrés, deux approches qui permettent de rester dans le champ de la psychanalyse appliquée et d'appréhender néanmoins une structure de type psychopathologique.

Sa démarche va être de reconnaître à partir des réflexions des jeunes une quête de puissance phallique narcissique ou de voir dans l'habitude de fumer chez eux : *« La maîtrise d'un traumatisme comme moyen d'une auto-infligeation d'un trauma »*. Le tabagisme, note l'auteur, *« s'il n'est pas considéré par les fumeurs comme un symptôme a toutes les caractéristiques d'un rejeton de l'inconscient »*. À partir de cette hypothèse de départ, le fait de fumer va pouvoir être décrit en termes de masochisme, la cigarette étant apte à représenter l'objet premier, celui dont l'enfant se sent extrêmement dépendant. En se faisant mal, le fumeur reproduit une expérience initiale ; il s'identifie au mauvais objet, contrôle cet objet en répétant son agressivité ancienne et se punit de cette agressivité. Il s'agit de masochisme secondaire, c'est-à-dire érogène. Fumer, même si le plaisir n'est pas évoqué, sera expliqué par la jouissance de la souffrance.

On reste ainsi dans le cadre du champ psychanalytique. Dans sa réflexion théorique, Odile Lesourne note que *« l'épaisseur symbolique de la cigarette et l'usage qu'on en fait sont capables de reproduire la plupart des objets, des fantasmes des désirs ou des mécanismes qui ont marqué la vie psychique au moment de sa formation, dès l'enfance »*. Dans la deuxième phase du développement, l'objet est incorporé et subit la destruction ; en se référant à Mélanie Klein, l'auteur voit dans la cigarette le bon objet ou le mauvais objet, symbole du mauvais sein. Il devient persécuteur interne. La cigarette, *« bon sein »* quand elle est allumée, devient *« mauvais sein »* une fois éteinte. Cette conception permet pour l'auteur d'introduire la notion de clivage. À la phase orale s'établit l'assise narcissique de l'individu ; le plaisir naît de la création du sein absent par hallucination. L'auto-érotisme est à la base de ce point de vue théorique. L'hypothèse de l'auteur est qu'une base narcissique manque aux grands fumeurs qui ne permet pas de reconnaître son corps comme sien et aimable.

> Le comportement tabagique référé à l'auto-érotisme ; à la notion de plaisir, même sur un mode masochiste me paraît contradictoire avec cette difficulté à investir le corps reconnu chez le fumeur.

Le tabagisme, note Odile Lesourne, possède des aspects positifs : fumer, en permettant *« d'expulser la pulsion de mort en rendant l'objet mortifère »*, a la propriété d'organiser l'excitation et, grâce à cette fonction régulatrice, permet de lier la libido et d'éviter ainsi des maux physiques. À partir de l'hypothèse initiale : le geste de fumer considéré comme « rejeton de l'inconscient », le travail de Lesourne se réfère uniquement au modèle de la psychopathologie freudienne, c'est-à-dire que le tabagisme appartient à la problématique orale, anale, phallique ; il s'agira d'auto-érotisme ou de masochisme érogène. Le corps dont il est question est le corps libidinal. Nous avons vu avec Freud que l'habitude de fumer était liée à l'imaginaire, au plaisir. Le tabagisme, lié au rêve, aux affects et aux fantasmes existe. L'habitude de fumer en rupture avec l'imaginaire se rencontre également ; chez nombre de grands fumeurs, le geste n'apporte plus de plaisir et si un sens peut être donné à ce geste il est secondaire. Le modèle de l'hystérie ne peut être dans ce cas la référence première. Quand Lesourne constate que fumer n'est pas considéré comme un symptôme par les fumeurs et s'étonne que le tabagisme ne surprenne pas davantage les analystes comme habitude avec laquelle on ne peut rompre et qui n'apporte à peu près aucun plaisir, le problème du tabac est posé et contourné. Pourtant l'auteur décrit *« l'automatisme des gestes »… « le côté machinal de l'habitude dont les intéressés ne tendent pas à parler »… « le besoin qui naît et se satisfait sans participation de la volonté »… « la tendance à mettre le besoin sur le comportement de l'intoxication ». « Tout cela, ajoute-t-elle donne au fumeur le sentiment d'être étranger au besoin de fumer »*. Elle constate qu'un certain nombre de fumeurs remarquent que lorsqu'ils sont obligés par une contrainte extérieure absolue de ne pas fumer, à l'hôpital, au cinéma, au travail, cela ne leur manque pas physiquement. C'est tout cela avec *« le fait que le fumeur invétéré a cessé d'être conflictuel »* qui m'incite à penser insuffisant de se référer uniquement au modèle des psychonévroses pour comprendre la problématique des fumeurs, que le tabagisme peut se situer également hors du champ freudien et peut être pensé autrement.

> Il ne s'agit pas d'affirmer que la dépendance au tabac ne concerne pas la psychanalyse, mais de préciser que le modèle de l'hystérie ne peut rester l'unique référence. Le tabagisme peut s'inscrire dans un fonctionnement en rupture avec l'imaginaire et, dans ce cas précis, il me paraît paradoxal de faire appel au concept d'étayage, d'auto-érotisme pour expliquer la dépendance au tabac. La référence théorique paraît ici en contradiction avec la réalité clinique. On ne peut situer sur le même plan tous les fumeurs en se référant au même modèle théorique. Dans le geste de fumer est en jeu le corps réel. Qu'en est-il du corps imaginaire ?

Pour Pedinielli (1985, 1996, 1997 a et b, 2002 a et b), l'usage du tabac fait partie des conduites à propos desquelles le terme d'addiction a pu être employé. Il parle d'addiction tabagique lorsque le fumeur est dans l'incapacité de mettre un terme à ce comportement addictif qui, par ailleurs, apparaît comme une lutte contre l'angoisse, une recherche de plaisir liée à une érogénéité particulière (respiratoire et/ou olfactive[84]) et une tentative de maintien de son identité et de sa cohésion interne par le recours à l'automatisme du geste, à ses bénéfices secondaires moteurs, narcissiques et sociaux et par la confrontation à la mort. Il rapproche les conduites addictives (y compris le tabagisme) d'autres pathologies comme les manifestations dépressives par exemple, c'est-à-dire de troubles posant la question des pathologies narcissiques, de la notion *« d'actes-symptômes »* où prédomine l'agir (boire, manger, se piquer, fumer...) et du terme de perversion orale qu'évoque K. Abraham (1925).

Pour Lesourne (2007) comme pour Pirlot (2019), il existe bien un défaut d'investissement narcissique *(« défaut de narcissisme et de miroir »*) chez les addictés. Ces sujets sont carencés dans la narcissisation de leur self.

Cette analyse préliminaire des liens entre addictions (incluant ou n'incluant pas le tabagisme) et narcissisme et/ou TP narcissique m'a confronté à :

- la variété des objets d'addiction ;
- l'hétérogénéité des sujets étudiés (enfants, adolescents, adultes, groupe social, culturel...) pointant des impasses méthodologiques (au niveau du mode de recrutement
- lieu du recrutement par exemple, du moment de l'évaluation – temps passé en traitement par exemple ; la pertinence et la validité des outils utilisés – utilisation d'une seule technique d'évaluation ou absence d'évaluation de l'intensité de l'addiction) ;
- la présence ou non d'autres comorbidités psychiatriques (troubles de l'humeur, TP par exemple) ;
- la spécificité des approches nosographiques psychiatriques (intérêt du diagnostic psychiatrique, par exemple) ;
- la spécificité des approches psychodynamiques psychanalytiques (la référence à l'organisation de la personnalité - spécificité ou a-spécificité structurale des addictions).

---

[84] Pedinielli précise qu'elle reste une source de plaisir indéniable que l'on retrouve dans d'autres activités (toxicomanies par inhalation) et qui peut entraîner des sensations particulières dans certaines conduites (jouissance de l'apnée, spasmes du sanglot, étranglements...). L'existence d'une érogénéité respiratoire est l'objet de débats théoriques liés à l'hypothèse — contestable — d'un stade respiratoire conçu sur le mode des autres stades prégénitaux et à la prévalence des stades oral et anal. Mais pour cet auteur, il semble qu'on ne peut, d'un point de vue descriptif confondre ce qui est du registre de l'ingestion orale et ce qui est de l'inspiration ou de l'inhalation respiratoire : les fonctions olfactives et respiratoires, qui recoupent plusieurs formes de plaisir (plaisir d'organe, plaisir de fonction, sensation des limites...), peuvent représenter un puissant moteur de l'addiction tabagique.

À ce niveau de développement de mon argumentation, je retiens les éléments suivants :

- Il existe une grande variabilité des troubles psychopathologiques associés aux addictions ainsi qu'une grande variabilité des prévalences des troubles.
- Cette variabilité est en partie liée à des problèmes méthodologiques.
- Il n'existe pas de typologie valide et stable des sujets addictés, que celle-ci soit basée sur une psychopathologie (troubles et symptômes), traits pathologiques de personnalité ou type de produit consommé.
- Les liens entre personnalité et comportements addictifs sont complexes et ne peuvent se contenter d'une « évaluation de surface », ce qui pose la question des processus sous-jacents à ces comportements et donc des modèles psychopathologiques pour penser ses liens.
- L'impasse des classifications psychiatriques et psychanalytiques fonde la pertinence des modèles psychodynamiques des addictions centrés sur la détermination des processus communs des addictions.
- L'examen des éléments des constructions psychopathologiques se référant à l'approche psychodynamique des addictions me permet de soutenir l'hypothèse selon laquelle l'addiction est spécifiée par la particularité de la problématique psychopathologique (dysrégulations narcissiques) rendant compte du fonctionnement psychique des addictions et de leurs prévalences.
- La complexité relative de mon objet d'étude implique le maintien de la double référence aux processus addictifs communs et à l'organisation du sujet.

3.3. Recherches entreprises

Le choix de ces travaux sur le tabagisme/addiction tabagique et le narcissisme fut fondé sur le constat de la faible représentativité des travaux sur le tabagisme/addiction tabagique et les TPN et/ou le narcissisme en psychopathologie et l'absence d'études empiriques visant à mettre à l'épreuve des hypothèses psychanalytiques nous a conduit à poser le problème (problématique) et le contexte de la recherche en référence à l'approche psychanalytique et à produire des connaissances et travaux empiriques dans ce domaine de recherche.

Le choix de la référence théorique psychanalytique comme modèle d'étude du fonctionnement des sujets addictés est fondé sur la prise en compte des processus inconscients (donc la reconnaissance d'un niveau manifeste et d'un niveau latent dans les productions du sujet) et de l'implication du chercheur ; voire même de l'antériorité de son contre-transfert (Devereux, 1980) et ceci, contre l'objectivité d'un chercheur œuvrant en extériorité, à la compréhension d'un objet « *étranger* », dont le fonctionnement serait régi par des lois différentes que celles agissant en lui-même. Par ailleurs, la question de l'implication n'est pas propre aux sciences humaines[85] (Bourguignon, 1986), les sciences de la nature savent comment la position de l'observateur modifie ce qui est observé et comment finalement l'analyse de cette position devient partie prenante du dispositif (Ben Slama, 1986, 1989).

Le recours à la théorie psychanalytique dans la recherche et la pratique clinique a déjà fait l'objet de nombreuses controverses (Guillaumin, 1968 ; Anzieu, 1979, 1983 ; Widlöcher, 1981 ; Gori, Miollan, 1983) ; néanmoins, le problème ne semble pas tant résider dans le choix théorique, divers modèles étant disponibles (Ionescu, 1995, 2019) que dans l'élaboration d'une méthodologie congruente à ce choix.

Ainsi, la méthode clinique centrée sur le(s) cas paraît indiquée, dans la mesure où celle-ci s'inscrit au sein d'une procédure explicite et rigoureuse de type « *recherche planifiée* » (Bourguignon, Bydlowski, 1995 ; Widlöcher, 1990 et 1995 ; Pedinielli, 1994). Pedinielli (1995) rappelle ainsi que les principes de la méthode clinique sont « la singularité, la fidélité à l'observation, la recherche des significations à l'origine (des actes, des conflits) ainsi que des modes de résolution des conflits ». Or, la réduction de l'objet imposée par la recherche pourrait apparaître comme un obstacle à l'utilisation d'une telle méthode. Rappelons que la vision holistique défendue par la clinique est un choix épistémologique — au sens d'une réflexion sur la connaissance que le chercheur prend de l'objet (et/ou sujet) propre de sa recherche — (Gréco, 1973) et qu'il n'y a pas même dans la pratique clinique un regard qui, une fois posé sur le sujet ne soit pas réducteur. Le problème est donc plus dans une négociation éclairée de cette réduction (Giami, 1989) intervenant dans toutes les étapes de la recherche : réduction des concepts (voire éclatement, Widlöcher, 1995), réduction des observables par les techniques de saisie, réduction de l'objet dans l'interprétation. « Cette réduction négociée implique donc que l'on doit développer des méthodologies propres à l'objectivation du subjectif (c'est-à-dire propre à faire de la subjectivité un objet de connaissance) et à la quantification du qualitatif (c'est-à-dire à la mesure de la qualité). Le dilemme classique entre subjectivité/objectivité peut être résolu par la voie de l'objectivation » (Favard-Drillaud, 1991 ; Fernandez, Catteeuw, 2001).

Bibliographie

ABADI, S. (2001). Narcissistic injury: Working through, restitution or collapse. *Revista de Psiquatria do Rio Grande do Sul*, 23, 1, 71-75.

ABRAHAM, K. (1908). *The psychological relations between sexuality and alcoholism*. In Selected Papers on Psychoanalysis. London: Hogarth Press.

ABRAHAM, K. (1925). Étude psychanalytique de la formation du caractère. In: K ABRAHAM, *Oeuvres Complètes II*. T. LX, 30, Paris: Payot, 1966, 2139-2143.

---

[85] Les cliniciens n'ont pas le privilège de l'implication, même si celle-ci fait partie de la recherche clinique.

ADLER, H., LIDBERG, L. (1995). Characteristics of repeat killers in Sweden. *Criminal Behaviour & Mental Health*, 5, 1, 9-13.

AKHTAR, S., THOMSON, J. (1982). Overview: Narcissistic Personality Disorder. *American Journal of Psychiatry*, 139, 12-20.

AKHTAR, S. (1989). Narcissistic Personality disorder, descriptive features and differential diagnosis. *Psy Clin of North America*, 12, 505-529.

AKHTAR, S. (1996). Further exploration of gender differences in personality disorders. *American Journal of Psychiatry*, 153, 846-847.

ALANES, R., TORGERSEN, S. (1988). DSM-III symptom disorders (axis II) in an outpatient population. *Acta Psychiatr. Scand.*, 78, 348-355.

ALENEN, Y.O. (1978). The Lapinlahti lecture: Schizophrenia and the family. *Psychiatria Fennica*, 15-28.

ALLÉON, A.M., MORVAN, O., BERATTO, N., LOURMAN, N. (2003). Du bon usage de la dépendance à la post-adolescence. In: M. CORCOS, M. FLAMENT, Ph JEAMMET, *Les conduites de dépendances. Dimensions psychopathologiques communes*. Paris : Masson, 105-121.

ANDA R.F., WILLIAMSON, D.F., ESCOBEDO, L.G., MAST, E.E., GIOVINO, G.A., REMINGTON, P.L. (1990). Depression and Dynamics of Smoking. A National Perspective. *JAMA*, 264, 12, 1541-1545.

ANZIEU, D. (1979). La psychanalyse au service de la psychologie. *Nouvelle revue française de Psychanalyse*, 20, 59-75.

ANZIEU, D. (1983). Possibilités et limites du recours aux points de vue psychanalytiques par le psychologue clinicien ? *Connexion*, 40.

ASHTON, H., STEPNEY, R. (1981). *Fumer : psychologie et pharmacologie.* Bruxelles : Pierre Mardaga.

AVANTS, S. K., MARGOLIN, A., KOSTEN, T.R. (1994). Cocaine abuse in methadone maintenance programs: Integrating pharmacotherapy with psychosocial interventions. *Journal of Psychoactive Drugs*, 26, 2, 137-146.

BABISS, F. (2001). Mental health treatment and its aftermath: The experiences of three women diagnosed with mental illness. *Dissertation Abstracts International: Section B: The Sciences &Engineering*, 61 (10-B), 5550.

BAKER, L. A. (1986). Estimating genetic correlations among discontinuous phenotypes: An analysis of criminal convictions and psychiatric-hospital diagnoses in Danish adoptees. *Behavior Genetics. Special Issue: Multivariate behavioral genetics and development*, 16,1, 127-142.

BALINT, M. (1968). *The basic default.* London: Tavistock.

BARBER, J.P., FRANK, A., WEISS, R.D., BLAINE, J., SIQUELAND, S., MARAS, K., CALVO, N., CHITTANES, J., MERCER, D., SALLOUM, I.M. (1996). Prevalence and correlates of personality disorder diagnoses among cocaine outpatients. *Journal of Personality Disorders*, 10, 297-311.

BATTEGAY, R. (1988). Long-term crisis management by furthering group dependence as a narcissistic reinforcement of drug and alcohol dependents. *Crisis*, 9, 2, 83-92.

BAUMEISTER, R.F., CAMPBELL, W.K. (1999). The intrinsic appeal of evil: Sadism, sensational thrills, and threatened egotism. *Personality & Social Psychology Review*. Special Issue: Perspectives on evil and violence, 3, 3, 210-221.

BAUMEISTER, R.F., VOHS, K.D. (2001). Narcissism as Addiction to Esteem. *Psychology Inquiry*, 12, 4, 206-210.

BLACK, D.W., GOLSTEIN, R.B., BLUM, N., NOYES, R. (1995). Personality characteristics in 60 subjects with psychosexual dysfunction: a non-patient sample. *Journal of Personality Disorders*, 9, 275-285.

BENEZECH, M., RAGER, P., LAVENU, E., BEYLOT, J. et al. (1988). Aspects médico-psychologiques de l'information médicale en matière de Sida : l'exemple des toxicomanes détenus. *Annales Médico-Psychologiques*. Special Issue: AIDS and psychiatry, 146,3, 222-229.

BEN SLAMA, F. (1986). Le contre-transfert dans la recherche – De la notion au paradigme. *Bulletin de psychologie*, XXXIX, 377, 791-796.

BEN SLAMA, F. (1989). La question du contre-transfert dans la recherche. In: C. REVAULT D'ALONNES et al., *La démarche clinique en sciences humaines*. Paris : Bordas, 139-153.

BOGICEVIC, D. (1981). Phenomenology of narcissism. *Psihijatrija Danas*, 13, 4, 307-318.

BOLTZ, O.H. (1926). Some factors which determine a schizophrenic (dementia praecox) reaction in males: a contribution to the study of human behavior. *Journal of Nervous & Mental Disease*, 64, 456-482.

BOURGUIGNON, O. (1986). Recherche clinique et contraintes de la recherche. *Bulletin de psychologie*, XXXIX, 377, 751-754.

BOURGUIGNON, O., BYDLOWSKI, M. (1995). *La recherche clinique en psychopathologie*. Paris : P.U.F.

BOURQUE, O., BLANCHARD, L., SADEGHUI, M. R., ARSENAULT, A.M. (1991). État de santé, consommation de médicaments et symptômes de la dépression chez les personnes âgées. *Canadian Journal of Aging*, 10, 4, 309-319.

BOZARTH, M.A. (1990). Drug addiction as a psychobiological process. In: D. WARBURTON, *Addiction controversies*. London: Harwood, 112-134.

BRAUN, J. (1993). Resiliency of the personality as affected by sense of identity and personal relationships. In J. BRAUN (Ed), *Psychological aspects of modernity*, Westport, CT, U.S.: Praeger Publishers/Greenwood, Publishing Group, Inc., 45-89.

BRAUNSCHWEIG, D., FAIN, M. (1974). *La nuit et le jour*. Paris : P.U.F.

BRELET, F. (1994). L'expression du fantasme narcissique au TAT. *Bull. Soc. Franç. du Rorschach et des Méth. Proj*, 38, 55-66.

BRENT, D.A. (1995). Risk factors for adolescent suicide and suicidal behavior: Mental and substance abuse disorders, family environmental factors, and life stress. *Suicide & Life-Threatening Behavior*, 25 (Suppl), 52-63.

BRESLAU, N., KILBEY, M.M., ANDRESKI, P. (1993). Nicotine dependence and major depression: New evidence from a prospective investigation. *Archives of*

General Psychiatry, 50, 1, 31-35.

BROONER, R.K., KING, V.L., KIDORF, M., SCHMIDT, C.W., BIGELOW, G.E. (1997). Psychiatric and substance use comorbidity among treatment-seeking opioids abusers. *Archives of General Psychiatry*, 54, 71-80.

BROWN, H.P. (1992). Substance abuse and disorders of the self: Examining the relationship. *Alcoholism Treatment Quarterly*, 9, 1-27

BRUSSET, B. (1991). Psychopathologie et métapsychologie de l'addiction boulimique. In: B. BRUSSET, *La Boulimie, Monographies de la Revue Française de Psychanalyse,* Paris : P.U.F., 105-132.

CACCIOLA, J.S., RUTHERFORD, M.J., ALTERMAN, A.I., MCKAY, J.R., SNIDER, E.C. (1996). Personality disorders and treatment outcome in methadone maintenance patients. *J. Nerv. Ment. Dis.*, 184, 234-239

CARROLL, K. M., KELLER, D. S., FENTON, L.R., GAWIN, F. (1987). Psychotherapy for cocaine abusers. D. Allen (Ed), *The cocaine crisis*. New York, NY, U.S.: Plenum Press, 75-105.

CHARLES-NICOLAS, A. (1981). Passion et ordalie. In: J. BERGERET, *Le psychanalyste à l'écoute du toxicomane*. Paris : Dunod, 63-74.

CHARLES-NICOLAS, A., VALLEUR, M. (1982). Les conduites ordaliques. In C. OLIEVENSTEIN, *La vie du toxicomane*. Paris : P.U.F., 82-99.

CHARLES-NICOLAS, A. (1985). À propos des conduites ordaliques : une stratégie contre la psychose ? *Topique*, 35-36, 207-239.

CHEIN, I., GERARD, D.L., LEE, R.S., ROSENFELD, E. (1964). *The Road to H*. Basic Books: New York, NY.

COHEN, T.B. (1981). Preventive implications of the effect of varying cultures on drive organization: Focus on People's Republic of China. *Journal of Preventive Psychiatry*, 1, 1, 29-36.

CORDEIRO, J.C. (1972). Une nouvelle perspective dans le traitement des toxicomanes. La relaxation. *Annales Médico Psychologiques*, 130, 1, 11-17.

CORCORAN, J.P., LONGO, E.D. (1992). Psychological treatment of anabolic-androgenic steroid-dependent individuals. *Journal of Substance Abuse Treatment*, 9, 3, 229-235.

CORMAN, A.G., KHANTZIAN, E.J. (1976). Psychiatric care of a methadone patient. *Psychiatric Annals*, 6, 4, 158-164.

COSNIER, J. (1987). *Les destins de la féminité*. Paris : P.U.F.

COTTRAUX, J., BLACKBURN, I.M. (1995). *Thérapies cognitives des troubles de la personnalité*, Paris : Masson.

CLARK, L.P. (1919). Psychological study of some alcoholics? *Psychoanal. Rev.*, 6, 268-295.

CLERICI, M., CAPITANIO, C., POTERZIO, F., BA, G. (1986). Toxicomanie et régression narcissique dans la relation médicament-patient. *Psychologie médicale*, 18, 2, 279-281.

CLERICI, M., CAZZULLO, C.L. (1989). Substance abuse and psychopathology. A diagnostic screening of Italian narcotic addicts. *Social Psychiatric*

Epidemiology, 24, 219-226.

CRITS-CHRISTOPH, P., BARBER, J.P. (2002). Psychological treatments for personality disorders. In: P.E. Nathan, J. M. Gorman (Eds), *A guide to treatments that work* (2nd ed.) London, Oxford University Press, 611-623.

CUNHA NEVES, F. (1997). The sexuality of drug addicted young women. *Revista Portuguesa de Psicanalise*, 16, 99-105.

DE BIASE, R.N. (1985). Addictogenesis: Narcissism and vulnerability to addiction. *Dissertation Abstracts International*, 46 (1-B), 323.

DE JONG, C.A.J., VAN DEN BRINK, W., HARTTEVELD, F.M., VAN DERWIELEN, E.G.M. (1993). Personality disorders in alcoholics and drug addicts. *Comprehensive Psychiatry*, 34, 87-94.

DEMARIA, C., LOUFRANI, E., GRIMALDI, B., LAGRUE, G. (1990). La dépendance tabagique. Les facteurs psychologiques. In: *D'une toxicomanie à l'autre, Tabac, alcools, opiacés...* Paris : Ed. Delagrange, Les empêcheurs de penser en rond, 31-38.

DERBY, K. (1989). Some difficulties in the treatment of character-disordered addicts. In B. C. WALLACE (Ed). (1992). The chemically dependent: Phases of treatment and recovery, Philadelphia, PA, U.S.: Brunner/Mazel, Inc., 115-124.

DERBY, K. (1992). Some difficulties in the treatment of character-disordered addicts. In B.C. WALLACE (Ed), *The chemical dependent: Phases of treatment and recovery*, Philadelphia, PA, U.S.: Brunner/mazel, Inc., 115-124.

DEVEREUX, G. (1980). *De l'angoisse à la méthode*. Paris : Flammarion.

DIATKINE, G. (2000). Surmoi culturel. Rapport au 60e Congrès des Psychanalystes de Langue Française. *Revue Française de Psychanalyse*, XXIV, 5, 1523-1588.

DIMEFF, L., RIZVI, S.L., BROWN, M., LINEHAN, M. (2000). Dialectical behavior therapy for substance abuse: A pilot application to methamphetamine-dependent women with borderline personality disorder. *Cognitive and Behavioral Practice*, 7, 457-468.

DODES, L.M. (1995). Psychic helplessness and the psychology of addiction. In S. Dowling (Ed), *The psychology and treatment of addictive behavior*. Workshop series of the American Psychoanalytic Association, Monograph 8, Madison, CT, U.S.: International Universities Press, Inc.,133-145.

DONAT, D.C. (1988). Millon Clinical Multiaxial Inventory (MCMI) clusters for alcohol abusers: Further evidence of validity and implications for medical psychotherapy. *Medical Psychotherapy: An International Journal*, 1, 41-50.

DOUGHER, M.J. (2000). *Clinical behavior analysis*. Reno, NV, U.S.: Context Press. 304 pp.

FAIN, M. (1981). Approche métapsychologique du toxicomane. In: J. BERGERET, *le psychanalyste à l'écoute du toxicomane.* Paris : Dunod, 27-36.

FAVARD-DRILLAUD, A.M. (1991). *L'évaluation clinique en action sociale*. Toulouse : Eres.

FENICHEL, O. (1945). *La théorie psychanalytique des névroses*. Paris: P.U.F.

FENICHEL, O. (1994). Dynamics of addiction. In: J.D. LEVIN, R.H. WEISS (Eds), *The *dynamics and treatment of alcoholism: Essential papers*, Northvale, NJ, U.S.: Jason Aronson, Inc., 98-104.

FERNANDEZ-GALAN, L. (1997). *Addiction tabagique et disposition narcissique chez des fumeurs consultant pour sevrage tabagique.* Thèse de Doctorat Nouveau Régime, Université Toulouse Le Mirail, UFR de Psychologie, 3 octobre 1997.

FERNANDEZ, L. (1997), Contribution du test de l'arbre à l'évaluation de la disposition narcissique chez des fumeurs consultant pour sevrage tabagique. In *le cas psychologique. Psychologie projective et pratiques cliniques. Homo*, 36, 127-134

FERNANDEZ, L., SZTULMAN, H. (1998). Comment repérer une disposition narcissique chez un fumeur présentant une addiction tabagique grâce à un bilan psychologique. *L'Évolution Psychiatrique,* 63, 3, 409-432.

FERNANDEZ, L., CATTEEUW, M. (2001). *La recherche en psychologie clinique.* Paris : Nathan Université.

FERNANDEZ, L. (2004). *Actualités des addictions en psychopathologie : diversité des approches, des méthodologies et perspectives.* Synthèse d'Habilitation à diriger des recherches, Université de Provence, France.

FERRUCCI, G. (1995). Tendenze tossicofiliche e percorsi evolutivi : rassegna critica. *Psichiatria dell'Infancia e dell'Adolescenza*, 62(4-5), 417-430.

FIRST, M.B., SPITZER, R.L., GIBBON, M., WILLIAMS, J. B. (1997). *Structured Clinical Interview for the DSM-IV Axis I Disorders-Clinician Version (SCID-CV),* Washington, DC : Americain Psychiatric Press.

FOLLEA, L. (1997). Un groupe d'experts de l'O.M.S. va proposer le classement de la nicotine parmi les stupéfiants. *Le Monde*, 19 avril 1997.

FORTUNATO, J.E. (1997). One exhibits, one gets high: A self-psychological analysis of similarities and differences in two clients with narcissistic behavior disorders. *Dissertation Abstracts International: Section B: The Sciences & Engineering*, 56 (12-B), 7044.

FREUD, S. (1895). *Névrose, psychose et perversion.* Paris : P.U.F., 1956.

FREUD, S. (1897). *Naissance de la psychanalyse.* Paris : P.U.F., 1973.

FREUD, S. (1898). La sexualité dans l'étiologie des névroses. In *Œuvres Complètes.* Vol. III. Paris : P.U.F., 1989.

FREUD, S. (1905 a). *Trois essais sur la théorie de la sexualité.* Paris : Gallimard, 1962.

FREUD, S. (1905 b). *Les cinq psychanalyses.* Paris : P.U.F., 1967.

FREUD, S. (1905 c). *Le Mot d'Esprit et ses rapports avec l'inconscient.* Paris : Gallimard, 19

FREUD, S. (1915). Deuil et Mélancolie. In: S. FREUD, *Métapsychologie*, Paris: Gallimard, 1972, 145-171.

FREUD, S. (1917). *Introduction à la psychanalyse.* Paris : Payot.

FREUD, S. (1928). Dostoïevski et le parricide. In: S. FREUD, *Résultats, Idées, problèmes*, tome II. Paris : P.U.F., 161-179.

FREUD, S. (1930). *Malaise dans la civilisation.* Paris : P.U.F., 1972.

GERARD, D.L. (1955). Intoxication and addiction. Psychiatric observations on alcoholism and opiate drug addiction. *Quarterly Journal of Studies on Alcohol*, 16, 681-699.

GIAMI, A. (1989). Recherche en psychologie clinique ou recherche clinique. In: C. REVAULT-D'ALLONES et al., *La démarche clinique en sciences humaines*. Paris : Bordas, 35-48.

GLASSMAN A.H., HELZER, J.E., COVEY, L.S., CATTLER, L.B., STENER, F., TIPP, J.E., JOHNSON, J. (1990). Smoking, Smoking cessation and Major Depression. *JAMA,* 264, 26, 1546-1549.

GOLDBERG, S., SPEALMAN, R., GOLDBERG, D. (1981). Persistent behavior at high rates maintained by intravenous self-administration of nicotine. *Science,* 214, 573-575.

GOLBERG, S.R., HENNINGLIELD, J.E. (1988). Reinforcing effects of nicotine in humans and experimental animals responding under intermittent schedules of IV injection. *Pharmacology, Biochemistry and Behavior,* 30, 227-234.

GOLDBERG, A. (2000). *Errant selves: A casebook of misbehavior*. Hillsdale, NJ, U.S.: Analytic Press, Inc., xvii, 222 pp.

GOFF, D. C., HENDERSON, D. C., AMICO, E. (1992). Cigarette smoking in schizophrenia: Relationship to psychopathology and medication side effects. *American Journal of Psychiatry*, 149, 9, 1189-1194.

GOLOMB, M., FAVA, M., ABRAHAM, M., ROSENBAUM, J. (1995). Gender Differences in Personality Disorders. *American Journal of Psychiatry*, 152, 579-582.

GOMEZ, P., TEBALDI, L.R. (1991). Investigaciones sobre cambio psíquico en la adolescencia. *Revista de Psicoanálisis,* 48, 1, 68-82.

GOODMAN, L.S., GILMAN, S. (1985). *Pharmacological Basis of Therapeutics.* New York: Mac Millan.

GORI, R., MIOLLAN, C. (1983). Psychologie clinique et psychanalyse : d'une inquiétante familiarité. *Connexion*, 40.

GRECO, P. (1973). L'épistémologie de la psychologie. In: J. PIAGET, *Logique et connaissance scientifique.* Paris : Gallimard, 927-991.

GROSCH, W.M. (1994). Narcissism: shame, rage and addiction. *Psychiatric Quarterly,* 65, 1, 49-63.

GUELFI, J.D., PHAM-SCOTTEZ, D., SECHTER, D. (2002). Troubles de la personnalité et addictions : alcoolisme, troubles des conduites alimentaires et toxicomanie. In: A. FELINE, J.D. GUELFI, P. HARDY, *Les troubles de la personnalité,* Paris: Flammarion, Médecine-Sciences, 345-356.

GUILLAUMIN, J. (1968). La signification scientifique de la psychologie clinique. *Bulletin de Psychologie*, 270, XXI, 936-949.

GUNDERSON, J., RONNINGSTAM, E., BODKIN, A. (1990). The Diagnostic Interview for Narcissistic Patients. *Archives of General Psychiatry*, 47, 676-680.

GUSTAFSON, J. (1997). The mirror in the psychoanalytic psychotherapy of alcoholism: A case report. In: D. YALISOVE (Ed), *Essential papers on addiction.*

Essential papers in psychoanalysis, New York: UNIVERSITY PRESS, 243-264.

GUTTON, P. (1983). *Le bébé du psychanalyste*. Paris : Paidos/Le Centurion.

GUTTON, P. (1984). Pratiques de l'incorporation. *Adolescence*, 2, 2, 315-338.

GUZIKOV, B.M., ZOBNEV, V.M., VALE, M. (1997). Clinic-psychological study of destructive behavior of drug addicts in different stages of drug addiction. Conference World Congress of the World Association for Dynamic Psychiatry, Inc, 10 Oct. 1994, St Petersburg, Russia, *International Journal of Mental Health*, 26, 2, 69-76.

GRIFFITHS, R.R., BRADY, J. V., BRADFORD, L. D. (1979). Predicting the abuse liability of drugs with animal drug self-administration procedures: psychomotor stimulants and hallucinogens. In: T. THOMPSON, P.B. DEWS (Eds), *Advance in behavorial pharmacology,* vol. 2. New York: Academic Press, 162-208.

HARMON, P. A. (2002). Why do men batter women? Assessing empathy, self-regard and narcissism levels, and attitudes toward women, men's roles and family of origin experiences among middle to upper class male batterers. *Dissertation Abstracts International: Section B: The Sciences & Engineering*, 62 (12-B), 6023.

HAWTON, K. (1994). Youth suicide: Trends indicate increasing hopelessness in young Males. *Crisis*, 15, 4, 163, 159-160.

HEISHMAN, S., TAYLOR, R., HENNINGFIELD, J. (1994). Nicotine and smoking: a review of effects on human performance. *Exper. Clin. Psychopharmacol.*, 2, 345-395.

HOLLANDER, E., ROSEN, J. (2000). Impulsivity. *Meeting of the Association of European Psychiatrics*, 9th September 1998, Copenhagen, Denmark presented at the satellite symposium at aforementioned meeting.

HOLDWICK, D., HILSENROTH, M., CASTELBURY, F., BLAIS, M.A. (1998). Identifying the Unique and Common Characteristics among DSM-IV Antisocial, Borderline, and Narcissistic Personality Disorders, *Comprehensive Psychiatry*, 39, 277-286.

HOWE, E. G. (1931). Motives and mechanisms of the mind. Individual emotional development. *Lancet*, 220, 257.

HUBA, G.J., BENTLER, P.M. (1982). A development theory of drug use: Deviation and assessment of a causal modeling approach. *Life Span Development and Behavior*, 4, 69-91.

HUGHES, J. R., HATSUKAMI, D.R., MITCHELL, J. E. (1986). Prevalence of smoking among psychiatric outpatients. *American Journal of Psychiatry,* 143, 8, 993-997.

HUGHES, J. R. (1993). Smoking is a drug dependence: a reply to Robinson and Pritchard. *Psychopharmacology,* 113, 282-283.

IONESCU, S. (1995). *Quatorze approches de la psychopathologie*. Paris : Nathan.

IONESCU, S. (2019). *Quinze approches en psychopathologie*. Paris : Dunod, collection, psycho sup, 5e édition.

JACKSON, H., WHITESIDE, H., BATES, G. et al. (1991). Diagnosing personality disorders in psychiatric impatients. *Acta Psychiatr Scand*, 83, 206-213.

JEAMMET, Ph. (1991a). Dysrégulations narcissiques et objectales dans la boulimie. In *La boulimie, Monographies de la Revue Française de Psychanalyse*. Paris : P.U.F., 81-104.

JEAMMET, Ph. (1995). Psychopathologie des conduites de dépendances et d'addiction à l'adolescence. *Cliniques Méditerranéennes*, 47/48, 155-175.

JEAMMET, Ph. (1997). Complémentarité des approches thérapeutiques des conduites addictives. In: J.L.VENISSE, D. BAILLY, *Addictions : quels soins ?* Paris : Masson, 50-62.

JEAMMET, Ph. (2000). Les conduites addictives : un pansement pour la psyché. In: S. LE POULICHET, *Les addictions,* Monographies de psychopathologie, Paris : P.U.F., 93-108.

JOHNSON, B. (1993). A developmental of addictions, and its relationship to the twelve steps of Alcoholics Anonymous. *Journal of Substance Abuse Treatment*, 10, 1, 23-34.

JOHNSON, W. B. (1995). Narcissistic personality as a mediating variable in manifestation of post-traumatic stress disorder. *Mil Med*, 160, 40-41.

KANOST, R.E. (1997). An investigation of the relationship between personality disorders and substance use among adolescents in the community. *Dissertation Abstracts International: Section B: The Sciences & engineering*, 58 (6-B), Dec, 3318.

KAPLAN, H., SADOCK, B. (1998). *Synopsis de psychiatrie, sciences du comportement, psychiatrie clinique* (traduction de P. Louville). Baltimore : Williams et Wilkins, 992.

KERNBERG, O. (1984). *Severe Personality Disorders*. New Haven, CT: Yale University Press.

KHANTZIAN, E.J., TREECE, T. (1985). DSM-III psychiatric diagnosis of narcotic addicts: recent findings. *Archives of General Psychiatry*, 42, 11, 1067-1071.

KENDLER, K.S., NEALE, M.C., MACLEAN, C.J., HEATH, A.C. et al. (1993). Smoking and major depression. *Archives-of-General-Psychiatry,* 50, 1, 36-43.

KIELHOLZ, A. (1923). Einige betrachtungen zur psychoanalytishchen auffassung des alkoholismus. *Abstract: Int Z. Psychoanal.*, 1924, 10, 115.

KOENIGSBERG, H.W., KAPLAN, R. D., GILMORE, M. M., COOPER, A. M. et al. (1985). The relationship between syndrome and personality disorder in DSM-III: Experience with 2462 patients. *American Journal of Psychiatry*, 142, 207-212.

KOERNER, K., LINEHAN, M.M. (2000). Research on dialectical behavior therapy for patients with borderline personality disorder. *Psychiatric Clinics of North America*, Special Issue: Borderline Personality Disorder, 23, 1, 151-167.

KOHUT, K. (1974). *Le soi. La psychanalyse des transferts narcissiques*. Paris: P.U.F.

KOHUT, K. (1977). *The restoration of the self*. New York: International Universities Press.

KOHUT, K. (1978). Réflexions sur le narcissisme et la rage narcissique. *Revue Française de Psychiatrie*, 42, 553-571.

KOSAMEH, G. (1997). Psicoterapia Psicoanalítica. Psicoanálisis : Similitudes Diferencias. *Clínica y Análisis Grupal*, 19, 2,197-204.

KOSTEN, T. R., ROUNSAVILLE, B.J. (1986). Psychopathology in opioid addicts. *Psychiatric Clinics of North-America*, 9, 3, 515-532.

KOSTEN, T.A., KOSTEN, T.R., ROUNSAVILLE, B.J. (1989). Personality disorders in opiate addicts show prognostic specificity. *Journal Substance Abuse Treatment*, 6, 163-168.

KUHA, S. (1981). Psychosocial factors in the development of pulmonary tuberculosis. *Psychiatria Fennica. Suppl*, 79-84.

KUHA, S. (1986). Psychological views of stress. *Psychiatria Fennica. Suppl*, 215-220.

KUHN, J.L. (2000). Theoretical and empirical study of the dominant social and ecological paradigms: A survey of the California State Legislature. *Dissertation Abstracts International: Section B: The Sciences & Engineering*, 61 (3-B), 1619.

LABELLE, A., BRADFORD, J. M., BOURGET, D., JONES, B. et al. (1991). Adolescent murderers. *Canadian Journal of Psychiatry*, 36, 8, 583-587.

LAGRUE, G. (1997). Addiction tabagique : évaluation et aide au sevrage. In: J.L. VENISSE, D. BAILLY, *Addictions : quels soins ?* Paris : Masson, 133-147.

LESOURNE, O. (1984). *Le grand fumeur et sa passion*. Paris : P.U.F.

LESOURNE, O. (2007). *La genèse des addictions*. Paris: P.U.F.

Lester, C. (2001). Empathy development in the narcissisticaly disturbed clerical paraphilic: Applications of spirituals constructs. *Dissertation Abstracts International Section A: Humanities & Social Sciences*, 61 (7-1), 2764.

LINEHAN, M.M., SCHMIDT, H., DIMEFF, L.A., CRAFT, J.C., KANTER, J., COMTOIS, K.A. (1999). Dialectical behavior therapy for patients with borderline personality disorder and drug-dependence. *American Journal on Addictions*, 8, 4, 279-292.

LINEHAN, M.M. (2000). Commentary on innovations in dialectal behavior therapy. *Cognitive & Behavioral Practice*, 7, 4, 478-481.

LIVESLEY, W.J., JANG, K.L., JACKSON, D.N., VERNON, P.A. (1993). Genetic and environmental contributions to dimensions of personality disorder. *American Journal of Psychiatry*, 150, 12, 1826-1831.

LIVESLEY, W.J. (1998). Phenotypic and genetic structure of traits delineating personality disorder. *Archives of General Psychiatry*, 55, 10, 941-948.

LIZARAZO, A., MARTINEZ, A. ROSSELLI, H., VILLAR, A., ANGEL, G., DE ZUBIRIA, R., GARCIA, H., GONZALEZ, M., MARQUEZ, J.A. (1974). Indicaciones y limitaciones del psicoanálisis. *Acta Psiquiátrica y Psicológica de América Latina*, 10, 4, 283-295.

LORH, J.B., FLYNN, K. (1992). Smoking and schizophrenia. *Schizophrenia-Research*, 8, 2, 93-102.

LOONIS, E. (1997). *Notre cerveau est un drogué, vers une théorie générale des addictions*. Toulouse : Presses Universitaires du Mirail.

LOPEZ-CORVO, R.E. (1995). *Self-envy: Therapy and the divided internal world.*

Northvale, NJ, U.S.: Jason Aronson, Inc. xiii, 233 pp.

LORANGER, A.W., SARTORIUS, N., ANDREOLI, A., BERGER, P., DIECKSTRA, R., FERGUSSON, B., JACOBSBERG, L.B., MOMBOUR, W., PULL, C.H., ONO, Y., REIGIER, D.A. (1994). The International Personality Disorder Examination. *Archive of General Psychiatry*, 51, 215-224.

MAGOUDI, A., NASTASI, A. (1988). Échec de l'identité : toxicomanie à l'héroïne chez les préadolescents. *Neuropsychiatrie de l'enfance et de l'adolescence*, 36 (2-3), 69-73.

MAIER, W., LICHTERMAN, D., KLINGLER, T., HEUN, R. (1990). Prevalences of personality disorders (DSM-III-R) in the community. *Journal of Personality Disorders*, 6, 187-196.

MARINOV, V. (2001). Le narcissisme dans les troubles des conduites alimentaires. In J. McDOUGALL et al., *Anorexie, addictions et fragilités narcissiques*. Paris : P.U.F., 37-70.

MARSH, D.T., STILE, S.A., STOUGHTON, N.L., TROUT-LANTEN, B.L. (1988). Psychopathology of opiate addiction: comparative data from MMPI and MCMI. *Am J Drug Alcohol Abuse*, 14, 17-27

MARTINEZ DE BAGATTINI, C. (1997). Anorexia nervosa and bulimia. Their relation with the perverse. *Revista Uruguaya de Psicoanálisis*, 84-85, 213-227.

MATTARAH, J.J.F., BECKER, D.F., LEVY, K.N., EDELL, W.S., MCGLASHAN, T.H. (1995). Diagnostic stability in adolescents follow up 2 years after hospitalisation. *Am J Psychiatry*, 152, 889-894.

MATERSON, E., O'SHEA, B. (1984). Smoking and malignancy in schizophrenia. *British journal of Psychiatry,* 145, 429-432.

McCARTHY, J. B. (1997). Narcissistic adolescents' object relations. *Psychoanalytic Psychology*, 14,1, 95-112.

McDOUGALL, J. (1982). *Théâtre du Je.* Paris : Gallimard.

McGLASHAN, T., HEINSSEN, R. (1989). Narcissistic, Antisocial, and Noncomorbid Subgroups of Borderline Disorder. *Psy Clin of North America*, 12, 653-670.

Mc MAHON, R.C., FLYNN, P.M., DAVIDSON, R.S. (1984). The personality and symptoms scales of the Millon Clinical Multiaxial Inventory: sensitivity to posttreatment outcomes. *Journal of Clinical Psychology,* 4, 862-866.

McMAIN, S., KORMAN, L.M., DIMEFF, L. (2001). Dialectical behavior therapy and the treatment of emotion dysregulation. Special Issue: Treating emotion regulation problems in psychotherapy, *Journal of Clinical Psychology*, 57, 2, 183-196.

MENDES PEDRO, A.F. (2001). Narcissisme et états toxicomaniaques : la relation interpersonnelle. In J McDOUGALL et al. *Anorexie, addiction et fragilités narcissiques*. Paris : P.U.F., 115-130.

MILAN, T.A., DE GREGORIO, M.E. (2000). La crisis contemporánea, las transformaciones de la subjectividad y su impacto en las patologías actuales. *Revista Intercontinental de Psicoanálisis Contemporáneo*, 2,2, 53-58.

MIRIN, S.M., WEISS, R.D. (1989). Genetic factors in the development of alcoholism.

Psychiatric Annals, 19, 5, 239-242.

MODLIN, S., RICE, J.P., ERLENMEYER-KIMLING, L., SQUIRE-WEELER S. (1994). Latent structure of DSM-III-R axis II. Psychopathology in a normal sample. *J Abnorm Psychology*, 103, 259-266.

MOLIMARD, R. (1995). Induction et clinique du tabagisme. In *Cours du diplôme de Tabacologie*. Paris, Université Paris XI, Faculté de Médecine Paris-Sud.

MOLIMARD, R. (2003). *La Fume. Smoking.* Fontenay-sous-Bois : Éditions Sides.

MOLLON, P., PARRY, G. (1984). The fragile self: Narcissistic disturbance and the protective function of depression. *British Journal of Medical Psychology*, 57, 2, 137-145.

NACE, E.P. (1989a). Personality disorder in the alcoholic patient. *Psychiatric Annals*, 19, 5, 256-260.

NACE, E.P. (1989b). Substance use disorders and personality disorders: Comorbidity. *Psychiatric Hospital*, 20, 2, 65-69.

NAKAO, K., GUNDERSON, J.G., PHILLIPS, K.A., TANAKA, N., YORIFUJI, K., TAKAISHI, J., NISHIMURA, T. (1992). *Functional impairment in personality disorders*, 6, 24-33.

NESCA, M.D., THOMAS, J., BASKERVILLE, S. (1999). Psychosocial profile of a female psychopath American *Journal of Forensic Psychology*, 17, 2, 63-77

NEWHILL, C., MULVEY, E.P. (2002). Emotional dysregulation: The key to a treatment approach for violent mentally ill individuals. *Clinical Social Work Journal*, 30, 2, 157-171.

NOAILLE, P. (2001). La toxicomanie comme état limite. In: J. McDOUGALL et al., *Anorexie, addictions et fragilités narcissiques*. Paris : P.U.F., 87-114.

NOIVILLE, P. (1982). Alcoolisme, sexualité et dépendance. *L'Information Psychiatrique*, 58, 4, 517-526.

OLDHAM, J., SKODOL, A., KELLMAN, H. et al. (1995). Comorbidity of axis I and axis II disorders. *American Journal of Psychiatry*, 152, 571-578.

OLIEVENSTEIN, C. (1982). *La vie du toxicomane*. Paris : P.U.F.

OLIEVENSTEIN, C. (1987a). Aspects psychodynamiques du développement et du devenir d'un toxicomane. *Confrontations psychiatriques,* 28, 93-102.

OLIEVENSTEIN, C. (1987 b). Dépendance toxicomaniaque. *Adolescence,* 5, 1, 7-16.

OLLAT, H. (1995). Neurobiologie des dépendances. *Neuro-psy,* 10, 10, 484-490.

PEDINIELLI, J.L. (1994). Corps et dépendance. In: D. BAILLY, J. L. VENISSE, *Dépendance et conduite de dépendances*. Paris : Masson, 111-126.

PEDINIELLI, J.L. (1995). Le toxicomane et la mort. *Cliniques Méditerranéennes*, 47,48, 37-57.

PEDINIELLI, J.L. (1996-1997). *Recherches en psychopathologie.* Séminaire de DEA. Université de Provence (polycopié non publié).

PEDINIELLI, J. L., ROUAN, G., BERTAGNE, P. (1997a). *Psychopathologie des addictions*. Paris : P.U.F. NODULES.

PEDINIELLI, J. L., ROUAN, G., BERTAGNE, P. (1997 b). Addictions et dépendance. *Pratiques psychologiques,* 4, 5-12.

PEDINIELLI, J. L. et al. (2002a). Les paradigmes de l'addiction. In: L. FERNANDEZ, M. CATTEEUW, *Cliniques des addictions. Théories, évaluation, prévention et soins*. Paris : Nathan. Collection Fac, 43-56.

PEDINIELLI, J. L. et al. (2002 b). Cliniques addictives. In: L. FERNANDEZ, M. CATTEEUW, *Cliniques des addictions. Théories, évaluation, prévention et soins*. Paris : Nathan. Collection Fac, 57-80.

PIERINI, C.D. (1998). Drug addiction and narcissism: A structural perspective. Neurosis: Closed systems versus open systems. *Revista de Psicoanalisis*, 55, 4, 835-856.

PIRLOT, G. (2019). *Psychanalyse des addictions*. Paris: Dunod, 3e édition collection univers psy.

PHILLIPS, G. M. (1998). Maternal exposure of asthmatic children to passive smoke: Narcissistic personality organization. *Dissertation Abstracts International: Section B: The Sciences & Engineering*, 59 (4-B), 1902.

PFOHL, B., CORYELL, W., ZIMMERMAN, M., STANGEL, D. (1986). Personality Disorders: Diagnostic overlap and internal consistency of individual DSM-III criteria. *Comprehensive Psychiatry*, 27, 21-34.

POLDUGRO, F., FORTI, B. (1988). Personality disorders and alcoholism treatment outcome. *Drug Alcohol Dependence*, 21, 171-176.

POMERLEAU, O. F., POMERLEAU, C. (1984). Neuroregulators and the Reinforcement of Smoking: Towards a Biobehavioral Explanation. *Neurosciences & Biobehavioral Reviews,* 8, 503-513.

PORCELLI, J., SANDLER, B. (1995). Narcissism and empathy in steroid users. *American Journal of Psychiatry*, 152, 1672-1674.

PRICE, R.H., LYNN, S. J. (1986). *Abnormal psychology*. Homewood, IL, U.S. : Dorsey Press, 656 p.

RADO, S. (1926). Les effets psychiques de l'intoxication : un projet de théorie psychanalytique de l'addiction aux drogues. In: J. L. CHASSAING, *Écrits psychanalytiques classiques sur les toxicomanies*. Paris : Éditions de l'association freudienne internationale, 1998.

RADO, S. (1933). La psychanalyse des pharmacothymies. In: J.L. CHASSAING, *Écrits psychanalytiques*

RANVDAL, E., VAGLUM, P. (1994). Why do drug abusers leave the therapeutic community? *Nord Psychiatr. J.,* 48, suppl. 33, 4-55.

RAPPARD, P. (1985). La sainteté chimique ou la toxicomanie comme jouissance non sexuelle. L '*Information Psychiatrique*, 61, 3, 367-375.

RAPPAPORT, H. (1990). *Marking time*. New York, NY, U.S.: Simon & Schuster. 221 p.

REICH, J., YATES, W., NDUAGUBA, M. (1989). Prevalence of DSM-III personality disorders in the community. *Social Psychiatry and Psychiatric epidemiology*, 24, 12-16.

ROBINSON, J.H., PRITCHARD, W.S. (1992). The role of nicotine in tobacco use. *Psychopharmacology,* 108, 397-407.

ROUSAR, E., BROONER, R.K., REGIER, M.W., BIGELOW, G.E. (1994). Psychiatric distress in antisocial relation to other personality disorders. *Drug Alcohol Dependence*, 34, 149-154.

ROUSSO, H. (1985). The relationship between physical disability and narcissism: A critique of the literature *Clinical Social Work Journal*, 13, 1, 5-17.

RUSSEL, M.A.H. (1978). Cigarette Smoking: A Dependence on High-Nicotine Boli. *Drug Metabolism Reviews,* 8, 1, 29-57.

SABRAN, V., FELINE, A. (2002). La personnalité narcissique. In: A. FELINE, J.D. GUELFI, P. HARDY, *Les troubles de la personnalité*. Paris : Fammarion Médecine-Sciences, 245-256.

SAMUELS, J.F., NESTADT, G., ROMANOVSKI, A.J., FOLSTEIN, M.F., MCHUGH, P.R. (1994). DSM-II personality disorders in the community. *American Journal of Psychiatry*, 151, 1055-1062.

SAPER, J.R., LAKE, A.E. (2002). Borderline personality disorder and the chronic headache patient: Review and management recommendations. *Headache,* 42, 7, 663-674.

SILVA BENTO, V.E. (1994). Tres ensaios sobre a teoria da sexualidade : consideracoes sobre o conceito de narcisismo em Freud (1905) e sobre a paixao amorosa "toxica" a partir de Freud. *Revista ABP-APAL*, 16, 4, 154-164.

SIMMEL, E. (1929). Psycho-analytic treatment in a sanatorium. *International Journal of Psychoanalysis,* 10, 70-89.

SIMONSEN, E., HASLUND, J., LARSEN, A., BORUP, C. (1992). Personality pattern in first-time admitted alcoholics. *Nord Psychiatric J*, 46, 175-180.

SIMPSON, E.B., PISTORELLO, J., BEGIN, A., COSTELLO, E., LEVINSON, J.A., MULBERRY, S., PEARLSTEIN, T., ROSEN, K., STEVENS, M. (1998). Use of dialectical behavior therapy in a partial hospital program for women with borderline personality disorder. *Psychiatric Services*, Special Issue: Women and Chronic Mental Illness, 49, 5, 669-673.

SKOLNICK, V. (1979). The addictions as pathological mourning: An attempt at restitution of early losses. *American Journal of Psychotherapy,* 33, 2, 281-290.

SMITH, M., BROWNE, F. (1992). *General Household Survey 1990*. London: HMSO.

SOLIS GARZA, H. (1996). Esa droga llamada poder : preguntadle a los poetas. *Revista de Psicoanálisis,* Spec Issue, 5, 191-229.

SOLOMON, D., SHEA, M., LEON, A. (1996). Personality traits in subjects with bipolar I disorder in remission. *J Affect Disord,* 40, 41-48.

SOYKA, M., SCHUETZ, C.G. (1997). Letter to the editor. *Addiction*, 92, 10, 1369-1370.

SPRINGHAM, N. (1998). The Magpie's eye: Patients' resistance to engagement in an art therapy group for drug and alcohol patients. In S. SKAIFE, V. HUET (Eds). *Art psychotherapy groups: Between pictures and words* Florence, KY, U.S.: Taylor & Francis/Routledge, 133-155.

SPRINGHAM, N. (1999). "All things very lovely": Art therapy in a drug and alcohol treatment program. D. WALLER, J. MAHONY (Eds). *Treatment of addiction: Current issues for arts therapies,* Florence, KY, U.S.: Taylor &

Francis/Routledge, 141-166.

SPROSS, S.M. (1999). A study of the contributions of narcissism and psychopathy to addiction severity. (African-Americans, Hispanics). *Dissertation Abstracts International: Section B: The Sciences & Engineering,* 60 (6-B), 3003.

STARACE, G. (2002). New "normalities", new "madnesses". *British Journal of Psychotherapy*, 19, 1, 21-32.

STARK, M.J., Campbell, B. K. (1988). Personality, drug use and early attrition from substance abuse treatment. *Am J Drug Alcohol Abuse*, 14, 475-485.

STOLERMAN, I.P., JARVIS, M.J. (1995). The scientific case that nicotine is addictive. *Psychopharmacology,* 117, 2-10.

STONE, M. H. (2000). Psychopathology: Biological and psychological correlates. Conference Annual Meeting of the American Academy of Psychoanalysis, Dec 1998, San Juan, Puerto Rico, Presented as Keynote Address at the aforementioned meeting. *Journal of the American Academy of Psychoanalysis. Special Issue: Neuroscience and Psychoanalysis,* 28, 2, 203-235.

STUART, S., PFOHL, B., BATTAGLIA, M. et al. (1998). The coocurrence of DSM-III-R personality disorders. *J Pers Disord*, 12, 302-315.

SVRAKIC, D.M. (1989). Narcissistic Interpersonal relations: A clinical approach. *European Journal of Psychiatry,* 3, 1) 25-32.

SVRAKIC, D.M., MCCALLUM, K., MILAN, P. (1991). Developmental, structural, and clinical approach to narcissistic and antisocial personalities. *American Journal of Psychoanalysis*, 51, 4, 413-432.

Tan, T., Kales, J. D., Kales, A., Martin, E. D. et al. (1987). Inpatient multidimensional management of treatment-resistant Insomnia. *Psychosomatics: Journal of Consultation Liaison Psychiatry*, 28, 5, 266-272.

UCOCK, A., KARAVELI, D., KUNDAKCI, T., YAZICI, O. (1998). Comorbidity of personality disorder with bipolar mood disorders. *Comprehensive psychiatry*, 39, 72-74.

U.S.D.H.H.S. (1988a). *Nicotine addiction*. Rockville, Maryland, U.S. Department of Health and Human Services, Office on Smoking and Health.

U.S.D.H.H.S. (1988b). *The health consequences of smoking. Nicotine addiction*. A report of the Surgeon on General, Rockville, Maryland, U.S. Department of Health and Human Services, Office on Smoking and Health.

VAGLUM, S., VAGLUM, P. (1985). Borderline and other mental disorders in alcoholics female psychiatric patients: a case control study, *Psychopathology*, 18, 50-60.

VAGLUM, P. (1999). The narcissistic personality disorder and addiction. In J. DERKENS, C. MAFFEI, (Eds) et al., *Treatment of the personality disorders*, Dordrecht Netherlands : Kluwer Academic Publishers, 241-253.

VALLS, J.L. (1988). Aproximación metapsicológica a la patología narcisista. *Revista de Psicoanálisis,* 45, 6, 1275-1297.

VALLS, J.L. (1989). Acerca de la teoría representacional freudiana y la patología narcisista. *Revista de Psicoanálisis,* 46,5, 849-862.

VAN SCHOOR, E., (1992). Pathological Narcissism and Addiction. A Self Psychology Perspective. *Psychoanal.,* 6, 3, 205-211.

VENTURELLO, S., BARZEGA, G., BOGETTO, F. (2002). Premorbid conditions and precipitating events in early-onset panic disorder. *Comprehensive Psychiatry,* 43, 1, 28-36.

VIEIRA, C. (1997). Drug addiction and narcissistic disorders. *Revista Portuguesa de Psicanalise,* 16, 91-97.

VOIGTEL, R. (2000). Forms of addiction. Forum der Psychoanalyse : Zeitschrift fuer klinische. *Theorie & Praxis,* 16, 1, 16-44.

VOLAVKA, JAN (1999). The neurobiology of violence: An update. *Journal of Neuropsychiatry & Clinical Neurosciences,* 11, 3, 307-314.

WALLACE, L. (1974). The psychoanalytic situation and the transference neurosis. *Israel Annals of Psychiatry & Related Disciplines,* 12, 4, 304-318.

WARBURTON, D.M., (1985). Addiction, dependence and habitual substance use. *Bulletin of the British Psychological Society,* 38, 285-288.

WARBURTON, D.M. et al., (1988). The puzzle of nicotine use. In: M. LADER (Ed), *The psychopharmacology of addiction.* British Association for Psychopharmacology monograph, n° 10, London: Oxford University Press., 27-49.

WARBURTON, D.M. (1989a). Nicotine as a resource. In: M.J. RAND, K. THARAN (Eds), *The pharmacology of smoking.* Oxford, U.K.: IRC Press, 359-373.

WARBURTON, D.M. (1989b). Is Nicotine Use an Addiction. *The Psychologist*: *Bulletin of the British Psychological Society,* 4, 166-170.

WEST, R., RUSSEL, M. (1987). Cardio vascular and subjective effects of smoking before and after 24 hours of abstinence from cigarette. *Psychopharmacology,* 92, 118-121.

WEST, R. (1992). Nicotine addiction: a re-analysis of the arguments. *Psychopharmacology,* 108, 408-410.

WIDLÖCHER, D. (1981). Pratique clinique et recherche clinique. *Revue de Psychologie Appliquée,* 31, 2, 117-129.

WIDLÖCHER, D. (1990a). Le cas, au singulier. *Nouvelle revue française de Psychanalyse,* 42, 285-302.

WIDLÖCHER, D., HARDY-BAYLE, M.C. (1990 b). L'entretien psychanalytique. *Psychologie française,* 35, 3, 175-183.

WIDLÖCHER, D. (1995). Principes généraux. In O. BOURGUIGNON, M. BYDLOWSKI, *La recherche clinique en psychopathologie.* Paris : P.U.F., Le fil rouge, 9-33.

WINNICOTT, D.W. (1969). L'angoisse associée à l'insécurité. In *De la psychiatrie à la psychanalyse,* Paris: Payot.

WINNICOTT, D.W. (1971). *Jeu et réalité,* Paris : Gallimard.

WISEBERG, S., YORKE, C., RADFORD, P. (1975). *Aspects of self cathexis in "mainline" heroin addiction: A preliminary report. Studies in child psychoanalysis: Pure and applied.* The scientific proceedings of the 20th anniversary celebrations of the Hampstead Child-Therapy Course & Clinic. Oxford, England: Yale U Press. xii, 175 pp.

WITTSTEIN, S.S. (1996). The effects of paternal abuse and abandonment on a daughter's psychological development: The father-daughter relationship in two contemporary american novels. *Dissertation Abstracts International: Section B: The Sciences & Engineering*, 57 (5-B), 3437.

WOLF, S. C. (1998). A model of sexual aggression/addiction. *Journal of Social Work & Human Sexuality. Special Issue: The sexually unusual: Guide to understanding and helping*, 7, 1, 131-148.

WONDERLICH, S., UKESTAD, L., PERZACKI, R. (1994). Perceptions of nonshared childhood environment in bulimia nervosa. *Journal of the American Academy of Child & Adolescent Psychiatry*, 33, 5, 740-747.

WOODHAM, R.L. (1987). A self-psychological consideration in cocaine addiction. *Alcoholism Treatment Quarterly*, 4, 3, 41-46.

WURMSER, L. (1974). Psychoanalytic considerations of etiology of compulsive drug use. *Psychoanalytic Ass*, 22, 820-843.

WURMSER, L. (1982). The question of specific pathology in compulsive drug use. *Ann. Acad. Sci.*, 33-43.

WURMSER, L. (1984). More Respect for the Neurotic Process: Comments on the Problem of Narcissism in Severe Psychopathology, Especially the Addictions. *Journal of Substance Abuse Treatment,* 1, 37-45.

WURMSER, L. (1987). More respect for the neurotic process: Thoughts on the treatment of narcissistic and borderline disorders. *Zeitschrift fuer Psychoanalytische Theorie und Praxis*, 2, 1, 38-52.

WURMSER, L. (1994). Psychodynamics in compulsive drug use. In: J.D. LEVIN, RH. WEISS (Eds). *The dynamics and treatment of alcoholism: Essential papers,* Northvale, NJ, U.S.: Jason Aronson, Inc.,176-206.

YATES, W.R., FULTON, A.I., GABEL, J.M., BRASS, C.T. (1989). Personality risk factors for cocaine abuse. *Am J Public Health*, 79, 891-892.

YATES, W., PERRY, P., ELLINGROD, V. (1996). Steroids. *American Journal of Psychiatry*, 153, 1653.

YEAGER, R. J., DIGIUSEPPE, R., RESWEBER, P.J., LEAF, R.C. (1982). Comparison of Millon personality profiles of chronic residential substance abusers and a general outpatient population. *Psychological Reports*, 71, 1, 71-79.

ZIMMERMAN, M., CORYELL, W. (1990). DSM-III personality disorders diagnoses in a nonpatient sample. *Archives of General Psychiatry*, 46, 682-689.

CONCLUSION

La profusion actuelle des « *addictions* », tant dans la littérature scientifique, qu'auprès du grand public, entraîne une complexité conceptuelle et pose les questions du statut épistémologique et scientifique de ce concept, des limites entre le normal et le pathologique en matière d'addiction et conditionne les théories, les modèles, qui voudraient s'en emparer.

Malgré les difficultés, nous avons vu que l'addiction peut être, aujourd'hui, plus qu'une notion, mais un véritable concept scientifique, porteur d'opérationnalisation et d'expérimentation. Cependant, concepts et modèles restent ici pluriels, ce qui fragilise encore l'approche de ces conduites ou comportements. À l'instar des « *objets* » d'addiction, si les définitions, les concepts et les modèles sont nombreux, il est encore possible d'en faire le tour pour, peut-être, tenter un jour une audacieuse synthèse.

Le fait d'avoir pu convoquer, au-delà des addictions classiques « *aux substances* », les addictions « *sans substances* » ou addictions comportementales, a représenté un tournant dans l'approche de ces problématiques. Il fut une époque où il fallait oser faire des rapprochements entre l'alcoolisme, le tabagisme, la toxicomanie et, d'autre part, toutes ces conduites excessives, ces recherches d'excitation, de plaisir, d'euphorie, au travers des activités, des stimulations et de leur répétition. Les convergences repérées par la neurobiologie (avec le système de récompense), la clinique (avec la description de grands processus semblables ou au moins similaires), le soin (avec l'extension des programmes en 10 étapes et la lutte contre la rechute) ont permis le développement d'une addictologie, capable de théoriser et d'être une force de proposition soignante, pour l'ensemble des addictions psychotropes ou comportementales.

Ainsi, l'addiction est-elle devenue un concept générique, de phénomènes pathologiques ou non pathologiques, au risque de lui faire perdre de sa valeur modélisatrice. Dire que l'addiction se définit aujourd'hui comme « *une triple dépendance physique, psychologique et comportementale, déterminée par des facteurs bio-psycho-sociaux intriqués,* » donne une illusion de simplicité. Alors qu'en fait, il s'agit n'y plus ni moins que d'un appel à la pluridisciplinarité, tant au niveau de la recherche que de la clinique.

Entre *« vision large »* et *« vision étroite »*, les addictions pourraient encore longtemps faire l'objet de vains et stériles débats et controverses. Sans doute est-il temps de rassembler les courants et les recherches, afin de développer cette idée *« d'une fonction naturelle et générale de gestion des états mentaux, émotionnels et motivationnels ».* Une fonction générale qui serait une base consensuelle, sur laquelle pourraient être articulés aussi bien l'ensemble des addictions, leur continuum entre normalité et pathologie, que les processus mis en jeu, qu'ils soient neurobiologiques, comportementaux, émotionnels ou psychiques. Nous sommes là face à un vaste et ambitieux programme *« hédonologique »,* que les chercheurs, les enseignants, les cliniciens et les étudiants, sont en droit d'appeler de tous leurs vœux.

À PROPOS DE L'AUTEUR

Lydia Fernandez est actuellement professeur des universités à Lyon 2 et membre du laboratoire L-VIS (EA 7428) à Lyon 1. Elle est également psychologue clinicienne et tabacologue. Elle enseigne la psychologie clinique, la psychopathologie et la psychologie de la santé à tous les âges de la vie. Ses recherches portent sur les addictions (tabagisme et alcoolisme, notamment), les émotions, l'image du corps et les tests projectifs de dessin (dessin de l'arbre, dessin de la personne, etc.) dont elle est une spécialiste reconnue. Elle a publié de très nombreux ouvrages théorico-cliniques et méthodologiques en France ou à l'étranger ainsi que de nombreux articles scientifiques.